ÉLÉMENS
DU CODE NAPOLÉON

PAR

VICTOR BRUN

PROFESSEUR A LA FACULTÉ DE DROIT

DE L'ACADÉMIE DE TURIN

AVEC UN PRÉCIS HISTORIQUE

DE L'ANCIENNE LÉGISLATION FRANÇAISE

PAR LE PROFESSEUR

ALEXANDRE CERESA-BONVILLARET

A L'USAGE

DES ÉLÈVES DE LA MÊME FACULTÉ.

VOL. I.

TURIN 1812.

Par Vincent Bianco, Imprimeur-Libraire *au Palais de l'Académie, rue du Pô*;

et Par P.J. Pic Libraire, *sous les arcades de la Foire.*

Floriferis ut apes in saltibus omnia libant,
Omnia nos, itidem, depascimur aurea dicta.

LUCRET. lib. III, de natura rerum,
v. 11, 12.

AVANT-PROPOS.

» De bonnes lois civiles *1 sont le plus grand » bien que les hommes puissent donner et » recevoir. Elles sont la source des moeurs, » le palladium de la propriété, et la garantie » de la paix publique et particulière. Si elles » ne fondent pas le gouvernement, elles le » maintiennent; elles modèrent la puissance, » et contribuent à la faire respecter, comme » si elle était la justice même. Elles attei- » gnent chaque individu, elles se mêlent aux » principales actions de sa vie, elles le suivent » partout: elles sont souvent l'unique morale » du peuple, et toujours elles font partie de » sa liberté: enfin elles consolent chaque » citoyen des sacrifices que la loi politique » lui commande pour la cité, en le protégeant » quand il faut, dans sa personne et dans » ses biens ».

Voilà en peu de mots les grands objets de la science du droit civil, qui va fixer nos

*1 *Discours préliminaire du projet du code civil.*

études et nos méditations. Le Code Napoléon, monument éternel de la gloire du nouveau Justinien de la France, étant la base de notre législation, doit conséquemment être notre premier guide, tant sous le rapport des matières qui en forment les élémens essentiels, que sous celui des principes lumineux qui le distinguent. C'est-là que sont déterminées les qualités et les conditions requises pour l'exercice des droits civils, dans toute l'étendue de l'Empire; que sont indiqués les cas de privation de ce même exercice. C'est-là que sont réglés les événemens qui marquent les trois grandes époques de la vie humaine, la naissance, le mariage et le décès. C'est-là que repose le sort des fortunes des citoyens; qu'on trouve la règle pour prononcer sur les contestations qui s'élèvent sous le rapport des personnes et des choses. La grande prévoyance, la philosophie légale qu'on y voit briller, sont un éloge impérissable de la sagesse et des lumières des illustres auteurs d'un si grand ouvrage.

Mais si connaître les lois et les observer est un devoir général et commun à toutes les classes de la société, il est particulièrement du devoir de ceux qui demeurent chargés en quelque façon de les faire exécuter, d'en approfondir bien plus soigneusement que les autres la connaissance, pour en saisir l'esprit et pour s'en pénétrer; car le magistrat, le juge, le conseil, ou le défenseur sont autant d'organes, qui influent, par des voies plus ou moins directes, sur l'obéissance et la soumission dues aux lois; en un mot, comme c'est par leur intermédiaire que la loi fait entendre sa voix aux personnes de toutes conditions, elle serait trahie par ses agens mêmes, s'ils s'avisaient de s'en rendre les ministres, sans même la connaître. Cela est si vrai que toutes les nations policées ont toujours pratiqué d'élever à côté du sanctuaire des lois une classe de personnes destinées à étudier la jurisprudence, à méditer les lois, pour fournir à l'état une pépinière de juges et de jurisconsultes; de juges, pour prononcer sur les différens qu'entraînent nécessairement le commerce et la multiplicité des rapports de la vie sociale; de jurisconsultes, pour exercer tantôt les fonctions de conseil, et étouffer le germe des querelles avant leur naissance, tantôt celles de défenseurs pour faire triompher la justice et le bon droit des parties, lorsque le différent ne peut être vidé que par la voie judiciaire. Cette classe distinguée est regardée comme la dépositaire des maximes de la jurisprudence, qui s'épurent journellement par le choc des opinions dans les débats judiciaires, et que les décisions fixent enfin et sanctionnent. En effet, le jurisconsulte a été constamment le ministre du législateur, le vrai supplément de la législation, le défenseur de l'équité et de l'innocence, l'ange tutélaire de la veuve et de l'orphelin, l'organe fidèle de la loi, le précurseur de la justice, et le canal sûr qui conduit la vérité aux oreilles des magistrats.

Une tâche si honorable exige des devoirs à remplir, une étude bien approfondie pour acquérir la théorie de toutes les lois, une longue pratique, et surtout une probité et une candeur à toute épreuve, qualités principales que doivent réunir ceux qui y aspirent. Vous voilà donc, Messieurs, séparés par votre choix, de la masse de vos concitoyens, à qui la simple notion de l'existence des lois peut suffire, n'ayant d'autres devoirs que celui d'obéir et de s'y soumettre.

Le Gouvernement, zélé pour l'instruction publique, a les yeux fixés sur vous; il sait que vous vous êtes destinés à approfondir par vos études la science du droit; qu'un jour vous tiendrez sous votre garde l'honneur, la vie et la fortune des citoyens, le repos des familles, et même la cause publique: *in advocatorum tutela non privatorum dumtaxat, sed et reipublicae salus continetur*; il s'attend à vous voir un jour, par la culture de vos talens, par la sagesse de vos conseils, et par la justesse de votre discernement, répandre à votre tour des lumières sur toutes les autres classes du peuple, et diriger habilement les affaires les plus difficiles et les plus délicates, qui peuvent intéresser le corps politique, soit dans son ensemble, soit dans ses parties.

Vous êtes appelés à prononcer et à consulter sur l'application des lois, à soutenir les droits et les intérêts de ceux que le Gouvernement fera un jour vos justiciables, ou que la confiance abandonnera à vos soins. Si vous ne connaissez parfaitement la loi dans son vrai sens, dans son esprit, quel tort ne ferez-vous pas à la sainteté de vos fonctions?

La science du droit est sans contredit pénible à acquérir; et comme c'est à l'esprit d'analyse qu'on doit, dans toutes les sciences, les progrès qu'on peut y faire, nous nous efforcerons soigneusement d'apporter cet esprit dans l'étude d'une science qui présente à-la-fois l'ensemble des lois positives, et une chaîne de vérités et de principes, dont les anneaux multipliés tiennent les uns aux autres. Il est vrai que nos méditations ont pour objet une législation nouvelle, que l'expérience n'a pas encore tout-à-fait identifiée avec les affaires; mais il est vrai aussi que les principes fondamentaux sont réunis en un seul corps de doctrine, et en forme de système, de façon que sa connaissance ne peut échapper à une étude suivie avec courage et ardeur, surtout aujourd'hui que nous jouissons de l'avantage inappréciable et inconnu jusqu'à présent d'un code uniforme et unique, que le Génie de la France a fait puiser dans toutes les législations anciennes, dont la multitude et la diversité embarrassaient et fatiguaient nos dévanciers.

Telle est, jeunes élèves, la carrière qui s'ouvre devant vous: puisse ce que je viens de dire, vous donner une juste idée de ce que vous devez y trouver de satisfaisant poûr votre raison, à l'époque où commence de s'opérer en vous le développement de cette éminente faculté. Livrez-vous sans réserve à cette importante étude, et tâchez de vous y rendre si habiles que vous puissiez, après l'avoir achevée, espérer d'être un jour utiles au Gouvernement, dans les charges qui vous seront confiées.

Comme dans cette première année de votre cours, l'enseignement ne porte que sur les élémens du Code Napoléon, précédés d'un précis historique du droit français, nous n'entrerons point dans de très-grands détails; mais les notions que nous donnerons, quoique élémentaires et succintes, ne présenteront pas moins les points les plus importans de l'entière législation; ainsi la précision ne nuira point à l'exactitude et à la clarté.

PRÉCIS HISTORIQUE
DU DROIT FRANÇAIS
JUSQU'A LA PROMULGATION DU CODE NAPOLÉON.

L'histoire de la législation est nécessairement liée à l'histoire politique de chaque peuple : car, en général, les lois tiennent toujours à la position de chaque pays, au caractère de la nation, et plus encore à la forme du gouvernement; et sous ce rapport les lois et usages de la France méritent plus particulièrement d'être examinés par ceux qui s'adonnent à la jurisprudence dans toute l'étendue de ce vaste Empire.

C'est une vérité bien connue que les lois n'ont été faites que successivement selon les besoins et les circonstances; le code même de Justinien nous en donne la preuve la plus complète. Une loi naît ordinairement d'un abus qui se manifeste, et qu'il importe à la société de réprimer. Les codes des nations se développent et s'étendent à mesure qu'on sent davantage le besoin de faire des lois, soit pour corriger les moeurs, soit en proportion des progrès de la civilisation, qui multiplient les rapports entre les individus, et qui tiennent nécessairement à l'histoire de chaque nation.

Sous ce point de vue il ne nous paraît pas moins nécessaire de connaître les lois particulières du Piémont, notre pays natal, parçeque nous les verrons aussi figurer dans l'ancienne législation, tout comme les lois des autres états et provinces de l'ancienne France; et qu'on peut y avoir recours dans le cas de silence du Code Napoléon.

En effet, l'article dernier de la loi du 30 ventôse an XII (21 mars 1804), qui sert de clôture à ce Code, ordonne « qu'à compter du » jour de sa promulgation, les lois Romaines, » les ordonnances, les coutumes générales ou » locales, les statuts, les réglemens césseront » d'avoir force de loi générale ou particulière » dans les matières qui sont l'objet des lois » composant le Code ». Il est donc dans l'esprit du législateur, que les lois anciennes de la France, ainsi que celles des pays réunis, soient toujours en vigueur, toutes les fois que se présenteront des questions sur des matières dont le Code ne s'est point occupé.

De-là il suit que la connaissance des lois anciennes qui régissaient la France et les pays réunis, n'est pas seulement utile dans la spéculation, pour remarquer les points de variation apportés par la loi nouvelle, et les considérations qui les ont motivés; mais qu'elle est, dans la pratique, d'une nécessité absolue, puisque ces lois peuvent suppléer au silence de la loi nouvelle dans les cas qui n'y sont pas prévus.

Pour parvenir au but que nous nous proposons, ce précis sera divisé en trois sections qui répondent aux différentes époques les plus marquantes de l'histoire politique de la France et du Piémont.

La première aura pour objet la législation qui régissait la France jusqu'à l'époque de la révolution.

Dans la seconde on fera remarquer les lois promulguées en France pendant la révolution, jusqu'à la promulgation du nouveau Code ; ce qui forme une espèce de droit intermédiaire.

Dans la troisième nous donnerons le précis de la législation du Piémont, avant et après sa réunion à la France, jusqu'à la même époque de la promulgation du Code Napoléon.

Enfin, comme la première chose dans l'étude d'un code est d'en bien connaître le plan, de saisir l'ordre et la disposition méthodique des matières qui en font l'objet, nous donnerons au préalable une analyse qui fera mieux apprécier l'ordonnance des parties entr'elles, leurs liaisons et leurs rapports, et qui, sous le titre de *notions préliminaires*, présentera le plan général de l'actuelle législation qui forme le droit commun de la France, et servira même comme d'introduction aux élémens du Code Napoléon.

SECTION I.re

De l'ancienne législation de la France.

L'ancienne Gaule a été une des plus célèbres régions de l'Europe : cette région n'était pas une monarchie particulière ; elle était possédée par un grand nombre de peuples indépendans les uns des autres. Elle renfermait, outre le royaume de France, tel qu'il était sous les Rois de la dernière race, la Savoie, une partie de la Suisse et du Piémont, et toutes les parties de l'Allemagne et des Pays-Bas qui sont au couchant du Rhin.

A la mort de César toute la Gaule était Romaine, et consistait en quatre parties principales, c'est-à-dire la Gaule Narbonnaise, la Gaule Aquitanique, la Gaule Celtique, qui par suite fut nommée la Lyonnaise, et enfin la Gaule Belgique.

Nous voyons dans les commentaires de Jules-César, que les conquêtes des anciens Gaulois, notamment dans une partie de l'Italie, portèrent aussi le nom de Gaules. De-là la distinction entre la Gaule Cisalpine et la Transalpine.

Quoiqu'on n'ait point de renseignemens ni sur la forme du gouvernement des Gaules, ni sur leurs lois civiles avant la conquête qu'en firent les Romains, néanmoins l'histoire même de leurs guerres nous donne des preuves irréfragables d'une grande puissance, inséparable d'une grande population, du courage militaire, et même d'une organisation politique.

La description des moeurs des anciens Gaulois, que nous avons dans le sixième livre des commentaires de César, nous instruit que toute la nation était divisée en trois classes, savoir les Druides ou prêtres, la noblesse et le peuple.

Les Druides, exempts du service militaire, dispensés de contribuer aux charges de l'état, comblés d'immunités et de privilèges, réunissaient le sacerdoce et la magistrature: chargés de l'instruction publique, ils connaissaient aussi de toutes les causes civiles et criminelles, et leurs jugemens s'exécutaient sous peine d'excommunication, c'est-à-dire que les réfractaires, interdits de la participation des mystères, devenaient des impies, des scélérats, exclus de la société.

Le second ordre comprenait la noblesse, dont le principal exercice était celui des armes.

Enfin la troisième classe, c'est-à-dire le peuple, était comme esclave, sans aucune considération ni autorité dans l'état.

Sans entrer dans de plus longs détails sur les moeurs des anciens Gaulois, on peut, sous l'autorité de Jules-César, reconnaître le germe des principaux points qui caractérisent le droit coutumier, tels, par exemple, que la *com-*

munauté des biens entre conjoints, la *main morte*, l'axiôme *le mort saisit le vif*, le *retrait lignager* et le *douaire*, matières sur lesquelles le droit Romain n'avait aucune disposition ni générale, ni particulière. Il y avait même (poursuit cet auteur) des lois qui défendaient expressément de s'entretenir des affaires de l'état, et d'en parler ailleurs que dans le conseil; chacun était obligé de rendre compte aux magistrats de ce qu'il avait appris concernant le public, sans le communiquer à d'autres. Quelle preuve plus forte d'une société bien organisée!

Les Francs ou Français, nation Germanique, sur l'origine desquels on ne peut former que des conjectures, de l'aveu même des historiens les plus célèbres, après avoir inutilement tenté la conquête des Gaules, vers l'an 276 de l'ère vulgaire, revinrent vers l'an 420 sous la conduite de Clodion fils de Pharamond leur roi, et ayant pénétré dans la partie la plus septentrionale, entrèrent bien avant dans la Gaule, où ils prirent Tournai, Cambrai, avec tous les pays voisins de la Somme. Ils y posèrent les fondemens d'un empire puissant, agrandi ensuite et affermi par de nouvelles conquêtes.

En partant de cette époque, on distingue trois dynasties qui régnèrent successivement en France, savoir la première des Mérovingiens, ainsi dite de Mérovée, qui régna jusqu'à Chilpéric, déposé par la nation en 750.

La seconde, des Rois Carlovingiens, qui prirent leur nom de l'Empereur Charlemagne, Roi de France, fils de Pépin, élu Roi par suite de la déposition de Chilpéric. Cette dynastie cessa à la mort de Louis V, c'est-à-dire en l'an 987.

La troisième dynastie est connue sous le nom des Rois Capétiens, ainsi nommés d'Hugues Capet, Duc de France, et Comte de Paris, élu Roi en 987 par les seigneurs et les grands du royaume. Cette dynastie qui régna l'espace de 806 ans, eut son terme par la mort de Louis XVI, en l'année 1793.

Quant à la première dynastie, il est à remarquer que, dès le berceau de la monarchie, chaque province conserva ses lois particulières dans le sein d'un même état: l'article 4 de l'ordonnance de Clotaire II, qui régna dès l'an 584 jusqu'à 628, porte en termes exprès: *inter Romanos* (tels étaient considérés les Gaulois déjà soumis à la domination de Rome, et conquis par les Français) *negotia causarum Romanis legibus praecipimus terminari.* Par loi Romaine, il faut ici entendre le code Théodosien, publié en 435 par l'Empereur de ce nom, puisque le recueil des lois Romaines connu sous le nom de code de Justinien, publié par cet Empereur en 541, ne fut reçu à l'université de Paris comme source du droit écrit, qu'en l'année 1291; quoique, même avant cette époque, les lois Romaines, aussitôt qu'elles recommencèrent à fleurir, se soient établies en France comme dans leur sol natal; et qu'adoptées par un consentement unanime, confirmé par l'autorité des Rois, elles aient été observées, dans presque la moitié du royaume, comme statuts. La différence entre ces deux codes n'est pas beaucoup essentielle en ce qui concerne les affaires civiles et les intérêts privés, de façon qu'on peut bien dire que ce fut toujours l'esprit et l'équité des lois Romaines qui formèrent la base de la jurisprudence civile; le droit Romain, source inépuisable de principes, de règles et de richesses pour les législateurs, pour les juges et pour les jurisconsultes, supplément aux autres codes, toujours respectable par la profondeur de ses décisions, obtint et obtiendra à perpétuité cette vénération que le tems imprime aux ouvrages des hommes.

Les Romains avaient emprunté des Grecs les premiers élémens de leur législation, comme ces derniers les avaient eux-mêmes empruntés des Egyptiens: les lois de Minos dans la Crète, de Licurgue à Sparte, de Zoroastre en Perse, de Dracon, de Socrate, de Solon dans la Grèce, et de plusieurs autres anciens Législateurs, s'y trouvent refondues et reparaissent encore sous une diverse empreinte: les lois Romaines offrent donc une espèce de tradition constante et non interrompue de tout ce que les hommes les plus éclairés de tous les pays ont pensé et produit en matière de législation *1.

Non seulement les anciens Gaulois, mais encore les autres peuples soumis ensuite à la domination française, jouirent également de ce droit, et conservèrent leurs lois propres; et même plusieurs d'entr'eux, plus jaloux de cette prérogative, avaient stipulé expressément par des traités la conservation de leurs lois et franchises. De-là toutes ces lois anciennes, connues sous le nom de lois *antiques*, loi *gombète*, lois *gothiques*, et autres.

Parmi ces lois on distinguait encore particulièrement les lois *saliques*, et les lois *ripuaires*. La loi salique régissait les Francs qui habitaient entre la Loire et la Meuse: les

---

1* *Les commentaires de notre très-savant Collègue*, M. JACQUES REINERI, Professeur de droit Romain, *ayant pour titre*: Commentarii Institutionum Justiniani, et Juris Romani comparate ad Codicem Napoleonis I, *imprimés à Turin en* 1809, *nous dispensent de faire remarquer ici l'union qui règne sous plusieurs rapports entre les lois Romaines et celles du Code Napoléon; l'étude bien approfondie de ces commentaires facilitera beaucoup celle de la nouvelle législation.*

différens auteurs qui en parlent, tout en convenant que cette loi avait pour but de régler les successions au profit des *agnats*, ne s'accordent point sur son origine que la plupart attribuent aux premiers Rois des Francs; il paraît qu'elle fut ensuite adoptée par plusieurs autres peuples, et même dans la Gaule Cisalpine, car plusieurs monumens de l'histoire du Piémont attestent l'usage d'y professer cette loi. On trouve très-souvent, dans des actes des siècles XI et XII, cette expression: *qui professus sum lege vivere salica.*

Dans la suite on distingua la France entière, par rapport à la législation, entre les pays de droit écrit et les pays coutumiers; on nommait pays de droit écrit ceux où le droit Romain était observé comme loi générale en toute matière qui n'était point prévue par les ordonnances, les édits du Roi, et autres concernant le gouvernement général, et on suivait ce droit, notamment par rapport aux successions, contrats, tutelles, dots et autres affaires qui ne concernaient que l'intérêt privé des citoyens.

On appelait, par contre, pays coutumiers, tous ceux qui, dans ces mêmes matières, étaient régis par des usages et coutumes particuliers à chaque province ou pays, quoique la plus grande partie de ces coutumes ait été rédigée en une espèce de code, par ordre de Charles VII et ses successeurs.

On comptait plus de trois cents de ces usages et coutumes à l'époque de la révolution.

Outre ces différentes lois destinées à régler la chose publique et les intérêts privés, on pourvoyait aussi, dès les premiers tems de la monarchie, aux affaires qui survenaient, par des assemblées particulières composées des principaux seigneurs et des *Leudes*, qui étaient à-la-fois les compagnons et les conseillers du Prince.

Les principaux seigneurs étaient possesseurs de grands fiefs ou seigneuries, dont l'origine doit nécessairement remonter avant les lois de Clotaire II, qui organisa le mode d'y exercer la jurisdiction civile et criminelle; dans la suite la puissance féodale a été établie en système; les derniers Rois Mérovingiens en conférant des bénéfices, savoir de grandes possessions et des terres à leurs favoris, leur attribuèrent aussi le droit de justice, avec défense aux juges publics d'exercer aucun acte de jurisdiction dans les terres des seigneurs : les choses ont été portées à un tel excès, dans la suite, qu'on a posé en principe : *nulle terre sans seigneur.*

Il paraît même que ces bénéfices et seigneuries étaient déjà héréditaires au commencement de la seconde dynastie, et qu'au surplus les seigneurs exerçaient la justice même en dernier ressort.

De ce système il résulta en France la distinction entre les biens féodaux tenus du Roi ou autre seigneur à foi et hommage, et les biens allodiaux, savoir de propriété privée. Ces biens se distinguaient encore en propres et en acquêts; on appelait propres ceux que l'on tenait par successions aux ascendans : on ne pouvait guère en disposer, et les femmes en étaient exclues par différentes coutumes; par contre les acquêts étaient les biens provenans de toute sorte d'acquisition, et desquels on avait la libre dispositions.

Nous laissons aux amateurs de l'histoire de rechercher comment les successeurs de Mérovée étendirent leur autorité; comment les maires du palais parvinrent à s'emparer de la puissance royale, et comment la conduite et les intérêts des différens ordres de l'état amenèrent, sous la première dynastie, l'institution de la noblesse, des seigneuries, et enfin du système féodal. On pourra, dans ces recherches, s'aider des observations sur l'histoire de France, publiées par Mably.

Quant à la seconde dynastie, l'histoire nous apprend aussi comment la politique de Pépin et de Charlemagne changea essentiellement la forme du gouvernement. Pépin se fit une règle de convoquer tous les ans une assemblée composée des évêques, des abbés, et de la noblesse pour conférer sur la situation et les besoins de l'état. Après lui Charlemagne, en respectant les lois, les coutumes des peuples, et même quelques préjugés de son siècle, apprît aux

Français à obéir aux lois en les rendant eux-mêmes leurs propres législateurs. Ses ordonnances et celles qui nous restent des Rois de la seconde race, sont qualifiées de capitulaires, parce qu'elles étaient divisées en chapitres, qui par la suite ont été réunis sous le titre de *Capitularia Regum, et episcoporum, omniumque nobilium Francorum.*

Les capitulaires de Charlemagne commencés en 768, première année de son règne, concernent principalement la discipline ecclésiastique, les juges, les impôts et la sûreté publique : plusieurs d'entr'eux sont tirés des anciennes lois Romaines, *saliques* et *gombètes*, auxquelles il fit ensuite, pendant son règne, plusieurs additions. Cependant ce recueil, en général bien précieux en lui-même, contient plutôt des principes de droit public et politique, que des règles pour les affaires purement civiles, qu'il fallait puiser dans d'autres sources, comme nous l'avons remarqué.

Charlemagne instruit par l'expérience que les assemblées générales d'une grande nation qui possède plusieurs provinces, sont peu propres à pourvoir aux vrais besoins de l'état, partagea les pays soumis à sa domination en différens districts ou légations administrées par des officiers qu'on nomma *envoyés royaux*, (*missi dominici*) ; ils présidaient aux assemblées particulières de chaque province, et étaient chargés de faire au Roi le rapport des affaires qu'on y traitait.

Ce serait une tâche trop pénible que de faire connaître tous les détails de son gouvernement. Il nous suffira d'observer que ses talens militaires et politiques, et ses vertus lui ont mérité à juste titre la Couronne Impériale qui lui fut décernée à Rome par acclamation l'an 800 de l'ère vulgaire. Charlemagne était sévère en ce qui concernait l'administration de la justice : il s'honora lui même autant de la qualité de premier juge en rendant en personne justice dans son palais, que de celle de général des armées : en civilisant la nation par l'instruction publique et par l'établissement des écoles, et même d'une académie, il ne la rendit pas moins guerrière par son génie et par ses ordonnances militaires : tout citoyen était soldat, et lorsqu'un canton était commandé pour la guerre, il devait marcher à ses dépens sous les ordres de son comte ou seigneur : pour prévenir tout inconvénient sur la conscription militaire, il fit régler par les assemblées tous les cas d'exceptions et de dispenses de service, ainsi que le nombre des soldats à fournir par chaque canton, en proportion du nombre et de la fortune des citoyens. Telles sont à-peu-près les lois que nous avons à présent sur cette matière, et qui ne diffèrent presqu'en rien des lois Romaines comme on peut le voir dans les titres *de re militari* *1.

---

*1 *Liv. 49 tit. XIV du dig., liv. 12 tit. 36 du code Justinien.*

Par ces moyens et par son génie Charlemagne soumit une partie de l'Espagne, toute l'Italie, la plus grande partie de la Germanie, savoir ces vastes contrées qui s'étendent jusqu'à la Vistule et à la mer Baltique; et la gloire du nom Français passa jusqu'en Afrique et en Asie: mais cet édifice, quoique solide tant que vécut son fondateur, n'a pas moins dû s'écrouler, faute d'un successeur capable d'en soutenir le poids, et d'achever les opérations qui avaient été tracées: le partage que Charlemagne fit de ses états entre ses trois fils, la faiblesse et l'imbécillité de ses descendans, les divisions domestiques, les guerres intestines des seigneurs, en bouleversant l'ordre public, ont été les causes principales de l'anéantissement de cette dynastie, causes qui auraient aussi entraîné la ruine de la nation, si des mains plus habiles n'eussent pris les rênes du gouvernement. Ce fut dans cet espace de tems que, sur les ruines de l'autorité royale, et du sein des secousses politiques, s'éleva l'anarchie féodale: la volonté arbitraire des seigneurs devint la loi des sujets, et deux siècles sont à peine écoulés que le sceptre de cette dynastie est brisé lors du décès de Louis V surnommé le *fainéant*, arrivé en 987, et qui donna lieu à l'élévation d'Hugues Capet chef de la troisième dynastie.

Quelle qu'ait été l'habileté de ce Prince qui sut profiter des circonstances pour se préparer le chemin au trône, on ne connait guère de lois émanées de lui, bien peu de ses descendans jusqu'à Saint Louis, IX du nom, qui succéda au trône en 1226, et qui fit régner la justice. Ses établissemens, qui contiennent une espèce de constitution, rappellent plusieurs des lois anciennes, et portent un nouveau coup à la barbarie des moeurs et de la jurisprudence; et c'est dans le principe de son gouvernement que l'on trouve le germe et les bases d'une législation dont les progrès, quoiqu'infiniment lents, ont préparé les matériaux pour des lois plus régulières, et pour une reforme presque générale.

L'on peut ici remarquer avec M. Merlin dans son répertoire, qu'en général on peut considérer la législation de la France dans trois différens états, savoir: le premier qui fut de former la loi dans les assemblées de la nation (appelées *champ de mars*, et ensuite de *mai*) de l'avis et avec le consentement des délibérans.

Le second état fut de former et délibérer la loi dans l'intérieur du parlement où le Roi se rendait, ou autre de par lui: ce parlement fut composé d'abord des barons, des prélats, des grands présidens appelés *magni praesidentiales nostri*, et des maîtres du parlement.

Le troisième état de la législation française consistait en ce que le Roi adressait à son parlement les lois sur lesquelles celui-ci, après une délibération appelée vérification, prononçait ou l'enregistrement pur et simple, ou des modifications, ou il arrêtait des remontrances. Cet état de législation ne fut introduit que peu-à-peu, et les publicistes ne sont pas même d'accord sur l'époque à laquelle il commença. Il est à croire que la nécessité, et même l'utilité de pourvoir aux affaires urgentes suggéra ce moyen plus sage de préparer les lois pour les soumettre ensuite à la délibération dans les conseils et parlemens.

Le système féodal, étant adopté dans toute l'étendue de la France, exigeait aussi des lois tout à fait particulières à ce système. On distinguait même dans la personne du Roi la double qualité de souverain du royaume, et de seigneur particulier de telle ou telle autre province ou domaine: on tenait des assemblées, des cours de justice, des assises, où se portaient les affaires de chaque province. Les assemblées qu'on vient de nommer, et dont l'usage était tiré des anciens Germains, ainsi que nous le dit Tacite, *de moribus Germanorum*, prirent aussi différentes formes, selon les différens gouvernemens; celles qui eurent lieu après l'établissement du régime féodal, ne tenaient en général qu'à la volonté du feudataire, soit pour fixer l'époque de leur convocation, soit pour les délibérations.

Les assemblées sous Charlemagne lui étaient subordonnées : lui seul avait et exerçait le droit de les convoquer et de les dissoudre : c'est lui qui sut les combiner avec le gouvernement d'un empire immense, dont le chef était toujours leur arbitre suprême. Ces assemblées n'étaient composées que des évêques, des grands vassaux de la couronne et des magistrats que l'on choisissait ordinairement dans l'ordre de la noblesse: c'est dans ce corps présidé par le Roi que résidait sous les deux premières races le pouvoir législatif. (Merlin dans son répertoire sous le mot *loi* §. 1).

Ce fut pour la première fois, sous le Roi Philippe-le-Bel, que le peuple, déjà affranchi et admis à posséder des biens en propriété, figura aussi dans l'assemblée générale convoquée en l'an 1301, et composée des trois états ou ordres, savoir du clergé, de la noblesse, et du peuple, nommé ensuite le tiers état.

Mais, dès que par la faiblesse des successeurs au trône les assemblées se furent arrogé l'autorité de dicter la loi, on reconnut bien vîte le risque qu'il y avait à les convoquer: en effet toute assemblée trop nombreuse, et sans aucun frein dans son opinion, est toujours peuple en ce que la réunion de tant de personnes, même les plus distinguées et les plus éclairées, ne peut à moins que réunir aussi les passions de tant d'individus ayant à l'ordinaire des intérêts opposés et des vues différentes; de façon qu'elles ne présentent le plus souvent que des ames jalouses, des esprits ambitieux, des hommes exaltés, qui quelquefois dans les affaires se portent aux extrêmes; de jeunes effervescens, qui faute d'expérience se laissent séduire, même par le desir du plus grand bien: nous avons des témoignages assez récents de cette vérité pour nous dispenser d'en donner la preuve. Pour parer à ces inconvéniens les Rois jugèrent plus à propos, dans la suite, de créer un conseil particulier et permanent, qui régla journellement, sous l'autorité royale, tout ce qui tenait à la police de l'Empire.

Le Roi, chef de l' état, était aussi l'administrateur suprême des affaires; chef de la justice, il devait connaître souvent des affaires contentieuses qui venaient jusqu'à lui; chef suprême de l'état et de la justice, et aidé de l'avis de son conseil, il dictait la loi et les arrêts, et ce fut de l'intervention et de l'influence de ce conseil particulier, que prirent leur origine les parlemens, dont l'autorité, et les attributions augmentèrent depuis au point de former un espèce de censure, et de balance à l'autorité royale; cause principale de leur réforme par Louis XV, en vertu des patentes du 23 janvier 1771, et de l'édit du Roi, en date du 11 novembre, même année, qui, en rétablissant cette ancienne magistrature, en limita aussi les attributions, lesquelles n'ont cessé qu'à l'époque de la révolution survenue en 1789.

Philippe-le-Bel fut aussi le premier qui rendit le parlement sédentaire à Paris, et qui l'érigea en premier tribunal pour connaître, en dernier ressort, des contestations entre particuliers: cette institution s'étendit en suite à plusieurs autres provinces à proportion de l'affranchissement des villes, et de la suppression des grands fiefs.

A cette institution succéda celle des tribunaux présidiaux créés par l'édit d'Henri II en 1531, autorisés à prononcer, même en dernier ressort, dans les affaires de moindre importance. D'autres jurisdictions spéciales furent encore créées pour prononcer en matière de commerce, sur les droits du fisc, sur les affaires du domaine, sur celles des eaux et forêts, et autres, qui ont été conservées jusqu'à la révolution. Aussi la législation prit-elle une marche plus assurée et plus régulière; le droit de monnaie rentra dans la main du Roi, et l'habitant que le recours de la justice rapprochait de l'autorité royale, s'y trouva encore plus rapproché, par la création de la milice permanente, par François I, et par le service militaire qui, autrefois, était à la disposition des seigneurs médiats, et par une conséquence nécessaire non seulement ont été abolies presque toutes les servitudes corporelles, mais de plus le droit féodal a été peu-à-peu dépouillé de tout ce qu'il y avait d'anti-monarchique.

Il nous paraît inutile de donner ici connaissance des états généraux qui ont été convoqués pendant la derniere dynastie, nous remarquerons néanmoins quelques circonstances particulières de ces assemblées.

Les premières n'avaient d'autre objet que de régler les intérêts de l'état par rapport aux impositions extraordinaires : tel fut l'objet des états généraux convoqués en 1313, 1338, 1339, dont le résultat fut, qu'on ne pourrait, même dans les cas de nécessité ou d' utilité évidente, imposer, ni lever des tailles en France sans l'avis, et le consentement des trois états.

Cette disposition qui avait pour but d'empêcher les abus des grands seigneurs, qui sous différens pretextes accablaient le peuple, finit par tourner à l'avantage de ceux-ci, attendu la grande facilité qu'ils avaient de mettre en avant des cas de nécessité, ou d'utilité publique, qui bien souvent n'existaient que dans l'intérêt des seigneurs ; mais l'indécence avec laquelle se conduisirent ensuite les états généraux, en s'arrogeant le droit de discuter les affaires du gouvernement, et de l'administration publique, fut l'écueil où se brisa la puissance qu'ils avaient acquise, et qui la réduisit au simple droit de remontrances. Ce fut sur ces remontrances, et sur les plaintes des trois états qu'émanèrent ensuite les ordonnances des Rois, dont on a plusieurs recueils, et notamment celui de l'an 1721 en deux volumes in-fol. par Néron, le plus complet jusqu'à cette époque ; on a aussi le recueil des ordonnances du Louvre qui contient un relevé exact de toutes les ordonnances et lettres royaux enregistrées au parlement de Paris, et autres.

Le nom d'ordonnance dans sa plus grande étendue embrassait aussi les édits, les déclarations, et lettres émanées du Roi; mais les ordonnances, dans leur signification propre, n'étaient que des constitutions portant des ordres ou des défenses sur des objets généraux plus étendus et d'une plus grande importance, et sur les remontrances des magistrats, ou des assemblées générales, ou particulières. Elles regardaient le plus souvent la religion, l'administration de la justice, les devoirs des magistrats, la police, les droits du Roi et du trésor public, la création des officiers et la procédure *1.

Les édits étaient des constitutions par lesquelles le Roi ordonnait ou défendait quelque chose de son propre mouvement.

Les déclarations étaient aussi une espèce de

---

*1 *La première loi qui ait été appelée* ordonnance *en français, est celle de Philippe-le-Bel faite au parlement de la Pentecôte en* 1227 *touchant les bourgeois; elle commence par ces mots*: c'est l'ordonnance faite par la cour de notre seigneur le Roi et de son commandement.

Depuis ce tems (dit M. Merlin dans son répertoire sous le mot ordonnance*) le terme d'*ordonnance *devint commun, et a été enfin consacré pour exprimer en général toute loi faite par le Prince.*

constitution pour interpréter ou modifier les dispositions des ordonnances ou édits antérieurs.

Enfin les lettres royales ou *royaux* étaient des dispositions particulières émanées à la supplication de quelque individu, comme, par exemple, les lettres de grâce, d'affranchissement, d'amortissement, de révision, et autres.

Les ordonnances, édits et déclarations étaient de vraies lois pour le royaume, et faisaient partie du droit commun Français, tout comme sont à présent les décrets impériaux qui les remplacent sous tous les rapports. Tous les magistrats et juges, même ecclésiastiques, enfin tous les sujets du Roi étaient obligés de se conformer exactement aux dites ordonnances et déclarations, après qu'elles étaient enregistrées au parlement et autres cours souveraines.

Parmi ces ordonnances les plus célèbres sont celles d'Orléans en 1560, de Rossillon en 1564, de Moulins en 1566, portant réglement pour les ecclésiastiques, pour la noblesse, pour les universités, pour l'administration et les cours de justice, pour les impositions, affaires de police, et pour d'autres matières; nous remarquerons seulement que l'article 59 de l'ordonnance d'Orléans, et 57 de Moulins, pour corriger les abus des substitutions fidéicommissaires, a restreint, pour l'avenir, à deux degrés la faculté de substituer, non comprise l'institution, et restreint, à quatre degrés les substitutions antérieures, ce qui cependant n'empêcha point que, dans les provinces réunies par la suite à l'Empire, telles que la Bresse, le Bugey, le pays de Gex et Valromey, et même dans la Franche-Comtée et autres, les substitutions n'aient été admises jusqu'à l'infini; de façon que nous voyons dans l'édit du mois d'août 1747 §. 32, inséré dans le code des lois de Louis XV, que tout en confirmant la disposition desdites ordonnances il a été expressément déclaré comme suit: » Nous n'entendons rien innover quant à présent » à l'égard des provinces où les substitutions » n'ont pas encore été restreintes à un certain » nombre de degrés; nous nous réservons de » pourvoir dans la suite, sur le compte qui » nous en sera rendu, et ainsi que nous le ju- » geons convenable pour le bien et avantage » de nos sujets et des dites provinces *1.

Sous Louis XIV, qui régna depuis l'an 1643 jusqu'à l'an 1715, il y eut un grand nombre d'ordonnances, dont voici les principales: l'ordonnance du mois d'avril 1667, appelée le code civil, très-souvent cité dans notre code judiciaire: cette ordonnance contient un réglement général pour la procédure en matière civile, et l'établissement d'un style uniforme dans toutes les cours et dans tous les sièges et tribunaux du royaume.

---

*1 *On peut à cet égard consulter les auteurs, et notamment M. Brétonnier, dans ses questions de droit sous le mot* substitution.

La seconde ordonnance est celle de 1669, portant réglement sur les eaux et forêts, sur la chasse et la pêche.

La troisième, émanée au mois d'août 1670, appelée aussi le code criminel, parce qu'elle porte une instruction sur la procédure criminelle, et la compétence des juges dans ces sortes de matières.

Les principales ordonnances publiées sous le règne de Louis XV, sont premièrement celle du mois d'août 1729, concernant la succession des mères à leurs enfans; celle du mois de février 1731, sur les donations; celle du mois d'août même année relative aux testamens; enfin l'ordonnance du mois de juillet 1737, qui concerne les faux principaux, les faux incidens et la reconnaissance des écritures et signatures en matière criminelle.

Pour rédiger ces ordonnances, Louis XV fit assembler les magistrats les plus éclairés de son conseil et du parlement, dont les délibérations discutées en plusieurs séances furent encore soumises à un examen rigoureux; aussi la plupart des dispositions qu'elles renfermaient ont-elles été adoptées dans la nouvelle législation, ce qui prouve la nécessité d'y avoir recours pour résoudre les doutes qui s'éleveraient sur l'application de la nouvelle loi.

Pour donner enfin une juste idée de cette ancienne législation, et des souverains à qui la France doit sa prospérité, nous ne pouvons nous dispenser d'une remarque bien importante tirée de la bouche même de ses ennemis, c'est-à-dire de la pétition du conseil de la république de Hollande aux états généraux du 13 novembre 1711, pour avoir les subsides nécessaires à la poursuite de la guerre : « La puissance » de la France (y est-il dit) est si grande par » la constitution de ce royaume, sa vaste éten- » due, ses états bien peuplés, ses frontières, » le génie de sa nation, la forme de son gou- » vernement, qu'il y a tout à craindre etc. ». On ne peut rien ajouter à ce passage, si ce n'est de considérer quel sera encore le résultat du parallèle qu'on peut faire de cet ancien état de l'empire avec le présent, parvenu, par l'immortel génie de son Empereur, et par ses lois civiles, militaires et politiques, au faîte de la grandeur, de la gloire et de la puissance.

SECTION II.

Des lois promulguées en France pendant la révolution, jusqu'à la promulgation du code Napoléon.

Chaque province avait, comme nous l'avons remarqué, ses coutumes et ses lois particulières: mais en outre, des exceptions et des privilèges distinguaient les citoyens d'une même province et d'une même ville, de manière que les habitans, quoique d'un même pays, étaient étrangers les uns aux autres, et, selon la remarque d'un orateur du Gouvernement, la France formait une société de sociétés différentes : la patrie était commune, mais les états particuliers et distincts: une seule chose les unissait, savoir le gouvernement monarchique, et quelque loi générale sur des objets aussi généraux.

Les inconvéniens de ce système avaient déjà fait sentir la nécessité d'une législation uniforme, sans que cependant on eût pu y parvenir malgré les efforts des plus célèbres magistrats de la France. Elle arriva enfin par la plus grande des révolutions: mais elle ne fut consolidée que par le rétablissement de la monarchie ; nous remarquerons néanmoins que ce fut à la sagesse et aux lumières de l'assemblée constituante, formée par les états généraux convoqués en 1789, par Louis XVI, composés de tout ce qu'il y avait de plus instruit dans le royaume, et de plus distingué dans les trois ordres, du clergé, de la noblesse et du peuple, que l'Europe doit aujourd'hui une série de principes législatifs qui ont hâté les progrès de la raison en matière de lois.

Ces principes furent pour la plus grande partie conservés dans les différens codes et lois qui régissent maintenant la France : la liberté sous l'égide de la loi, l'égalité devant la loi même furent les bases fondamentales de cette législation purement politique, à laquelle on donna le nom de constitution.

Parmi les principes établis dans cette constitution, qui porte la date du 3 septembre 1791, outre la conservation du gouvernement monarchique, considéré comme le meilleur sous tous les rapports, modifié cependant de manière à donner à l'état une véritable représentation nationale, on y trouve :

1.° La déclaration des droits de l'homme ;

2.° L'exercice des droits politiques du citoyen, pour garantir la liberté publique ; l'exercice des droits civils pour garantir et la liberté individuelle et l'égalité, source d'émulation, de vertus, et l'aiguillon des talens ;

3.° Un gouvernement légal, par des lois consenties par la nation, au moyen de ses représentans ;

4.° La répartition égale des impôts sans exception ;

5.° La division de l'état en départemens sous une administration uniforme, exercée par plusieurs hyerarchies centrales et départementales;

6.° Le partage des successions réglé d'après le voeu de la nature et la tendresse des parens;

7.° La personnalité des fautes et la qualité des peines proportionnées aux délits;

8.° La mise sur pied d'une force armée permanente;

9.° La liberté des cultes, et plusieurs autres objets non moins importans.

Cette constitution ne fut pas de longue durée : l'Assemblée constituante fut remplacée d'abord par une assemblée législative en 1792, ensuite par la Convention nationale, qui renversa le trône, et proclama, en 1793, une autre constitution politique, analogue au gouvernement républicain qu'elle avait adopté, et réunissant en elle-même les deux pouvoirs, le législatif et l'éxécutif, au moyen de ses comités, dont les excès doivent plutôt être oubliés que rappelés à la posterité; elle finit par reconnaître le besoin d'une autre constitution qu'elle publia le 5 fructidor an III (22 août 1795), dans laquelle, rappelant pour la plus grande partie les principes sus-énoncés, elle tâcha d'établir un système de gouvernement représentatif, soit par l'organisation des assemblées, soit par la création d'un corps législatif permanent divisé en deux conseils, dont le premier, composé de deux-cent-cinquante individus, fut appelé le conseil des anciens, l'autre dit le conseil des cinq cents; et afin de séparer le pouvoir législatif du pouvoir exécutif, ce dernier fut délégué à un directoire composé de cinq membres nommés par le corps législatif.

Cette constitution fixa les attributions et l'étendue non seulement de ces trois corps, mais aussi des corps administratifs et judiciaires, et des différentes magistratures: elle détermina aussi la force armée: mais comme elle manquait d'ensemble, elle n'avait pas établi la ligne de démarcation entre le pouvoir législatif et exécutif; ce dernier n'avait pas de force, et son action était bien souvent entravée et paralysée, dans l'attente des délibérations d'un autre pouvoir qui lui était étranger. La forme du gouvernement avait donc besoin d'un nouveau changement, et nous voilà à la fameuse journée du 18 brumaire an VIII (9 novembre 1799), où les deux conseils, ainsi que le directoire, furent dissous et remplacés, savoir les deux premiers, par deux commissions législatives composées, chacune, de vingt-cinq membres chargés de la formation d'une nouvelle constitution; et le directoire par une commission consulaire exécutive, investie de la plénitude du pouvoir directorial.

Ce fut à cette époque à jamais mémorable, que le génie de la France mit un terme au despotisme anarchique qui la désolait depuis long-tems. On signala, dans le calme, les vices des constitutions précédentes pour n'en tirer que la substance la plus pure : l'expérience apprit à concentrer autant que possible le gouvernement, à lui assurer les attributions, et les pouvoirs nécessaires ; sans lesquels il manquerait de force et d'énergie : enfin sous la direction du plus grand des hommes, NAPOLÉON, on mit en activité la quatrième constitution qui porte la date du 22 frimaire an VIII (13 décembre 1799), et qui est maintenant en vigueur dans les parties où elle n'a pas été changée par les sénatus-consultes organiques du 16 thermidor an X (4 août 1802) et du 23 floréal an XII (18 mai 1804), lesquels, comme tout autre sénatus-consulte organique, sont censés faire partie des constitutions de l'Empire.

Cette constitution est divisée en sept titres dont le premier renferme les dispositions nécessaires pour l'exercice des droits de cité, et pour les formalités relatives à la représentation nationale.

Le second a pour objet l'organisation du Sénat-conservateur, magistrature chargée de la conservation de la constitution.

Le troisième contient ce qui a rapport au pouvoir législatif.

Le quatrième traite du Gouvernement ; et de son pouvoir confié alors à trois Consuls ; dont le premier exerçait des fonctions et des attributions particulières, qu'on peut voir à l'article 41 de cette constitution.

Dans le cinquième on voit l'établissement des tribunaux supérieurs et inférieurs pour l'exercice de la jurisdiction judiciaire.

Le sixième concerne la responsabilité des fonctionnaires publics, et établit une haute-cour dont les juges doivent être choisis par le tribunal de cassation et dans son sein, et les jurés, dans la liste nationale.

Enfin le septième comprend plusieurs dispositions concernant la sûreté et la tranquillité de la nation et des individus, l'emploi de la force publique, la poursuite des délits des militaires, ainsi que les récompenses pour les services rendus à la patrie.

Nous avons dit plus haut que la constitution est en vigueur pour tout ce qui n'a pas été changé par les deux sénatus-consultes, du 6 thermidor au X, et du 28 floréal an XII; parmi ces changemens, le plus important pour le bonheur et la prospérité de la France, c'est celui sans doute d'avoir perfectionné la forme du gouvernement, en le concentrant dans la personne d'un souverain, et d'avoir placé, d'après le voeu bien prononcé de la nation, la couronne Impériale sur la tête de Napoléon, le plus digne des hommes de recevoir le dépôt sacré de la souveraineté; il fut proclamé Empereur des Français, et la dignité Impériale fut déclarée héréditaire dans sa descendance directe, naturelle et légitime, et en cas de défaut dans la descendance adoptive, de mâle en mâle, à l'exclusion perpétuelle des femmes et de leur descendance; au défaut des descendans mâles naturels, et adoptifs, JOSEPH et LOUIS frères de l'Empereur seraient appelés à leur tour, et leurs descendans mâles directs par ordre de primogéniture.

Dans cet événement heureux, la France a par le fait sanctionné une grande vérité, déjà remarquée par de sages observateurs de la marche des nations, savoir, que tôt ou tard l'empire de la raison ne peut manquer de se faire sentir et d'exercer son influence; qu'en tout état où il y a un gouvernement, les lois reprennent toujours le dessus, et que tout peuple civilisé dès long tems retourne très-facilement aux habitudes et lois anciennes, lorsqu'en supprimant les abus, elles ne présentent plus que l'heureux résultat de l'expérience.

Nous observons en effet, que depuis l'abolition de la royauté en France, le pouvoir suprême a passé successivement entre plusieurs mains, mais en nombre toujours décroissant, savoir, 1.° aux différens comités établis par la Convention nationale, tels que celui de salut public, de sûreté publique, de défense générale, des finances, et autres pour différentes branches de l'administration; 2.° à un Directoire composé de cinq membres; 3.° aux Consuls au nombre de trois; 4.° enfin à un Empereur;

de façon que le pouvoir suprême a été, pour ainsi dire, ramené par l'expérience et par la force des événemens, à sa première unité, comme le seul et unique moyen de faire cesser l'anarchie et les désordres, auxquels la France était livrée depuis un tems beaucoup trop long, par l'effet d'une liberté et d'une égalité mal entendues.

Ce fut alors qu'après bien des secousses il fallut se reposer dans le sein même d'un gouvernement qu'on avait proscrit; et ainsi on a vérifié ce qu'a observé sur cette matière l'immortel Montesquieu dans son esprit des lois. Ce fut alors, que sous une autorité unique et irrésistible, la France a pu prendre promptement cet essor, cet ascendant auquel elle était appelée par les nombreux bienfaits dont la nature l'a comblée: sa grandeur avait été retardée par tous les vices qu'un moment de délire avait déchainés; mais le nuage épais dont elle fut couverte, a été bientôt dissipé au rétablissement de la monarchie par la création d'un Empereur : tous les ressorts de la machine sociale ont reçu une nouvelle trempe: leur action, plus libre et plus sûre, n'est point arrêtée par une multitude de mouvemens; il n'y a plus qu'une main qui donne l'impulsion à tout le reste, et par-là on est assuré d'avance de la force et de la consistance que vont prendre tous les principes d'un gouvernement régénérateur.

Les observations qu'on vient de faire sur la législation pendant cette époque, ne portent que sur les lois politiques; il paraîtrait peut-être utile de s'occuper des lois civiles émanées de tems en tems en matière administrative, judiciaire et civile, et notamment sur l'exercice des droits civils, sur la puissance paternelle, sur les successions légitimes et testamentaires, et enfin sur des objets qui ont rapport aux obligations conventionnelles; mais comme toutes ces lois qui forment une espèce de droit intermédiaire, excepté celles qui appartiennent simplement au ressort de l'administration publique, ont été ou entièrement refondues ou modifiées dans le nouveau Code Napoléon, ouvrage des deux législatures des années XI et XII, nous renverrons à la lecture des bulletins et des collections publiées, vu que ces détails nous entraîneraient au-delà des bornes fixées à un abrégé historique.

Nous n'oublierons cependant pas d'observer que depuis long-tems la France éprouvait le plus grand besoin d'un code de lois civiles: l'assemblée constituante était trop éclairée pour ne pas apercevoir qu'en consolidant la monarchie, il fallait aussi une législation civile qui y fût analogue: l'Assemblée, dans sa constitution de l'an 1791, avait décrété, au titre premier, qu'il serait fait un code de lois pour tout le royaume: mais cette assemblée ayant été dissoute trop tôt, n'a pu voir achevé l'ouvrage qu'elle avait médité dans sa sagesse.

La Convention nationale qui remplaça l'Assemblée constituante, quoique guidée par des principes différens, ne sentait pas moins la nécessité d'une loi générale; elle chargea un de ses membres le plus distingué, qui occupe maintenant la haute dignité d'Archichancelier de l'Empire (le Prince CAMBACÉRÈS), de la rédaction d'un code : mais enfin ce mémorable bienfait était réservé au zèle infatigable du Premier Consul.

L'arrêté du 24 thermidor an VIII (12 août 1800) nomma une commission composée des jurisconsultes les plus consommés dans la science du droit public et privé. Messieurs Tronchet, Bigot-Préameneu, Malville, et Portalis furent spécialement chargés de comparer l'ordre suivi dans la rédaction des différens projets publiés jusqu'à cette époque, de proposer le plan qui leur paraîtrait le plus convenable d'adopter, et de discuter ensuite les principales bases de la législation.

Cette commission s'occupa si sérieusement de ce grand objet, qu'à l'étonnement de l'Europe entière, dans l'espace de sept mois, le projet du code civil, chef-d'oeuvre de sagesse, de prévoyance et de précision, était achevé, et rendu public par la voie de l'impression le 26 ventôse an IX (17 mars 1801).

Le Gouvernement fit passer ce projet à

l'examen de toutes les Cours souveraines, et notamment de la Cour de cassation pour avoir leur avis et leurs observations, lesquelles portèrent au degré les plus éminent la perfection du projet qui fut soumis successivement à la discussion du Conseil d'état, à l'examen du Tribunat, et enfin à la sanction du Corps-législatif, pour être ensuite promulgué.

Ce n'est pas ici le lieu de suivre les législateurs dans leurs débats sur la rédaction des lois composant le code, ni les orateurs du Gouvernement dans les savans discours prononcés au Conseil d'état et au Corps législatif; il nous suffira de dire que tous ces monumens de sagesse et d'éloquence, rendus publics au moyen de l'impression, sont la source la plus pure d'où l'on puisse tirer le véritable esprit de la loi, lorsqu'on voudra l'approfondir.

Il nous est doux cependant et agréable de vous faire remarquer que, si la postérité a donné le nom de grand législateur à des monarques qui n'avaient que le mérite d'avoir sanctionné des codes de lois, préparés par des jurisconsultes, que ne dira-t-elle pas de l'Empereur Napoléon, qui a lui-même présidé à la confection des lois qui composent notre code, et qui les a marquées du sceau de son génie? Quelle sera son admiration pour cet ouvrage immortel, lorsqu'elle apprendra que ce fut l'Empereur lui-même, qui, au milieu de son conseil provoquait la discussion des questions les plus épineuses ; qui la ranimait par ses réflexions profondes ; qu'on l'a vu rechercher les causes premières des principes nouvellement reçus, en faire l'application, examiner tous les rapports, comparer les divers statuts et usages, en respectant ce que la sagesse des nations avait consacré, et n'abandonner une matière que lorsqu'elle avait été considérée sous toutes les faces, et que la convictiou était dans tous les esprits. Jamais code de loi ne fut rédigé avec plus de solennité, ni sous de plus augustes auspices.

SECTION III.

De la législation du ci-devant Piémont.

Quoique le Piémont proprement dit n'embrasse que les pays situés aux pieds des monts, et par conséquent le pays compris entre les Alpes et la Sésia, néanmoins notre objet nous porte à comprendre, sous cette dénomination, tous les états que la Maison de Savoie possédait dans le continent au-deça et au-delà des Alpes avant la révolution française, vu que tous ces pays formaient, dans ces derniers tems, une seule monarchie héréditaire dans les descendans mâles de la maison regnante par ordre de primogéniture, et qu'ils étaient aussi régis par la même constitution politique, par les mêmes lois civiles, judiciaires et administratives, excepté quelqu'usage, statut coutumier, ou privilège local.

Nous comprendrons donc ici, sous la dénomination de *Piémont*, premièrement le duché de Savoie, le plus ancien domaine des Princes de ce nom, y compris les provinces de Maurienne, de Chablais, Tarantaise, Genevois et Faussigny ; 2.° la principauté de Piémont proprement dit, c'est-à-dire les anciennes provinces de Turin, de Bielle, de Coni, d'Ivrée, de Pignerol, avec les vallées de Pragelas, Oulx, Césane et autres, de Saluces, de Suse et de Verceil ; 3.° le comté de Nice, et la principauté d'Oneille ; 4.° le duché d'Aoste ; 5.° le duché de Montferrat, composé des anciennes provinces de Casal et Acqui ; 6.° les provinces d'Asti, Albe, et Mondovi, y compris le marquisat de Ceva, et plusieurs terres et fiefs des Langhes ; 7.° les pays démembrés de la ci-devant Lombardie Autrichienne, savoir les provinces d'Alexandrie, de Lumelline, de Tortonne, de Voguère, de l'Oltre-Pô, et du haut et du bas Novarais.

Tous ces pays réunis à différentes époques à la France, savoir, le duché de Savoie, par décret de la Convention nationale, du 29 décembre 1792 ; le comté de Nice, par un autre décret du 2 février 1793 ; et les autres, excepté les provinces agrégées au royaume d'Italie, réunis définitivement par le sénatus-consulte organique du 24 fructidor an X (11 septembre 1802); tous ces pays, disons-nous, forment à présent, selon la division territoriale de l'Empire Français, les départemens du Montblanc, la partie la plus considérable de ceux du Léman, des Alpes maritimes, de Montenotte, de Gênes, le département de Marengo, et enfin les quatre départemens du Pô, de la Stura, de la Doire et de la Sésia, dont se compose la 27.e division militaire formant le ressort de la Cour Impériale de Turin.

La rénonciation du Roi Charles Emanuel IV à l'exercice de toute autorité sur le Piémont, par acte du 19 frimaire an VII (8 décembre 1798), l'occupation réelle de ces contrées par les armées françaises, ont dû les faire participer, même avant sa réunion décrétée, comme nous l'avons dit ci-dessus, en 1802, à plusieurs des lois de la France publiées par intervalle par le Gouvernement, et notamment, par rapport aux lois administratives, à l'organisation judiciaire, à celle des préfectures et des municipalités; de façon néanmoins que, quant aux affaires purement civiles, les constitutions générales ne cessèrent d'être en vigueur qu'à l'époque de la promulgation des lois qui composent le Code Napoléon.

Au reste, on ne saurait guère déterminer l'époque de la véritable constitution politique du

Piémont; car la réunion des pays qui le composaient en un seul état, tel que la Maison de Savoie le possédait en 1798, n'étant que le produit d'un agrandissement progressif dès le siècle XIII jusqu'à la moitié du siècle XVIII, par la suite des guerres, des successions et des traités, on ne peut remonter à une époque antérieure aux constitutions générales des années 1729 et 1770, pour trouver une législation générale et uniforme pour tous ces états. En particulier, les provinces de Novare, de Lumelline, du Tortonnais, et autres détachées de la Lombardie Autrichienne, et parvenues au Roi de Sardaigne par les traités de Vienne, de Worms et d'Aix-la-Chapelle, en 1738, 1743 et 1748, n'ont été assujetties aux constitutions du Piémont que par celles de l'an 1770.

Il paraît que, dans le premiers siècles, cette monarchie n'était pas aussi absolue que dans les derniers tems, vu qu'une grande partie des pays réunis sous la domination des Ducs de Savoie avaient conservé leurs statuts, leurs usages et leurs privilèges; et plusieurs actes d'adhésion et de soumission des principales villes et des grands vassaux, qui dans l'intervalle de six siècles ont concouru à l'agrandissement de l'état, portaient toujours des réserves par rapport à l'exercice de la souveraineté, qui ne commença à prendre toute sa vigueur qu'à l'époque où le Duc Emanuel-Philibert, à la suite de la paix de Cambrésis stipulée en 1559, rentra dans ses états que la France lui avait rendus. Avant cette époque, on ne trouve que des statuts anciens pour la Savoie, des lois ou édits particuliers pour l'organisation judiciaire, des statuts et des coutumes particuliers non seulement à des provinces, mais encore à des villes et à des communes. En outre, presque toutes les terres étant érigées en seigneuries, la volonté des seigneurs, investis de la puissance féodale, tenait souvent, dans ces tems-là, lieu de loi.

Les Princes prenaient souvent eux-mêmes connaissance des affaires et des principaux différends de leurs sujets; ils les réglaient et décidaient sur l'avis des principaux personnages qui tenaient lieu d'assesseurs, et formaient leur conseil ou une espèce de parlement qui siégeait à côté du Prince. Ce ne fut qu'en 1459, que le Duc Louis de Savoie créa pour la première fois un conseil permanent séant à Turin, pour prononcer et décider sur les procès civils et criminels, sans appel, sauf le recours au Prince.

Quant aux affaires concernant la nation en général, à l'exemple de la France, elles étaient, jusqu'au commencement du XVI siècle, portées à des assemblées composées de trois ordres, savoir des prélats, des seigneurs des fiefs, et des villes immédiates les plus considérables, c'est-à-dire non inféodées. Ainsi le peuple des campagnes n'était point représenté.

Ces assemblées n'étaient pas toujours convoquées dans la même forme, ainsi que l'on peut voir dans les anciens édits des Ducs de Savoie, émanés dans le siècle XV et au commencement du siècle XVI, et réunis en recueil par Borelli.

Dans l'édit du 10 septembre 1470, il est dit : *Ex quaerela in pluribus trium statuum nostrae ditionis et congregationis nuperrime delata . . . . habita primitus super his consilii nostri, multorumque peritorum, et praesertim* universitatis nostrae Taurinensis *consultatione matura; et qui tandem pro nostro singulari refugio serenissimum Principem et Dominum metuendissimum Ludovicum Francorum Regem consuluimus.* Ailleurs il est dit : *De consilio trium statuum nostrorum invicem convocatorum.* Ailleurs : *Perscrutatis tamen prius voluntatibus subditorum nostrorum.* Ailleurs : *In generali trium statuum patriae nostrae cismontanae in hac civitate Taurini de nostro mandato nuperrime facta congregatione.* Ailleurs : *Ad preces et supplicationem humilem trium statuum patriae nostrae vocatorum, et congregatorum.*

La différence de ces formules prouve qu'il n'y avait pas, dans le Piémont, une forme de convocations fixe et régulière, et que les assemblées n'étaient convoquées que lorsqu'il plaisait aux Princes de l'ordonner; convocations dont les souverains eux-mêmes ont peut-être senti le peu d'utilité et les inconvéniens, puisqu'on n'en voit plus de trace dès l'occupation du Piémont par François I Roi de France en 1535 *1; époque qui excitera toujours en nous un souvenir de reconnaissance pour plusieurs bienfaits, et notamment pour la dérivation des grands canaux qui arrosent une partie du Piémont, ouvrage dû à la sollicitude et au zèle infatigable du Maréchal de Brissac, alors gouverneur du Piémont pour le Roi de France.

A peine le Duc Emanuel-Philibert fut-il réintégré dans ses états du Piémont en 1559, qu'instruit de l'insuffisance des lois anciennes, et des défauts d'organisation dans l'administration de la justice et dans l'administration publique, il porta tous ses soins pour préparer le Piémont au degré de splendeur et de pros-

---

*1 *On peut voir, dans l'ouvrage de Pingon, les diplômes du Roi de France relatifs au Piémont. Ibi* : Eam ipsam civitatem Taurinensem univimus, atque incorporavimus, unimus, atque incorporamus nostrae coronae Franciae quam cum ejusdem districtu volumus et ordinamus nobis successoribusque nostris Franciae Regibus subditam remanere; anno vero Christi 1537 (*ainsi poursuit l'historien*) Franciscus Rex ut Taurinenses, et Pedemontanos populos sibi devinctos alliceret, eos omnes jure Galliae donat .... quod confirmavit postea Henricus II Francisci filius.

périté qu'il a atteint et conservé. Il créa de grands corps judiciaires en subrogation des conseils de Chambéry et de Turin; il leur donna le titre de *Sénat*, il en fixa les attributions par les décrets du 13 et du 20 février 1560, portant leur organisation, avec le droit d'exercer la justice suprême en dernier ressort, et en appel des tribunaux inférieurs. Les mêmes attributions ont été ensuite accordées au sénat de Nice, érigé en 1614.

Pour l'intérêt du domaine de la couronne, il créa aussi, dans la même année 1560, un magistrat chargé de sa conservation, avec le titre de *Magistrat de la chambre des comptes*, lequel, par la suite, a été chargé en général de tout ce qui pouvait avoir du rapport à l'intérêt du domaine, du fisc et de l'état.

Ces quatre magistrats ont continué leurs fonctions jusqu'à l'époque de la réunion à la France des pays qui en formaient le ressort.

Plusieurs autres magistratures ont été instituées par la suite, soit dans l'ordre judiciaire, soit dans l'administration publique.

Le Roi Victor-Amédée fut le premier qui donna au Piémont un code national en 1723, sous le nom de *Lois et Constitutions de S. M.* Ce code, en partie changé et augmenté dans l'an 1729, reçut encore des variations et additions dans la dernière constitution promulguée en 1770, sous le nom de *Constitutions du Roi Charles-Émanuel III*: dans celles-ci, comme dans celles de l'an 1729, il fut établi que jamais il ne serait permis aux juges de s'écarter du texte, ni d'y donner aucune interprétation, limitation, déclaration, extension ou modification, et que tout jugement contraire n'aurait jamais force de chose jugée.

Ces constitutions étaient divisées en six livres, dont le premier concernait particulièrement la religion et les cultes. On voit, dans le deuxième, la hiérarchie des magistrats et des juges. Le grand chancelier, chef et président du conseil d'état, était chargé de la surveillance principale pour l'administration de la justice; il avait même le droit de siéger dans tous les corps de magistrature.

A part la Chambre des comptes pour les affaires du domaine du Roi, le Consulat pour les affaires du commerce, et quelques autres tribunaux ayant des objets déterminés, et une jurisdiction dite d'*exception*, l'administration de la justice était confiée au sénat, aux juges-majes et aux juges ordinaires; d'où il résultait que la procédure en matière civile avait trois degrés de jurisdiction, lorsque l'affaire excédait quatre cents livres, savoir, le juge ordinaire, le juge-maje et le sénat. On pouvait cependant porter d'abord au sénat tout procès sur les affaires excédant la valeur de deux-mille livres, et même toutes les affaires qui avaient rapport au régime ecclésiastico-civil, à l'intelligence des statuts et des privilèges des communes, et autres objets de la plus grande importance.

Les causes des grands dignitaires et des premiers fonctionnaires de l'état étaient exclusivement réservées à la connaissance du sénat; enfin les veuves, les pupilles et les pauvres avaient aussi la faculté de le choisir pour la décision de leur procès, s'ils n'aimaient mieux d'être jugés par les juges ordinaires.

Les juges-majes, dits aussi *préfets*, étaient chargés de l'administration de la justice dans les provinces, et leurs décisions étaient sujettes à l'appel au sénat; les juges ordinaires exerçaient leur jurisdiction dans les villes et les communes, à la charge de l'appel aux juges-majes.

Tous les tribunaux subalternes étaient assujettis à des assises publiques dans les tems déterminés par la loi; ils étaient chargés d'instruire les procès des crimes et délits, et de quelque partie de l'administration publique, notamment pour la conservation des chemins et des ponts. Un conseil dit magistrat de santé et un conseil de commerce exerçaient la surveillance et la jurisdiction sur les objets de leur attribution.

Les intendans des provinces étaient chargés de régulariser, et vérifier les impôts, et de décider les questions qui y avaient rapport; de prendre soin des intérêts des communes, de prononcer sur leurs différends relatifs à l'étendue du territoire, et enfin ils surveillaient la conservation des routes, de la navigation, des forêts, etc.

Un règlement particulier avait fixé le mode de l'administration des communes et des biens communaux, ainsi que la manière de répartir les contributions foncières et personnelles.

Les procédures civile et criminelle formaient l'objet des livres III et IV : l'on voit, dans ce dernier, la classification des différens crimes et délits, et les peines qui devaient être infligées.

Le livre V avait principalement pour objet de statuer sur les successions, soit légitimes, soit testamentaires, sur l'état civil des personnes, dont la majorité était fixée à 20 ans en matière civile, et à 25 en matière criminelle.

Au reste, quoique la puissance paternelle, la tutelle, la curatelle, le régime dotal, et même les successions fussent en général régis par le droit Romain, néanmoins la constitution du Piémont avait cela de particulier que 1.° elle déférait toujours les successions à ceux des parens qui étaient non seulement en degré de succéder, mais encore qui par leur propre état pouvaient conserver les familles, ou qui en conservaient le nom vivant au siècle ; ce qui en dernière analyse était à-peu-près comme dire que la profession réligieuse emportait la mort civile ; 2.° que les filles étaient aussi exclues de toute succession, si à l'époque de l'ouverture il existait des frères ou des descendans des frères en ligne masculine, qui pussent par leur état conserver et perpétuer la famille, auxquels frères et descendans appartenait le droit de subrogation, moyennant une dot congrue dont le cas et la quotité y étaient aussi réglés d'après la condition et la fortune des familles; 3.° enfin la mère était aussi exclue de la succession *ab intestat* de ses enfans par les frères et descendans mâles d'iceux, sauf, pour elle, le droit de légitime.

Quant aux dispositions testamentaires, la loi du pays ne connaissait que le testament reçu par un notaire en forme authentique, scellé ou non, et le testament déposé aux archives du sénat. Au reste, la faculté de disposer était modifiée et restreinte non seulement par les lois Romaines, en ce qui concernait la légitime ou quote réservée aux descendans et aux ascendans; mais encore elle était bornée par rapport aux substitutions et aux libéralités entr'époux. Dans les derniers tems, les substitutions fidéicommissaires et primogénitures jadis réservées aux ayant titre de noblesse, furent entièrement abolies.

Tous les contrats entre vifs de quelque espèce qu'ils fussent, de même que toutes les dispositions de dernière volonté, devaient être faits par instrument, ou acte public notarié; ils devaient même être insinués, c'est-à-dire consignés aux archives publiques de l'insinuation, le tout sous peine de nullité, sauf les cas expressément prévus par la loi pour les contrats de prêt et de société, de vente, ou échange des meubles, louages, quittances d'arrérages et autres de cette sorte; encore ceux ci n'acquerraient-ils point une date certaine, à moins qu'ils n'eussent été consignés aux archives de l'insinuation, sauf néanmoins la preuve par témoins signés à l'acte. Mais les donations entre vifs étaient soumises à des formalités plus rigoureuses, elles devaient être faites par-devant le juge, insinuées, publiées, et enregistrées.

Pour ce qui est des prescriptions, privilèges et hypothèques, on suivait aussi le droit Romain, à la différence près que l'hypothèque générale des biens et la clause du constitut possessoire étaient toujours censées apposées dans tous les contrats d'actes de dernière volonté, qui étaient faits par acte authentique, ou par écrit sous seing-privé dans les cas ou il était permis de les faire de cette manière.

Enfin, pour ce qui concerne la législation qui régissait les intérêts privés des familles et des individus en matière civile, elle est tracée en peu de mots dans l'art. 15, tit. 2, liv. 3, des constitutions de 1729 et 1770, ainsi conçu: » Nous voulons que dans la décision des pro» cès l'on observe uniquement 1.° nos cons» titutions; 2.° les statuts des lieux dûment » approuvés; 3.° les décisions de nos magis» trats: 4.° et finalement, le texte du droit » Romain avec défense expresse de déférer aux » opinions des commentateurs ».

Nous avons déjà remarqué qu'il y avait un magistrat spécialement chargé de la conservation du domaine public et de la couronne : les lois concernant cette matière étaient réunies dans le livre sixième et dernier des constitutions y compris les lois touchant les fiefs et les droits regaliens de toute sorte.

Une loi fondamentale de l'état, consignée dans l'ancien édit du 22 avril 1445, confirmée, augmentée et expliquée par plusieurs édits postérieurs, et notamment par l'édit de l'an 1720, et par les constitutions des années 1729 et 1770, avait consacré en principe l'inaliénabilité des biens, fiefs et droits appartenant au domaine.

De même la succession aux fiefs et l'exercice de la jurisdiction féodale étaient régies par des lois particulières: mais toute féodalité avec les droits y attachés a été abolie par deux édits publiés le 7 mars et le 29 juillet 1797. Quelques dispositions particulières des constitutions statuaient aussi sur les privilèges du fisc, et sur les droits régaliens tels que les minières, les fleuves et rivières, les chemins publics, les bois et forêts, et sur la loi d'aubaine concernant les étrangers.

Les lois concernant les fiefs et le domaine public méritent d'autant plus notre attention qu'elles ont été rappelées après la réunion du Piémont à la France par différens décrets de l'Administrateur-général, et notamment par celui du 12 floréal an XIII, où, pour donner exécution en Piémont à la loi du 14 ventôse an VII, ont été fixées les maximes relatives à l'intelligence et à l'application de cette loi dans les départemens composant la 27.e division militaire.

Nous regrettons vivement que les bornes prescrites à ce précis historique nous empêchent d'énumérer toutes les autres dispositions relatives à l'ancien état politique et civil du Piémont, et particulièrement de ne pouvoir faire connaître en détail l'origine et les progrès de l'instruction publique dans nos contrées : mais nous espérons que le défaut de ces notices importantes sera abondamment compensé, soit par les ouvrages publics qui existent *1,

*1 *Pingon*, Augusta Taurinorum. *Guichenon, histoire de la Maison de Savoie. Tiraboschi*, istoria della letteratura italiana. *Denina et Napione* passim *dans leurs ouvrages imprimés. Monsieur le Conseiller d'état Galli, dans son livre ayant pour titre*, Le cariche del Piemonte, *tom.* 2 *pag.* 1, dell' università de' scolari, studio in Torino, e Magistrato della riforma, *a rassemblé des notions très-intéressantes sur la création et les progrès de l'Université de Turin, sur les officiers, professeurs et autres fonctionnaires chargés de l'instruction. On peut aussi voir plusieurs édits relatés dans la collection des édits de Borelli, liv.* 4 *tit.* 35, *pag.* 534 *et suivans.*

soit par ceux déjà préparés et destinés à l'impression ; et parmi ceux-ci, qu'il nous soit permis de citer quelque passage qui nous a paru le plus important, et le plus directement relatif à notre objet : il est tiré de l'*Aperçu historique sur l'Université de Turin* *1.

» Les traces qu'on peut découvrir de l'état » de la civilisation dans les contrées subalpines, » dès les premiers siècles de l'Empire Romain, » ne nous permettent pas de douter qu'il n'y » eût quelque espèce d'enseignement dans nos » villes, comme dans les autres d'Italie : Ver- » ceil est la première, qui puisse se vanter, » dans ce genre, d'une ancienne illustration...

» Les universités commencent à paraître » sous ce nom, dans le XII siècle, à Paris » et à Bologne ; un siècle après, le Piémont » en eut une à Verceil.

» C'est en 1405, que sur la demande de » Louis de Savoie, Prince d'Achaye, Souverain » du Piémont, l'Université de Turin fut érigée, » selon l'usage des tems.... *2.

---

*1 *Aperçu historique sur l'Université de Turin, lu à la séance publique de l'Académie Impériale des sciences, lettres et beaux-arts, du premier juillet* 1809, *par Monsieur de* Balbe, *Inspecteur-général de l'Université Impériale, Recteur de l'Académie de Turin.*

*2 *On peut voir, dans la collection de*

» Amé VIII Duc de Savoie.... a été le premier législateur de l'Université de Turin : en 1424, il en confia l'administration à un conseil composé du capitaine (ou gouverneur-général) du Piémont et de trois réformateurs; dans son décret ce Prince appelle l'Université de Turin *sa fille*, ainsi que l'ont fait les Rois de France pour l'Université de Paris ; bientôt elle fut transférée à Quiers, où elle resta quelques années; en 1435, elle était à Savillan, mais l'année suivante elle retourna à Turin ».

L'auteur fait ensuite l'énumération des professeurs les plus distingués, qui ont illustré cette Université dans les siècles XV et XVI, tels que Jacobin de Saint Georges, Claude de Seyssel, Pierre Cara, Jean-François Balbe, Jean-François Porporat, Jean Névissan, et Jérôme Cagnoli, professeurs de droit, et autres dans les facultés de théologie, de médecine et des arts. L'édit précité du 10 septembre 1470 nous fait voir que l'Université de Turin faisait partie de la représentation nationale. Il paraît même, par les patentes ducales du 15 mai 1459 et du 13 novembre 1483, que l'Université était unie au conseil ducal : cette dernière a pour titre *Confirmatio unionis Universitatis et studii cum consilio ducali.*

Borelli, le privilège du Pape: Pontificium privilegium studii generalis Taurinensis.

Les guerres du XVI siècle firent languir les études, et l'Université fut établie à Mondovi, qui conserva l'enseignement dans ses écoles jusqu'au siècle XVIII. Mais lorsque le Piémont fut rendu au Duc Emanuel-Philibert, l'Université de Turin fut élevée à un haut degré de splendeur par les hommes célèbres que ce Prince y attira de tous côtés, tels que Govean, Menochius, Cravetta, Vaud, Manuce, Pancirole, et le grand Cujas pour l'école de droit, Vimercati, Argentieri, Giraldi et autres pour la médecine, la littérature, les mathématiques etc.

Les successeurs d'Emanuel-Philibert n'ont pas manqué de faire des efforts pour maintenir l'Université dans la splendeur qu'elle avait acquise, et la ramener à son institution et aux anciens principes; mais la sagesse des règlemens ne put pas en arrêter la décadence.

Telle était la situation de l'Université, lorsque le Roi Victor-Amé pensa à la relever au moyen d'une nouvelle constitution, donnée le 25 octobre 1720, accompagnée de règlemens qui en faisaient partie, réformée ensuite et augmentée par les constitutions du 20 août 1729, avec la création d'un conseil supérieur dit *magistrat de la réforme*, expressément chargé du régime de l'Université, avec juridiction et droit de surveillance pour l'exécution des lois et règlemens. Ce conseil était composé d'un chef nommé en la personne du grand-chancelier de l'état, et des présidens des facultés, ou réformateurs. Ce fut aussi dans ces constitutions, que pour la première fois il a été statué que les grades de licence et de doctorat dans les facultés ne seraient conférés que dans l'Université. Enfin ces mêmes constitutions ont encore reçu, après 42 ans, une troisième réforme avec des additions et des changemens suggérés par l'expérience : cette nouvelle constitution du Roi Charles-Emanuel III, de même que le règlement y annexé, portant la date du 9 novembre 1771, ont été imprimés en 1772.

En examinant l'ensemble de toutes ces institutions, on ne peut se dispenser de remarquer avec le savant auteur de l'aperçu sus-désigné, combien nous sommes heureux en voyant rétablies parmi nous, comme dans toute l'étendue du vaste Empire de la France, les mêmes idées d'unité de l'enseignement, et presque le même système d'instruction publique, qui a servi de base à nos constitutions, et cela en vertu des différens décrets impériaux, lois et statuts, et notamment du décret du 18 prairial an XIII, portant organisation de l'Université de Turin; de la loi du 10 mars 1806, et du décret impérial du 17 mars 1808, portant création d'un corps enseignant, et organisation générale de l'Université Impériale; des autres décrets impériaux du 11 décembre 1808, et du 4 juin 1809, portant la réunion de l'Université de Turin à l'Université Impériale.

Ce précis historique de la législation du Piémont serait incomplet, et n'atteindrait point le but proposé, s'il n'y était point fait mention de la législation intermédiaire depuis la rénonciation du dernier Roi Charles-Emanuel IV, par acte du 9 décembre 1798, jusqu'à l'époque de la publication du Code Napoléon, par suite de la réunion du Piémont à la France.

Cet intervalle de tems peut être distingué d'après les différentes formes de gouvernement auxquelles il fut soumis. D'abord, le Gouvernement provisoire, établi par le Général en chef de l'armée française Joubert, publia, à la vérité, plusieurs lois; mais comme ces lois étaient plutôt des mesures commandées par le nouveau systéme de gouvernement, ou dirigées à en préparer le passage, et que d'ailleurs elles furent bientôt rapportées dans le mois de mai 1799, par le Conseil supréme établi à l'entrée des Austro-Russes dont l'autorité ne tarda guère non plus à céder la place aux Armées françaises, rentrées de nouveau en Piémont en juin 1800, après la bataille de Marengo, nous croyons pouvoir nous dispenser de faire mention de ces lois transitoires du Gouvernement provisoire, ainsi que de l'édit du Conseil supréme du 28 juillet 1799, qui remit en vigueur toutes les lois qui existaient à l'époque de la rénonciation du Roi.

Après la rentrée des Français en Piémont, qui eut lieu en juin 1800, les Consuls de la

République y ont créé, par arrêté du 4 messidor an VIII, une Commission de gouvernement pour exercer le pouvoir exécutif d'après les lois de la *Consulta*, faisant fonctions de corps législatif, sous la présidence d'un ministre extraordinaire de la République. Ces deux pouvoirs ont été réunis ensuite dans une seule Commission appelée exécutive, dont les délibérations étaient soumises à l'approbation du Ministre de France, en vertu de l'arrêté du 12 vendémiaire an IX.

La législation sous ces Commissions fut vraiment volumineuse ; la plupart de ces lois ne concernent que des objets de finances ; on laissa subsister toutes les anciennes lois civiles et de procédure. Au reste, l'abolition de tous les titres et distinctions de naissance, des primogénitures et fidécommis ; la proclamation de la tolérance des cultes ; les biens du clergé séculier et régulier déclarés nationaux ; les bénéfices simples, ou chapellenies laïques déclarés libres au profit des patrons, voilà à-peu-près l'ouvrage de ces Commissions, en ce qui concerne les lois politico-civiles.

Enfin arriva l'arrêté des Consuls, du 12 germinal an IX ; et la Commission exécutive fut remplacée par un Administrateur-général : dès-lors le Piémont se trouva réuni de fait à la France, quoique sa réunion n'ait été sanctionnée que par le sénatus-consulte du 24 fructidor an X (11 septembre 1802). On le partagea en six départemens, savoir, du Pô, de la Doire, du Tanaro, de la Sture, et de Marengo; le sixième département, de l'Agogna, composé des provinces de Novare et de la Lumelline, a été ensuite réuni à la république cisalpine, et fait maintenant partie du royaume d'Italie.

L'Administrateur-général rendit plusieurs décrets tendant à assimiler, autant que possible, le gouvernement du Piémont à celui de l'intérieur de la France, dont quantité de lois furent de tems en tems publiées en forme de bulletins.

Ces lois, en supprimant les anciens tribunaux, en ont établi d'autres; la hiérarchie judiciaire fut partagée en justices de paix, tribunaux de première instance et Cour d'appel, tout récemment remplacée par la Cour impériale. La partie administrative a été réservée aux préfets, et aux conseils de préfecture de chaque département.

On a aussi publié le code pénal, les lois de procédure, les lois militaires, les lois sur les domaines engagés, et autres aliénés par le domaine public dès l'an 1565 et après, ainsi que nous l'avons remarqué ; les lois sur l'enregistrement, le timbre et le greffe, sur le régime hypothécaire et sur l'expropriation forcée, selon la loi du 11 brumaire an VII, publiée le 5 thermidor an IX.

Ensuite vinrent les lois sur les finances

les contributions directes et indirectes, sur la conscription militaire, et enfin la loi portant la suppression des ordres monastiques et congrégations régulières, dont les biens ont été mis sous la main de la nation *1.

En un mot, rien n'a été omis pour assimiler entièrement le Piémont à la France; non seulement on y a promulgué les lois composant les différens Codes, Napoléon, de commerce, de procédure, et autres contenues dans les bulletins de l'Empire, mais encore tout récemment le nouveau décret Impérial du 30 juin 1810, inséré au bulletin des lois, portant que les lois, réglemens et décrets Impériaux, en vigueur en France, qui n'auraient pas enco-

---

*1 *Ceux qui desireront de plus amples notions sur la législation ancienne et intermédiaire du Piémont, et sur son état politique, n'ont qu'à consulter l'article* PIÉMONT, *inséré à la page 583 du tome XIII et dernier du répertoire de Monsieur le Comte* MERLIN, *ouvrage très-intéressant pour nos contrées, d'un de nos plus savans magistrats, Monsieur* BOTTON-CASTELLAMONTE, *ancien premier président du magistrat de la Chambre des comptes en Piémont, et premier président de la Cour d'appel de Turin, membre de la légion d'honneur, conseiller en la Cour de cassation.*

re été déclarés exécutoires dans nos départemens, y seront obligatoires, sauf les modifications qui pourraient y avoir été portées par des décrets particuliers.

Les notions historiques de la législation et de la jurisprudence anciennes avec les notions préliminaires que nous allons donner sur l'ensemble et le plan général de la nouvelle législation, vont nous frayer le chemin à la connaissance du nouveau droit commun de la France.

NOTIONS PRÉLIMINAIRES,

OU

ANALYSE DU PLAN GÉNÉRAL

DE LA NOUVELLE LÉGISLATION.

Le mot *Droit*, qui dans son vrai et propre sens ne signifie que la faculté dont jouit tout individu de faire ou ne pas faire une chose, a reçu plusieurs acceptions.

On dit *droit* par excellence, pour désigner ce qui est juste ; il se prend aussi pour l'ensemble des lois de chaque pays, et c'est en ce sens que l'on dit *Droit Romain*, *Droit Germanique*, *Droit Français*, pour désigner l'ensemble des lois de ces peuples. La Jurisprudence se nomme aussi la science du droit. Enfin ce même mot, parmi plusieurs autres acceptions, reçoit sa définition des différens objets auxquels il est appliqué : ainsi nous disons *droit divin*, *droit naturel*, *droit militaire*, *droit commercial*, pour désigner les lois divines, naturelles, celles qui ont rapport à la milice et au commerce.

Comme toute faculté dépend nécessairement ou de l'équité naturelle ou des lois positives, de là la première distinction entre le droit naturel et le droit positif.

On entend par droit naturel cette raison universelle gravée dans le coeur humain, fondée sur la nature de l'homme même, et de la société civile, d'où résultent tous ces droits que, sans besoin de lois, chacun reconnaît, autant par rapport à soi-même que par rapport aux autres; ainsi par exemple: *honeste vivere, neminem laedere, suum cuique tribuere: quod tibi non vis, alteri ne feceris*, sont autant de préceptes tirés de la simple équité naturelle.

On entend par droit positif toute sorte de loi émanée de l'autorité publique: les formalités prescrites pour les actes de l'état civil comme pour tout autre acte, les règles concernant les successions, les donations, les testamens, les contrats, les hypothèques, la prescription, sont des lois positives, sans lesquelles il n'y aurait point de base pour en déterminer la légitimité, ni les effets.

Les facultés dont jouissent les hommes comme membres de l'état, en vertu des lois politiques, appartiennent au *Droit public*, parcequ'elles ont un rapport direct à l'ordre, & l'intérét public; tels sont les droits de voter dans les collèges électoraux, de siéger dans les conseils administratifs, de pouvoir être appelé aux emplois publics; telles encore sont les lois qui ont rapport aux nations étrangères. Au contraire les facultés dont jouissent les hommes en particulier par rapport à leurs personnes, leurs familles, leurs biens et leurs actions privées, s'appellent *droits civils* : leur exercice est réglé par les *lois civiles.*

La loi, chez tous les peuples, n'est qu'une déclaration solennelle, émanée de l'autorité souveraine, contenant un précepte général sur un objet qui concerne l'intérêt commun, soit en général, soit en particulier : toute loi a pour objet d'ordonner, de défendre, ou de permettre quelque chose, ou de punir les contraventions; *jubere, vetare, permittere, et punire.* De-là la distinction entre les lois impératives, prohibitives, facultatives et criminelles ; mais quelque soit leur but, elles ne doivent pas moins être toujours envisagées comme intéressant à-la-fois le public et les particuliers: elles sont la vraie base de la liberté; *Servi enim legum sumus, ut magis liberi esse possimus.*

De tous ces principes et de tout ce que nous venons de référer sur le droit ancien et sur le droit intermédiaire, il est aisé de conclure que le droit nouveau se compose nécessairement de toutes les lois qui sont en vigueur dans toute l'étendue de l'Empire. Ces lois sont, 1.° la constitution modifiée par les sénatus-consultes organiques qui en font partie intégrante; 2.° le code civil qui porte le nom du Héros à qui il doit son existence; 3.° les autres codes de procédure, de commerce, le code pénal et le code rural qui va bientôt recevoir sa sanction; 4.° les autres lois, et les décrets impériaux qui concernent l'universalité de l'Empire.

Tels sont les élémens de notre législation; les lois romaines, les ordonnances, les coûtumes, les statuts, les réglemens et les usages anciens ont cessé d'avoir force de loi générale ou particulière dans les matières formant l'objet des lois qui composent le code Napoléon *1.

Que si le droit romain a pu mériter le titre auguste de *droit commun*, par cela seul qu'il fut reçu dans toute l'Italie et dans plusieurs autres états soumis à la domination de Rome, combien ne doit on pas plutôt appliquer ce même titre, et dans le même, sens au code Napoléon qui, en surpassant, par son ordre, sa méthode, sa clarté, son étendue et sa précision, l'ancien digeste, est désormais devenu le droit commun, non seulement de l'ancienne France, mais encore de l'Italie, de la Belgique, de la Hollande et d'une grande partie de la Germanie, et par conséquent le droit commun de presque toute l'Europe?

Lorsqu'on se propose d'étudier les élémens d'un code ou les principes d'une science quelconque, il faut, avant tout, en connaître le plan, pour en saisir les liens et l'ensemble. On doit pour cela considérer la place qui est assignée à chaque matière. En suivant cette méthode, nous commencerons par tracer un

---

*1 *Art. 7 de la loi du 21 mars 1804, qui sert de clôture au code Napoléon.*

plan général analytique des matières qui sont l'objet du code Napoléon, d'après la marche déterminée par la nature des dispositions législatives dont il est composé; après quoi nous examinerons les principes généraux de chaque matière en particulier, les définitions, les divisions les plus importantes, enfin toutes les notions élémentaires, en suivant l'ordre du texte.

Tout comme le droit romain envisage la jurisprudence sous trois différens rapports, savoir des personnes, des choses et des actions, de même le code Napoléon se propose dans tout son ensemble trois différens objets, savoir: 1.° les personnes tant par rapport à l'état et au gouvernement, que par rapport à leurs familles; 2.° la nature et la distinction des biens meubles ou immeubles, corporels ou incorporels, susceptibles ou non de propriété privée; 3.° enfin les différentes manières d'acquérir et de transmettre cette propriété, d'où viennent les actions qui sont les moyens d'exercer le droit de propriété.

Ces trois différens objets présentent par eux-mêmes la principale division du code en trois livres, qui se divisent aussi en autant de titres particuliers, lesquels répondent à la classification des matières sus-désignées.

De cet exposé on peut concevoir d'avance que quoique le code civil ait pour but principal de statuer sur les intérêts privés, il ne statue pas moins sur plusieurs objets de l'intérêt public et d'administration publique, ce qui, d'après nos instructions, nous engage à des leçons particulières sur le droit public et sur le droit civil dans ses rapports avec l'administration publique.

En effet, le titre préliminaire contient les dispositions sur la publication, les effets et l'application des lois en général; dispositions placées nécessairement à la tête du code, vu qu'elles n'appartiennent à aucun code particulier, et qu'elles ont un point de contact avec toutes les lois, et sont une espèce de prolégomènes de tous les codes, selon l'expression d'un des orateurs.

Telles sont aussi plusieurs autres dispositions concernant la jouissance et la privation des droits civils, les formalités du mariage, la puissance des pères et mères, l'adoption, la distinction des biens, les hypothèques, la prescription et plusieurs autres qui sont du ressort de l'administration publique; tout comme il faudra ranger dans la même classe les lois relatives à la jurisdiction des magistrats et des tribunaux, les lois criminelles et de police, les lois fiscales, les lois concernant le commerce en général et les lois militaires.

Telle est encore la matière contenue dans les onze premiers titres du code, dont le premier est destiné à fixer plus précisément les rapports du citoyen à l'égard de l'état, et les droits civils qui résultent de la qualité de français, ainsi que les cas de privation. Le deuxième a pour objet de constater l'état civil et la condition de chaque individu dans les trois grandes époques, de la naissance, du mariage et du décès, et les formalités à remplir pour en fournir la preuve légitime. Le troisième traite du domicile, point très-important sous tous les rapports, quelque soit la condition de l'individu, majeur, mineur, fonctionnaire public, libre ou en état de domesticité, et même pour le cas de décès et de succession. Après quoi vient naturellement le titre quatrième de l'absence, où sont réglés les différens cas d'absence présumée ou déclarée, et les époques où la loi intervient pour l'intérêt des absens, en fixant même les droits de ceux qui sont appelés à la succession, ou ayant quelqu'autre droit à exercer sur leurs biens.

Nos législateurs après avoir statué à l'égard des citoyens considérés comme membres de la société civile, et avant de porter des lois sur les actions privées, ont dû s'occuper de la composition des familles et de leurs intérêts, soit par rapport à l'intérieur d'icelles, soit par rapport à l'ordre social : ce plan ne pouvait être suivi sans les lois et les dispositions qui concernent le mariage et ses conséquences, pour déterminer les droits et les devoirs respectifs des époux, les cas de divorce, la paternité et la filiation, l'adoption, la puissance paternelle, la minorité, la tutelle, l'émancipation, et enfin la majorité et l'état d'interdiction; et ce sont ces différentes matières qui forment l'objet des titres V, VI, VII, VIII, IX, X, XI, qui fait la clôture du livre premier dont l'ordre n'est que l'effet d'un plan sagement combiné par lequel le code ne fait d'abord que régler les actions des citoyens d'après leurs différens états et conditions, abstraction faite de la propriété et des moyens de l'acquérir.

Mais pour parvenir à fixer avec ordre les différentes manières d'acquérir la propriété, il fallait nécessairement traiter au préalable de la différente nature et qualité des biens de toute sorte, en distinguant, pour base fondamentale, les meubles des immeubles, ceux qui sont, ou ne sont pas susceptibles de propriété privée; tel est le but du livre deuxième divisé en quatre titres, dont le premier traite de la distinction des biens et même de leurs rapports avec ceux qui les possèdent; après quoi il fallait déterminer ce que c'est que la propriété par elle-même, et indiquer les droits qui en découlent, soit sur tout ce qu'elle produit, soit sur ce qui s'y unit accessoirement par l'effet de la nature, ou de l'industrie. Ces principes sont tracés dans le titre II, de la propriété, et dans les différens chapitres concernant le droit d'accession naturelle, ou artificielle, tant par rapport aux meubles qu'aux immeubles.

Cependant comme ce droit de propriété peut également avoir lieu dans la propriété pleine et absolue des biens, ou dans la simple jouissance, ou seulement dans les services fonciers, de-là la nécessité de traiter séparément ces matières, ce qu'on a fait dans le titre III, qui nous apprend ce que c'est que l'usufruit, l'usage ou l'habitation, les droits et devoirs de ceux qui en profitent; et dans le titre IV, où il est parlé des servitudes ou services fonciers de toute sorte qui peuvent dériver ou de la situation naturelle des lieux, ou des obligations imposées par la loi, ou enfin des conventions entre les propriétaires.

Jusqu'ici le législateur ne considère les biens qu'en eux-mêmes, comme une propriété acquise; c'est dans le troisième livre qu'on trouve classées les différentes manières d'acquérir la propriété et de la transmettre, d'où résultent les actions et les droits privés qui peuvent appartenir à chacun sur les biens, et les rapports presqu'infinis entre l'homme et la propriété, et qui sont la conséquence nécessaire des deux premiers livres, puisqu'on ne saurait concevoir les actions, sans la notion préalable des personnes qui peuvent les exercer et des biens sur lesquels elles peuvent et doivent être dirigées.

D'abord, une règle générale nous prévient que toute manière d'acquérir et de transmettre la propriété se réduit à trois moyens, dont les deux premiers sont gratuits, savoir la succession légitime, autrement dite *ab intestat*, et les donations, soit par acte entre vifs, soit par acte de dernière volonté : le troisième titre a pour objet les obligations conventionnelles, et les différentes manières dont elles reçoivent leur exécution, ou s'éteignent.

Des dispositions générales nous indiquent au préalable quelques autres moyens que nous tenons du droit naturel pour acquérir la propriété, sans le besoin de la transmission, tels que l'accession, l'occupation la chasse, la pêche et la longue possession, d'où résulte la prescription. Ensuite les contrats et les conventions de toute sorte font l'objet de vingt titres distincts, qui composent la totalité de ce livre troisième le plus étendu par l'abondance des matières.

A ce propos il est bon de remarquer qu'avant l'établissement des sociétés civiles, la propriété était plutôt un fait, qu'un droit; car la propriété particulière et privée ne pouvait avoir d'autre origine que l'occupation; elle ne durait qu'autant que la possession durait aussi, et d'ailleurs après l'avoir acquise et conservée, on pouvait en être dépouillé par la force; au surplus l'homme qui cessait d'exister, n'avait aucun droit de commander après son décès, ni de transmettre ce qu'il avait possédé par le seul fait de l'occupation.

La société civile est donc la seule et véritable source de la propriété privée; c'est elle qui garantit à chaque individu ce qu'il possède à juste titre, et cette garantie est même le but principal de la société : cette propriété d'ailleurs est un des premiers élémens de l'existence de la société civile, de sa conservation et de sa prospérité : la transmission des biens par succession n'est donc pas du droit naturel, mais du droit civil, aussi n'y a-t-il point de nations civilisées, où l'ordre des successions ne soit l'ouvrage des lois positives.

Le droit de transmission une fois établi par la loi, non seulement par le moyen des obligations entre les personnes vivantes, mais encore par celui des successions dont l'effet est de faire passer les biens, les droits, les dettes et les charges des personnes qui meurent, à d'autres personnes qui entrent à leur place ; il fallait aussi distinguer le cas où le défunt n'avait pas exprimé sa volonté à l'égard de son successeur, des cas où le successeur eût été désigné par un acte déterminé et légitime : de-là la distinction entre les successions légitimes qui ne sont réglées que par la disposition de la loi, et les autres successions déférées par la volonté de l'homme par des actes de donation entre vifs, ou par testament.

Les règles concernant les successions légitimes ont formé l'objet du titre premier, composé de six chapitres. Dans les trois premiers sont tracées les dispositiuns qui ont rapport à l'ouverture des successions, aux qnalités réquises pour succéder et aux différens ordres de personnes appelées à la succession régulière, dont le premier est celui des descendans; viennent ensuite le père et la mère, en concurrence des frères et soeurs; après eux, les frères et soeurs seuls; ensuite les autres ascendans des deux lignes paternelle et maternelle; et enfin les collatéraux jusqu'au deuxième degré, selon la proximité dans chacune des lignes; de façon néanmoins qu'à défaut de parens successibles dans une ligne, les parens de l'autre ligne succèdent pour le tout.

Mais comme il peut aussi arriver que dans les ordres sus-énoncés il n'existe personne capable de succéder au défunt, et que celui-ci n'ait pas même disposé de ses biens, tandis que des devoirs et des affections de second ordre pouvaient encore donner une forte présomption de préférence à toute succession étrangère, les législateurs se sont encore occupés, dans le chapitre IV, d'une autre espèce de succession, qu'ils ont appélée irrégulière. Dans cette classe on a rangé, 1.° les droits des enfans naturels sur les biens de leur père et mère, et de ceux-ci sur les biens des enfans naturels; 2.° les droits du conjoint survivant; 3.° le droit de l'état sur les successions vacantes.

Le chapitre V, divisé en quatre sections, contient les règles et formalités à suivre pour l'acceptation ou répudiation des successions, soit simplement, soit avec bénéfice d'inventaire et pour le cas de vacance absolue.

Enfin le chapitre VI a pour objet les règles et formalités pour venir au partage des successions entre les cohéritiers, et l'obligation de rapporter ce que l'héritier a reçu du défunt dans les cas prévus par la loi, le payement des dettes et tous les effets du partage: ce qui forme l'objet de cinq sections.

Le titre II, divisé en neuf chapitres, renferme toutes les dispositions relatives aux donations entre vifs et aux testamens; car les unes et les autres ne sont que des libéralités exercées par des actes différens dont la qualité se fait sentir par cela que, par la donation entre vifs le donateur se dépouille actuellement et irrévocablement de la chose donnée; tandis que par le testament il ne dispose que pour le tems où il n'existera plus, avec faculté de révoquer en tout tems sa disposition.

Après les dispositions générales communes aux donations et aux testamens, il était conséquent de poser les règles sur la capacité tant de disposer que de recevoir, comm'aussi sur la fixation de la quotité disponible, lorsque les affections les plus chères et les liens les plus étroits de la nature entre les ascendans et les déscendans, exigent qu'une portion leur soit réservée.

Les formalités dont la loi a environné les actes de libéralité, soit entre vifs, soit par testament, sont réglées dans les chapitres IV et V, où le législateur est entré dans les plus grands détails, soit par rapport aux différentes formes extrinsèques des actes, soit par rapport à leur contenu, et notamment sur la nature et qualité des différentes dispositions connues sous le nom d'institution d'héritier et des legs, soit à titre universel, soit à titre particulier, sur les dispositions portant nomination d'exécuteur testamentaire, sur la révocation des testamens et leur caducité.

Les dispositions particulières en faveur des petits enfans ou neveux, celles par contrat de mariage, soit en faveur des enfans, soit en faveur des époux, étant une espèce d'exception aux règles générales, ont formé l'objet des titres VI, VII, VIII et IX : la diversité des positions où l'homme se trouve, et la diversité des rapports qui existent entre les personnes que l'on vient d'énoncer, ont mérité un degré de faveur du législateur; et la loi en ce cas s'est montrée plus facile et plus indulgente.

Le système des successions légitimes et testamentaires une fois réglé, le législateur n'avait plus qu'à s'occuper des autres manières d'acquérir la propriété, lesquelles dépendent de la simple volonté de l'homme par suite des contrats et des obligations conventionnelles, source inépuisable de questions aussi infinies et variées que le sont les désirs et les rapports de l'homme.

Il fallait d'abord déterminer les principes fondamentaux et communs à toutes les conventions, ce que le code présente dans les dispositions préliminaires du chapitre I du titre III, où sont distingués les différens contrats, synallagmatique ou bilatéral, unilatéral, commutatif, à titre onéreux, aléatoire et de bienfaisance; et dans les dispositions des chapitres II et III, contenant les conditions essentielles pour la validité des conventions, savoir, le consentement, la capacité des parties contractantes, la matière et la cause des obligations, et enfin leurs effets.

Les chapitres IV et V expliquent les diverses espèces d'obligations conditionnelles, à terme, alternatives, solidaires, divisibles, indivisibles et pénales, et ensuite les différentes manières par lesquelles les obligations s'éteignent, soit par le payement, soit par la novation, la remise volontaire, la compensation, la confusion, la perte de la chose dûe, la nullité ou la rescission, ou enfin par la prescription.

Un chapitre particulier, savoir le VI, est consacré aux dispositions concernant la preuve des obligations et celle du payement; là on a déterminé les cas, où la loi n'admet que la preuve littérale, tantôt par acte authentique seulement, tantôt par acte sous seing-privé, la force des autres preuves par des copies des titres, par des actes récognitifs, et même par la preuve testimoniale pour les cas précisément déterminés; enfin la force des présomptions, des aveux et du serment.

Après cela, comme il est des cas où l'homme s'engage sans le concours de sa volonté et par le seul effet de la loi, on a, dans le titre IV, indiqué les événemens qui peuvent donner lieu à ces sortes d'engagemens, appelés quasi contrats, délits, ou quasi-délits.

Toutes les dispositions dont nous venons de faire le détail, s'accommodent en général à toutes les espèces de contrats et d'obligations, soit qu'ils aient une dénomination propre, soit qu'ils n'en aient pas, ainsi qu'il est dit expressément à l'article 1107 : il fallait donc poser aussi des règles particulières pour les contrats de mariage, de vente, d'échange, de louage, de société, de prêt, de dépôt et de séquestre, pour les contrats aléatoires, le mandat, les transactions ; il fallait aussi donner des règles sur un objet bien important, qui a pour but d'assurer de plus en plus l'accomplissement et l'exécution des obligations de toute sorte, soit au moyen de l'obligation personnelle d'un tiers qui a lieu par le cautionnement, soit au moyen de la tradition d'un gage mobilier, dont le créancier est nanti, d'où vient le mot *nantissement*, soit enfin au moyen des priviléges et des hypothèques. Tous ces contrats forment l'objet d'autant de titres séparés, insérés dans le livre III, savoir les titres V et suivans jusqu'au XVIII.

Il pourrait paraître que plusieurs des titres du code, dont la matière est classée parmi les moyens d'acquérir la propriété, présentent plutôt des moyens de la conserver par la stricte exécution des contrats; mais les législateurs ont considéré que bien que cela soit vrai en plusieurs cas, il n'est pas pourtant moins vrai aussi que, dans plusieurs autres cas, les lois, et notamment les pénales et coërcitives de la mauvaise foi, présentent au fond une manière indirecte d'acquérir ou de transmettre la propriété; telles sont entr'autres les lois sur la contrainte par corps, sur le nantissement, sur les privilèges et hypothèques, et enfin sur l'expropriation forcée, dont les formalités sont établies au titre XIX, en vertu desquelles tout débiteur est astreint à abandonner ses biens pour la satisfaction de ses dettes, tout comme le détenteur de biens hypothéqués ou affectés de privilège, les doit abandonner au créancier qui, en se conformant aux lois, a conservé ses droits réels.

Pour ce qui est de la prescription, elle devait nécessairement servir de clôture au code par la singularité de sa matière, et les rapports qu'elle peut avoir à conserver et consolider, par le seul effet du laps du tems, la propriété incertaine dans son origine, et à éteindre toute obligation que la loi présume abandonnée, par cela seul que le créancier a négligé d'exercer ses droits dans les tems par elle déterminés.

Ainsi tout se lie dans le code civil, tout y est en harmonie ; chaque idée y découle d'une autre idée ; et l'ensemble présente une chaîne de principes et de conséquences tous dépendans les uns des autres, dans l'ordre naturel des choses, et dans les rapports que celles-ci ont entr'elles.

Il était réservé à la nation la plus puissante à-la-fois et la plus instruite de l'univers, de rassembler en corps de doctrine les principes de jurisprudence conservés dans les anciens codes, avec un nombre de vérités éparses, oubliées ou presque perdues, de les modifier, les adapter au nouvel ordre de choses, et au degré élevé de civilisation où elle est parvenue, en composant un nouveau code, dont l'empire est déjà plus étendu que toute autre législation du monde connu. Ce genre de gloire n'appartenait qu'à elle seule.

FIN

DU PRÉCIS HISTORIQUE

ET DES NOTIONS PRÉLIMINAIRES.

ÉLÉMENS DU CODE NAPOLÉON.

TITRE PRÉLIMINAIRE.

DE LA LOI, DE SA PUBLICATION, DE SES EFFETS ET DE SON APPLICATION.

La loi est une ordonnance générale émanée de la puissance publique, faite et promulguée suivant les formes établies dans chaque état. Cette définition n'est applicable qu'à la loi positive, parceque la loi naturelle, gravée dans le coeur de chacun, ne peut être méconnue, et n'a besoin ni de promulgation, ni d'aucune forme pour se faire connaître; tandis qu'au contraire la loi positive n'a de force que par la promulgation et la publication.

On appelle promulgation, le mandement par lequel l'Empereur ordonne l'envoi de la loi aux autorités constituées, et qui porte une date particulière.

La forme de la promulgation est déterminée par les articles 137, et 138 du sénatus-consulte organique du 28 floréal an XII (18 mai 1804) ainsi conçus: « l'Empereur fait

» sceller les sénatus-consultes organiques, les
» sénatus-consultes, les actes du Sénat, les lois
» . . . . . il est fait deux expéditions origi-
» nales de chacun des actes mentionnés; toutes
» deux sont signées par l'Empereur, visées par
» l'un des titulaires des grandes dignités, con-
» tresignées par le secrétaire d'état et le mi-
» nistre de la justice, et scellées du grand
» sceau de l'état.

La publication, qui jadis était synonime de promulgation, n'est, aujourd'hui, autre chose qu'une présomption, que la loi a pu parvenir à la connaissance de tous les citoyens: cette présomption naît de la publicité donnée à la loi, lorsque cette publicité est arrivée à un degré tel, que personne ne puisse plus raisonnablement prétendre qu'il lui a été impossible de la connaître.

Mais comment pourra-t-on s'assurer qu'une loi puisse être connue par tous les habitans d'un Empire d'une si vaste étendue? L'article premier résout la difficulté, en décidant que la promulgation sera réputée connue dans le département de la résidence Impériale, le surlendemain de sa promulgation, et dans chacun des autres départemens, après l'expiration du même délai augmenté d'autant de jours qu'il y a de fois dix myriametres (vingt lieues anciennes environ,) entre la ville, où la promulgation aura été faite, et les chefs-lieu de chaque département; terme très-suffisant, vu que la loi n'est plus aujourd'hui un mystère, et n'arrive plus à la connaissance des citoyens comme un éclair qui sort du nuage : toutes les discussions et toutes les délibérations se font avec solennité, et en présence du public : le législateur ne se cache jamais derrière un voile : on connaît ses pensées avant même qu'elles soient réduites en commandement : un délai de dix jours précède la promulgation, et pendant ce délai la loi circule dans toutes les parties de l'Empire ; elle est donc déjà publique avant d'être promulguée.

D'après la promulgation de la loi, de la manière qu'on vient d'indiquer, la loi devient non seulement exécutoire, c'est-à-dire qu'on peut s'y conformer, mais elle doit être exécutée.

Il ne faut pas confondre avec les lois proprement dites, les décrets Impériaux qui étant rendus avec moins de publicité, ne peuvent être présumés connus de la même manière que la loi : il faut donc, pour que ces décrets deviennent obligatoires, une connaissance réelle, qui résulte ou de leur publication, ou de tout autre acte ayant le même effet : ainsi les décrets insérés aux bulletins des lois, sont obligatoires dans chaque département, du jour auquel le bulletin a été distribué au chef-lieu, conformément à l'art 12 de la loi du 12 vendémiaire an IV (4 octobre 1795) ; et quant à ceux qui ne sont point insérés au bulletin, ou qui n'y sont indiqués que par leur titre, ils sont obligatoires du jour qu'il en est donné connaissance aux personnes qu'ils concernent *1.

Les effets des lois peuvent regarder le tems qu'elles embrassent, les personnes, et les choses qu'elles régissent. C'est un principe incontestable, déduit de la nature des lois, que leur office est de régler l'avenir, le passé n'étant plus en leur pouvoir; principe constamment adopté par toutes les nations, et notamment par l'article 2 de notre code, qui proscrit toute rétroactivité de la loi; proscription dont le but principal est de garantir la sûreté individuelle, et de protéger la liberté civile qui consiste dans le droit de faire ce que la loi ne défend pas.

Il n'en serait pas de même d'une loi qui paraîtrait nouvelle, et qui cependant ne ferait que rappeler ou expliquer une loi ancienne.

Par rapport aux personnes et aux choses, les effets de la loi nous sont exposés clairement et avec précision à l'article 3 du code, d'après lequel on peut établir avec sûreté la distinction entre les lois personnelles et les réelles.

Les lois qui régissent les biens sont certainement réelles; vu que peu importe que le propriétaire des immeubles situés dans le territoire de l'Empire, soit français ou étran-

---

*1 *Voir l'avis du conseil d'état du 25 prairial an XIII, bulletin 48, quatrième série.*

ger, qu'il habite ou non le territoire où ils sont situés; conséquemment toute personne sans distinction doit supporter les charges imposées à raison des biens, et se conformer aux lois qui y ont rapport.

Nous remarquerons ici que l'art. 3 ne parle que des immeubles; quant aux effets ou richesses mobilières, quoiqu'elles aient aussi leurs règles, soit celles qui sont sanctionnées par le code Napoléon, soit les autres qui appartiennent à la police, néanmoins on peut encore les considérer comme pouvant appartenir au monde entier, qui, sous ce rapport, ne compose qu'un seul état dont toutes les sociétés sont les membres.

Les lois de police et de sûreté sont personnelles, en ce que les étrangers même, qui ne se trouveraient que momentanément sur le territoire de l'Empire, leur doivent obéissance, soit parcequ'un étranger devient le sujet casuel du pays, dans lequel il passe ou réside, soit parceque dans le cours de son voyage, ou pendant le tems de sa résidence, il est protégé par ces lois qu'il doit conséquemment respecter à son tour, et pour son propre intérêt.

Il en est de même des lois qui règlent l'état, et la capacité des personnes; conséquemment le français, tant qu'il conserve cette qualité, doit jouir, même étant chez l'étranger, des droits civils, dont jouissent tous les autres français; mais aussi, par contre, il ne pourra pas impunément se soustraire à l'obéissance des lois, qui concernent son état, et sa capacité; de-là un français ne pourrait valablement contracter mariage en pays étranger, sans le consentement de ses ascendans, et sans les publications requises par la loi.

Par rapport à l'application des lois, il est essentiel de remarquer qu'elles ne sont que des règles générales et qui ne peuvent prévoir tous les événemens qui se multiplient presqu'à l'infini; il appartiendra donc aux juges de suppléer à la loi et de l'interpréter; devoir qui ne peut être méconnu, si on considère que les hommes, quoique réunis en société, vivent sous l'empire de deux espèces de lois, c'est-à-dire la loi naturelle et la loi positive, qui n'est que le perfectionnement de la première. C'est pour cette raison, que l'art. 4 du code veut que le juge qui refusera de juger, sous prétexte du silence, de l'obscurité, ou de l'insuffisance de la loi, puisse être poursuivi comme coupable de déni de justice.

En effet, dans le cas que la loi soit muette, obscure, ou insuffisante, le juge sera toujours assuré d'avoir rempli sa tâche, s'il décide l'affaire portée à sa connaissance, d'après les règles de la raison naturelle, qui est la première loi, la loi immuable de l'homme; autrement le cours de la justice serait le plus souvent interrompu, étant rare qu'il naisse des contestations sur l'application d'un texte précis: c'est ordinairement, parce que la loi est obscure, insuffisante, ou parce qu'elle est muette, qu'il y a matière à litige.

La même sagesse, qui par-là avait écarté les inconvéniens, auxquels était exposée l'administration de la justice, par la crainte, de la part des juges, de passer les bornes du pouvoir attaché à leurs fonctions, pourvut de même à ce qu'ils ne les excédassent point, en franchissant la ligne de démarcation entre le pouvoir législatif et le judiciaire; à cet effet, l'art. 5 défend formellement aux juges de prononcer par voie de disposition générale et réglementaire, sur les causes qui leur sont soumises.

Les conventions ne pouvant porter que sur des intérêts particuliers, il est évident qu'il n'est pas loisible à qui que ce soit de déroger par des conventions, aux lois qui intéressent l'ordre public et les bonnes moeurs; conséquemment la clause, par exemple, de garantie des biens originairement acquis de la nation est déclarée sans effet, comme contraire aux lois d'ordre public *1.

---

*1 *Arrêt de la Cour d'appel de Paris du 23 janvier* 1806.

LIVRE PREMIER.

DES PERSONNES.

TITRE I.

De la jouissance et de la privation des droits civils.

CHAPITRE I.

De la jouissance des droits civils.

Le mot *personne*, dans le langage du droit, signifie l'homme considéré dans l'état ou dans la condition qui détermine la loi à établir un certain droit à son égard.

La loi naturelle régit tous les hommes en général, quelque soit leur état et condition. Le droit civil considéré comme le droit propre de chaque nation, est seulement applicable aux membres qui la composent.

Le droit civil se divise en droit politique et en droit civil proprement dit : le premier détermine la manière dont les membres de la société concourent plus ou moins à l'exercice de l'administration publique ; le second a pour objet les intérêts des particuliers sous tous les rapports qui peuvent exister entre les membres de la société politique.

Ceux des membres de la société, qui par les lois constitutionnelles sont admis à la jouissance des droits politiques, sont qualifiés du nom de citoyen, dont la qualité ne s'acquiert que conformément aux mêmes lois *1 : les autres membres de la société n'ont que l'exercice des droits civils, lequel, d'après l'art. 7, est indépendant de la qualité de citoyen, ce qui, dans d'autres termes, signifie que l'exercice des droits civils n'a rien de commun avec l'exercice des droits politiques.

De-là on déduit que la seule qualité de français suffit pour jouir des droits civils.

La règle conséquemment est que le français, ou l'étranger admis par l'Empereur à s'établir en France, et pendant sa résidence, jouissent des droits civils; l'art. 11 n'accorde pas ce même avantage aux étrangers, puisqu'il décide qu'ils *ne jouiront en France que des mêmes droits que ceux qui sont, ou seront accordés aux français, par les traités de la nation à laquelle cet étranger appartiendra.* L'article dit, *par les traités;* de-là on déduit que le seul traitement qu'on reçoit à l'étranger ne suffit pas pour autoriser un étranger à exercer quelque droit civil en France.

La qualité de français s'acquiert, ou par la naissance, ou par la naturalisation, et aussi, par rapport à une femme étrangère, par le mariage; art. 12.

---

*1 *Art. 2 de la constitution du 22 frimaire an VIII.*

La naissance peut rendre français ou parce-qu'on est né sur le sol français, ou parce-qu'on est né, chez l'étranger, du sang français.

Ceux qui ont la faveur de ces deux circonstances à-la-fois, c'est-à-dire qui sont nés du sang français et sur le territoire de l'Empire, sont français de plein droit; ceux qui n'ont que celle du lieu de naissance, ou du sang, peuvent réclamer la qualité de français en remplissant les formalités et conditions prescrites par l'art. 9 du code.

Les articles 14, 15 et 16 ne concernent les étrangers, que sous le rapport de l'administration de la justice, pour les rendre justiciables des tribunaux de l'Empire, toutes les fois qu'il y va de l'intérêt des français.

CHAPITRE II.

De la privation des droits civils.

SECTION I.

De la privation des droits civils par la perte de la qualité de français.

On peut être privé des droits civils, et par la perte de la qualité de français, et par suite des condamnations judiciaires.

La jouissance des droits civils est un attribut tellement essentiel à la qualité de français, qu'on ne peut en être privé tant qu'on la conserve, ni le conserver quand on la perd.

En général, la qualité de français se perd par la naturalisation acquise en pays étranger; par l'acceptation, non autorisée par l'Empereur, de fonctions publiques conférées par un gouvernement étranger ; par tout établissement en pays étranger sans esprit de retour ; et par rapport aux femmes, par le mariage avec un étranger.

La naturalisation est un acte par lequel une personne acquiert la qualité de citoyen, et forme ainsi partie d'une société politique, à laquelle il n'appartenait pas originairement. De-là il suit que de tous les faits qui indiquent qu'un français a renoncé définitivement à sa patrie, le plus évident c'est la naturalisation en pays étranger : car on ne peut pas avoir à la fois deux patries, et celui qui se donne une nouvelle patrie, rénonce à la première : mais pour que la naturalisation donne lieu à la perte de la qualité de français, il faut, aux termes de l'art. 17, que cette naturalisation soit acquise ; la déclaration, quoique expresse, de ne vouloir plus appartenir à la patrie originaire, et la demande même de la naturalisation en pays étranger, ne suffiraient pas pour perdre la qualité de français, parceque jusque-là l'individu n'est encore engagé par aucun contrat, avec la puissance étrangère à laquelle il voulait se soumettre.

Le français qui accepterait, sans autorisation de l'Empereur, des fonctions publiques près d'un gouvernement étranger, contractant avec cette puissance des engagemens incompatibles avec la subordination et la fidélité qu'il doit à sa patrie et à l'Empereur, doit de même, et à plus forte raison, perdre les effets et les avantages de sa qualité originaire.

La troisième cause, emportant la perte de la qualité de français, est l'établissement en pays étranger sans esprit de retour. La loi donc requiert le fait, et l'intention. Cette intention peut résulter de circonstances dont l'enchaînement doit former une présomption plus ou moins forte de l'esprit de non retour.

La présomption cependant, qui peut naître du concours de plusieurs circonstances, perd toute sa force lorsque le français rentre en France; il est donc évident qu'aucune question ne peut s'élever qu'après le décès en pays étranger de l'individu qui s'y était établi.

Quoiqu'en général tout homme soit présumé aimer le lieu où il espère d'améliorer son sort par des spéculations commerciales, cependant il est clairement décidé, à l'article 17, que les établissemens de commerce ne pourront jamais être considérés, comme faits sans esprit de retour; disposition non seulement utile à la nation française, et favorable au commerce, mais encore plus conforme au caractère national, puisque de tous les peuples de l'univers, le français est celui qui reste le plus fidellement attaché à sa patrie.

Le principe que la femme suit la condition du mari, veut que la femme française perde sa qualité par le mariage contracté avec un étranger.

Il paraît que dans l'ordre des causes énoncées à l'art 17, on aurait dû joindre la disposition de l'article 21, qui prononce la perte de la qualité de français, contre celui qui, sans autorisation de l'Empereur, prendrait du service militaire chez l'étranger, ou s'affilierait à une corporation militaire étrangère, puisqu'un tel fait peut être assimilé à l'acceptation de fonctions publiques chez l'étranger; cependant la loi ne devait pas regarder du même oeil celui qui s'expose au danger de se voir forcé de porter les armes contre sa patrie, et celui qui a accepté des fonctions publiques; la légéreté de celui-ci ne doit pas être, par rapport aux effets, aussi blâmable que l'imprudence du premier, qui conséquemment ne pourra pas même rentrer en France sans permission de l'Empereur, et sans remplir les conditions imposées aux étrangers pour devenir citoyen français, ce qui n'est pas de même par rapport aux autres qui avaient perdu leur qualité, pour les causes exprimées à l'article 17 et 19: ces derniers peuvent toujours la recouvrer en rentrant en France avec l'autorisation de l'Empereur, sans autre condition que de déclarer de vouloir s'y fixer, et renoncer à toute distinction contraire à la loi française.

Il nous reste à voir quels sont les effets du recouvrement de la qualité de français, qui, en général, sont de replacer le français originaire dans tous les droits dont il pouvait jouir avant la perte de la dite qualité. La question unique serait de voir, si le recouvrement de la qualité susdite a un effet rétroactif. La négative ne peut être douteuse, puisque la loi décide à l'article 20, que les individus qui recouvreront la qualité de français; ne pourront s'en prévaloir qu'après avoir rempli les conditions qui leur sont imposées.

Section II.

De la privation des droits civils par suite de condamnations judiciaires.

La mort civile est une fiction de la mort naturelle; et comme celle-ci tranche les jours de l'individu physique qu'elle atteint, ainsi l'autre prive celui qu'elle frappe, de tous les droits dont il jouissait comme membre de la société politique.

La mort civile, quoique assimilée à la mort naturelle, ne l'est cependant que par rapport aux droits civils proprement dits, puisque celui qui l'a encourue, continue de jouir du droit des nations commun à tous les hommes: il pourra conséquemment acquérir des biens par la voie des contrats qu'on appelle de droit des gens; comme on peut le prouver par les articles 25 et 33 du code, portant que les biens ainsi acquis appartiendront à l'état par droit de déshérence, desquels biens cependant il est loisible à l'Empereur de disposer au profit des parens des condamnés.

La mort civile n'est pas une peine, mais seulement la suite d'une autre peine, à laquelle la loi a attaché cet effet.

Cet effet est attaché, 1.° aux condamnations à mort, prononcées contradictoirement, à partir du jour de l'exécution du jugement, soit réelle, soit par effigie.

2.° Aux condamnés par contumace, après les cinq années qui suivront l'exécution du jugement par effigie, (art. 27). Pendant les cinq ans, ou jusqu'à ce qu'il se représente, ou qu'il soit arrêté, le contumace demeure privé non des droits civils, mais seulement de leur exercice par une espèce d'interdiction légale, et ses biens et droits sont administrés et exercés comme ceux des absens (art. 28).

3.° Aux condamnations aux travaux forcés à perpétuité, ou à la déportation (art. 18 du code pénal).

Les effets de la mort civile sont déterminés par l'art. 25.

Pour l'application de ces effets au condamné par contumace, il faut distinguer plusieurs cas; si le condamné meurt dans les cinq ans, sans avoir comparu en justice, il est réputé mort dans l'intégrité de ses droits.

S'il comparaît, soit volontairement, soit par suite d'arrestation avant le laps des cinq ans, le jugement est anéanti de plein droit, et l'individu est jugé de nouveau.

Si le condamné se représente après les cinq ans, mais avant les vingt ans, le premier jugement est anéanti quant à la condamnation, mais la question sur la perte des droits civils demeure indécise jusqu'à l'événement du procès; conséquemment, s'il est condamné de nouveau à une peine emportant la mort civile, il sera réputé mort civilement, à partir du jour de l'expiration des cinq années; si par contre la peine à laquelle il a été condamné par le nouveau jugement, n'emporte pas la mort civile, il recouvrera ses droits, mais seulement du jour où il s'est représenté. De-là il suit qu'il ne pourrait pas, par exemple, recueillir une succession ouverte après l'expiration des cinq années et avant sa comparution en justice.

Enfin il peut arriver que le condamné laisse passer vingt ans sans se représenter, ou être arrêté ; dans ce cas, suivant l'article 635 du code d'instruction criminelle, la peine est prescrite, et il ne peut plus être poursuivi; mais cette prescription n'empêche pas que la mort civile ne subsiste, quant à tous ses effets.

TITRE II.

Des actes de l'état civil.

CHAPITRE I.

Dispositions générales.

S'il y a quelque chose parmi les hommes, qui doit être assuré, c'est sans doute leur condition, leur état, objets de la plus grande importance pour la société et pour la tranquillité des familles.

Trois époques sont la source de tous les droits attachés à l'état de l'homme considéré comme membre d'une société politique; la naissance, le mariage et le décès.

Les législateurs, dans le présent titre, ont porté la plus sévère attention à la forme et à la solennité des actes destinés à la preuve des naissances, des mariages et des décès, qui sont précisément l'objet du susdit titre divisé en six chapitres, dont le premier ne porte que sur des dispositions générales, le second su les actes de naissance, le troisième sur le actes de [illegible]iage, le quatrième sur les acte de décè[illegible] inquième sur les formalités par ticulière[illegible] concernant les actes de l'état civi des militaires hors du territoire de l'empire le sixième enfin sur la rectification des actes susdits dans le cas d'erreur.

Toutes ces formalités devant être étudiées sur le texte, nous n'y ferons que les observations les plus importantes.

Les actes de naissance, de mariage, et de décès étant destinés à constater des faits, ne doivent contenir que de simples déclarations énoncées avec précision, et écrites sous la garantie du ministère de l'officier public, que la loi a investi de sa confiance pour les recevoir, et dans le lieu même où il exerce ses fonctions. Tout ce qui a immédiatement rapport au fait, tout ce qui sert à établir la certitude, doit y être scrupuleusement inscrit, et clairement énoncé, comme tout ce qui ne tend pas à cette fin, doit en être rigoureusement rejeté.

L'authenticité, qui n'est pas la même chose que la notoriété, est pour ces actes le caractère que leur imprime l'autorité publique, et qui commande la confiance, lorsqu'ils ont été faits selon les conditions et les formes que prescrit la loi.

Il importe de remarquer que dans tous les cas, quelque défectuosité qu'ils puissent renfermer, la loi laisse les moyens de les rectifier dans ce qu'ils ont de vicieux, sans les frapper d'une nullité absolue, ce qui compromettrait l'état des personnes, et jetterait le trouble dans les familles, et par suite dans le corps entier de la société.

Les actes enfin de l'état civil des militaires

hors du territoire français ont paru mériter à bon droit des dispositions toutes particulières. Car si d'une part le militaire, qui se trouve hors du sein de sa patrie pour la défendre, n'est plus à même de se conformer aux règles qui concernent l'état civil, il eût été d'autre part fort injuste de le priver de l'avantage de constater son état, et celui de ses enfans, par cela seul qu'il s'était dévoué au service de la patrie.

Le chapitre cinquième s'est occupé de cet intéressant objet, et on y a consacré ce principe sublime du génie qui nous gouverne, savoir : *Que le militaire français n'est jamais à l'étranger lorsqu'il est sous les drapeaux ; où est le drapeau, là est la France.* Mais en même tems dans les articles 93, 95, 96, 97 on a fait rentrer ces preuves dans l'uniformité générale, au moyen de la transcription de tous les actes dans les registres de l'état civil du domicile de la partie, par l'officier à qui doivent être envoyés tous les actes de cette sorte, reçus à l'armée.

TITRE III.

Du domicile.

Le domicile en général peut se définir le lieu, où une personne, jouissant de ses droits, a établi sa demeure, le centre de ses affaires, le siège de sa fortune.

Le domicile de tout français, quant à l'exercice de ses droits civils (dit l'article 102), est au lieu, où il a son principal établissement.

La loi dit *quant à l'exercice des droits civils*, pour nous faire connaître la différence qu'il y a entre celui-ci, et le domicile politique, qui ne s'acquiert que d'après les règles établies à l'article 6 de l'acte constitutionnel.

Le domicile civil est réel, ou fictif; le domicile réel, quant à la manière avec laquelle il s'établit, est de deux espèces, savoir l'originaire, et le domicile de choix.

Le domicile originaire s'établit régulièrement par la naissance; car c'est dans le lieu où l'homme naît qu'est d'abord l'établissement principal, qui constitue le domicile; je dis régulièrement, parceque la naissance accidentelle n'est pas suffisante pour établir le domicile, auquel cas le domicile sera celui du père.

Le domicile de choix est celui que chacun, jouissant de ses droits, se donne par sa propre volonté.

Le fictif, qu'on peut aussi nommer conventionnel, est celui que la loi permet ou ordonne de choisir dans certains cas, savoir pour l'exécution de quelque contrat, ou pour les actes de procédure, et autres qui requièrent élection de domicile.

A ces différentes espèces de domicile on peut ajouter le domicile nécessaire, tel, par exemple, que le domicile de la femme mariée, des mineurs non émancipés, des interdits, et des personnes qui travaillent habituellement chez autrui.

TITRE IV.

Des absens.

CHAPITRE I.

De la présomption d'absence.

L'absent dans l'acception commune, est l'individu qui est hors de son domicile. Dans le langage de notre législation, on peut définir l'absent, l'individu qui s'est éloigné de son domicile, ou de sa résidence ordinaire, sans avoir laissé un mandataire chargé du soin de gérer ses affaires, et dont on n'a point de nouvelles.

L'état de l'absent, dans cette dernière acception, flotte entre deux présomptions contraires, celle de la continuité, et celle de la cessation de son existence. Cette dernière présomption prend chaque jour de nouvelles forces en raison de la prolongation du tems pendant lequel on ne reçoit, ni directement ni indirectement, des nouvelles de l'absent.

La loi, suivant les progrès de la susdite présomption, pour régler les intérêts de ceux dont on ignore la destinée, les a distingués en absens présumés, et en absents déclarés.

A la disparution d'une personne il ne résulte pas tout de suite une présomption d'inexistence de l'individu qui a disparu, à moins que des circonstances plus fortes que le simple éloignement ne la rendent douteuse; mais si la disparution se prolonge sans nouvelles, les motifs de douter de son existence devenant plus forts, commencent à faire présumer l'absence.

Que si la disparution dure encore pendant un espace de tems assez long, pour que l'on puisse craindre que l'absent ne revienne plus, dès-lors l'absence devient un fait positif, lequel cependant doit être soumis à la décision des tribunaux, pour que l'absence soit déclarée.

La loi ne considérant comme absent que celui dont on n'a point de nouvelles, et qui n'a pas laissé de fondé de pouvoir, charge les tribunaux de commettre, sur la demande des parties intéressées, un notaire pour représenter l'absent présumé dans les actes, dans lesquels il peut être intéressé, le tout sous la surveillance du ministère public, qui en est spécialement chargé.

Le chapitre second a pour but de veiller, par des précautions salutaires, à l'intérêt de l'absent déclaré, et de le garantir des torts qu'il pourrait éprouver, par un effet de la cupidité d'autrui; l'art. 115 détermine la manière de provoquer la déclaration d'absence, de la constater, et de fixer le laps de tems, après lequel la demande en déclaration d'absence peut être recevable. Enfin, les articles 118, 119 traitent de la manière de procéder dans ces sortes d'affaires, et de la publicité qu'il faut donner aux jugemens, soit préparatoires, soit définitifs en déclaration d'absence.

Le chapitre troisième, considérant les différentes circonstances, où peut se trouver l'absent par rapport à ses biens et droits, et par rapport à son état de marié ou non marié, règle les effets de l'absence, dont le principal est l'envoi en possession des biens, au profit des héritiers présomptifs, pour les administrer et conserver.

L'envoi en possession peut être provisoire, ou définitif, ce qui doit être déterminé à raison de la durée de l'absence, c'est-à-dire, sur la présomption plus ou moins forte du retour de l'absent.

Nous avons dit des *héritiers présomptifs*; mais la loi s'est aussi empressée de pourvoir aux légataires, donataires, aux conjoints et à toute autre personne ayant des droits subordonnés à la condition du décès de l'absent, prévoyant même les cas, où l'absent aurait laissé ou non des fondés de pouvoir, ou que la procuration viendrait à cesser; tous ces différens cas sont réglés par les articles 120, 121, etc. jusqu'à l'art. 125, qui décide formellement que la possession provisoire accordée, dans les différens cas, aux héritiers présomptifs, aux légataires, à l'époux commun en biens, n'est qu'à titre de dépôt; conséquemment les articles 126, 127, 128 règlent la manière d'assurer un tel dépôt, moyennant la confection d'inventaire et caution valable pour la conservation des biens et des revenus à rendre à l'absent en cas de retour, sous la déduction cependant d'une partie des revenus à titre d'indemnité proportionnée à la durée de la possession.

L'art. 129 est relatif à la possession définitive qui peut être accordée par les tribunaux dans les deux cas suivans : 1.° lors que la possession provisoire aura duré trente ans ; 2.° lorsque l'absent aura accompli sa centième année.

L'effet de l'envoi définitif, basé sur l'intérêt public et sur celui de l'absent même, consiste en ce que les envoyés en possession deviennent propriétaires des biens, au lieu qu'ils en étaient simples dépositaires, et que les cautions sont déchargées.

Tout ce qui est dit et statué, n'est que relatif à la durée de l'absence, et n'est conséquemment pas applicable, lorsque l'absence vient à cesser.

L'absence cesse, 1.° par la nouvelle certaine de la mort de l'absent;

2.° Par son retour, ou par la preuve de son existence.

Dans le premier de ces cas, l'art. 130 décide que la succession de l'absent sera ouverte au profit des héritiers, qui se trouveraient les plus proches à l'époque du décès de l'absent, sans égard aux héritiers envoyés en possession provisoire. Dans le second cas, d'après les articles 131, 132, 133, l'absent ou ses enfans et descendans ont le droit de reprendre la propriété et l'administration des biens.

Quant aux droits éventuels, qui peuvent compéter à l'absent, la loi, sur le principe qu'un absent n'est réputé ni mort, ni vivant, établit, à l'art. 135, que quiconque réclame un droit échu à un individu, dont l'existence n'est pas reconnue, doit prouver que le dit individu existait quand le droit a été ouvert.

Sur le même principe l'absent, dont l'existence n'est pas prouvée, ne peut recueillir une succession qui se serait ouverte à son profit: conséquemment elle serait dévolue à ceux, avec lesquels il aurait eu le droit de concourir, ou à ceux qui l'auraient recueillie à son défaut en réservant cependant à lui, ou à ses ayant cause, les actions ou pétition d'hérédité, des legs, ou autres droits, pourvu qu'il se représente dans un tems que les actions ne soient pas éteintes, sauf le droit aux possesseurs de bonne foi de retenir les fruits par eux perçus.

L'absence en elle-même ne peut pas être une cause pour dissoudre un mariage légalement contracté; cependant, l'absence jointe à quelque preuve, et à des circonstances suffisantes pour faire croire que l'absent n'existe plus, peut donner lieu à l'époux présent de contracter un nouveau mariage: que décidera-t-on si l'absent vient à reparaître? Celui-ci peut provoquer la nullité du second mariage, car le premier n'a pas cessé de subsister: mais ce droit ne peut être exercé que par lui seul personnellement, ou par un fondé de pouvoir, muni de la preuve de son existence.

La loi enfin, dans les articles 141, 142, 143, statue sur tout ce qui peut intéresser les enfans de l'absent, relativement à leur personne et à leurs biens, d'après les règles de la tutelle.

TITRE V.

Du Mariage.

CHAPITRE I.

Des qualités et conditions requises pour pouvoir contracter mariage.

LE mariage en lui-même, indépendamment de toute loi positive, est la société de l'homme et de la femme, qui s'unissent pour perpétuer leur espèce, pour s'aider mutuellement, et partager leur commune destinée.

Mais comme cette société est la source de l'existence de tous les individus qui composent les familles et les nations, elle doit être subordonnée à la loi civile. Sous ce rapport le mariage peut se définir l'union civile et légitime d'un homme et d'une femme; *légitime*, c'est-à-dire, contractée suivant les conditions requises, et les formes prescrites par la loi.

Cette union, pour être parfaite dans l'ordre même naturel, exige premièrement que l'homme et la femme aient l'âge de la puberté, comme nécessaire à se reproduire, ce qui est la fin et la base principale du mariage; mais attendu que la nature n'observe pas des règles fixes et constantes pour opérer la puberté, il appartient à la loi civile de fixer l'âge avant lequel le mariage est interdit. Cet âge a été fixé par le code à dix-huit ans révolus quant aux mâles, et quinze ans aussi révolus, par rapport aux femmes, sauf cependant tout droit à l'Empereur d'accorder des dispenses d'âge.

En second lieu, elle exige l'usage de la raison dans les individus contractans ; ceux donc qui sont incapables de volonté, et, par suite, de consentement, tels que les insensés, les foux, les furieux, sont aussi incapables de contracter mariage : lorsque les contractans ont cette capacité, il est nécessaire que leur volonté ne soit ni violentée, ni trompée ; mais, pour détruire le consentement, il faut que la violence soit grave, et que l'erreur tombe sur la personne et non sur les qualités.

Le mariage étant de toutes les actions humaines celle qui intéresse le plus la destinée des hommes, il est important de l'environner de précautions, afin d'éviter les inconvéniens qui pourraient être le résultat de la fougue des passions et de l'imprudence, surtout dans la jeunesse très-facile à être abusée par ses propres illusions ; de-là la nécessité que la loi impose aux enfans qui n'ont pas atteint un certain âge, de requérir et obtenir, pour la validité de leur mariage, le consentement de leurs pères et mères, ou des ayeuls et ayeules, ou, faute de ceux-ci, du conseil de famille.

Le respect qui est dû aux pères et mères, et autres ascendans, est la base sur laquelle la loi ordonne que les enfans mâles, quoiqu'ils aient passé l'âge de vingt-cinq ans, et les filles, quoiqu'elles aient passé l'âge de vingt-un ans, soient tenus, avant de contracter mariage, de demander leur conseil par des actes respectueux.

Les conditions jusqu'ici exposées ne sont point les seules qui soient requises pour la légitimité du mariage; il faut encore qu'entre les contractans il n'y ait aucun empêchement à le contracter.

Ces empêchemens naissent du mariage précédent et actuellement existant, de la parenté et de l'affinité; conséquemment celui qui est engagé par mariage, ne peut en contracter un second, qu'autant que le premier sera dissous par la mort naturelle, ou civile, ou par le divorce légalement prononcé.

La parenté et l'affinité étant des empêchemens au mariage, il faut connaître ce que c'est que la parenté, ses différentes espèces, et comment elle diffère de l'affinité ou alliance.

La parenté est le lien qui unit les personnes qui tirent leur origine de la même souche; l'affinité ou alliance est un lien qui se contracte par le mariage entre l'un des époux et les parens de l'autre; ainsi les parens de la femme sont les alliés du mari, et les parens du mari sont les alliés de la femme.

Il y a trois espèces de parenté, la parenté simplement naturelle, la parenté purement civile, et la parenté mixte.

La parenté simplement naturelle résulte du lien du sang seulement; ainsi les enfans nés d'un ou de plusieurs concubinages, sont, entr'eux et leurs pères et mères, parens naturels.

La parenté purement civile est basée sur les liens de famille : telle est celle qui existe entre les pères et les enfans adoptés.

La parenté mixte enfin est celle qui est formée en même tems, et par le sang, et par les liens de famille.

La parenté se compose de lignes, et de degrès: la ligne est l'ordre, et la série des personnes qui ont une même tige : le degré est la distance de chaque parent relativement à l'autre.

La manière de connaître la distance entre les personnes qui ont une même souche, s'appelle, dans le langage de droit, computation. Nous nous abstiendrons d'entrer dans de plus amples détails sur cette matière, soit parcequ'elle vous est développée par le savant Professeur chargé de l'enseignement du droit romain, avec cette clarté, et cette précision qui lui sont particulières, soit parceque les empêchemens, qui dérivent de la parenté et de l'affinité, n'ont plus l'étendue qu'ils avaient autrefois, comme on peut le reconnaître par les articles 161, 162, 163, 348.

Nous remarquerons seulement que, quoique l'affinité ou l'alliance, n'ait point d'elle-même des lignes et des degrés, cependant elle emprunte de la parenté des espèces de lignes et de degrés.

Quoique la prohibition de mariage entre l'oncle et la nièce, la tante et le neveu, soit basée sur le principe même qui interdit le mariage entre tous ceux qui se trouvent dans les rapports de père et mère, cependant l'Empereur peut accorder des dispenses entre les oncles et nièces, entre les tantes et les neveux.

CHAPITRE II.

Des formalités relatives à la célébration du mariage.

LES formalités dont il s'agit ici regardent et ce qui doit précéder le mariage, et ce qui a du rapport à sa célébration : et puisqu'il est très-important que le consentement des époux intervienne dans une forme solennelle et régulière, l'art. 165 prescrit que le mariage sera célébré publiquement devant l'officier de l'état civil du domicile de l'un des deux époux.

Déjà les formes extérieures étaient réglées, pour la plus grande partie, au chapitre troisième du titre second, en ce qui concerne les devoirs de l'officier civil; il fallait cependant déterminer le lieu où les formalités devaient être remplies, soit par rapport aux publications, soit par rapport à la célébration du mariage, sur quoi il est bon d'observer :

1.° Que quant aux publications elles doivent être faites à la municipalité du lieu où chacun des époux a son domicile, et même au domicile de ceux sous la puissance desquels les parties se trouvent, à la différence de l'acte de célébration qui peut être fait au choix des époux à l'un des domiciles des parties;

2.° Que le mot *domicile* ici n'indique, d'après l'art. 167, que la simple résidence pendant six mois;

3.° Que par rapport au mariage contracté par des français en pays étranger, il sera valable s'il a été revêtu des formes usitées dans le pays, pourvu qu'il ait été précédé des publications, et qu'on n'ait point contrevenu aux dispositions du chapitre précédent, à la charge néanmoins d'en faire la transcription sur les registres publics des mariages du lieu du domicile, dans les trois mois après le retour du français sur le territoire de l'Empire.

Chapitre III.

Des oppositions au mariage.

L'opposition est un acte fait par une personne intéressée, ou autorisée par la loi, qui demande qu'on ne passe pas outre à la célébration du mariage.

L'effet de l'opposition est de paralyser l'action de l'officier civil, qui sous la peine de

300 francs, et de tout dommage et intérêt des parties, doit suspendre la célébration, jusqu'à ce que l'autorité compétente ait prononcé sur la validité de l'opposition, et qu'on lui ait remis la main-levée.

Mais si le droit de s'opposer à un mariage peut être utile en plusieurs cas, on sent combien l'abus en serait dangereux en une infinité d'autres: ainsi ce droit ne doit pas être accordé à tout le monde, comme s'il s'agissait d'une action ordinaire, mais cette action doit être limitée, comme elle l'est effectivement par le code, à certaines personnes et à certains cas.

En général, le droit de former opposition appartient seulement à l'époux de l'individu qui voudrait contracter un second mariage, et aux ascendans, les uns en défaut des autres, comme ceux qui ont le droit de veiller sur les intérêts de leurs enfans ou descendans, même âgés de vingt-cinq ans accomplis, et former opposition aux engagemens inconsidérés qu'ils seraient sur le point de contracter: la même faveur n'est pas accordée aux collatéraux, savoir aux frères, soeurs, oncle, tante, cousins germains, qui ne peuvent conséquemment former opposition, sauf dans le cas de défaut de consentement du conseil de famille au mariage, lorsque ce consentement est requis, ou dans dans le cas que l'opposition sera fondée sur l'état de démence du futur époux.

L'art. 176 désigne les conditions requises

pour la validité des oppositions, savoir l'énonciation de la qualité de l'opposant, un exposé des motifs d'opposition, à moins qu'elle ne soit faite à la requête d'un ascendant, et l'élection de domicile dans le lieu, où le mariage doit être célébré, à ce que les futurs époux puissent y être ajournés aux fins de la décision en validité de l'opposition, sous peine de nullité.

Le système d'opposition deviendrait plus nuisible qu'utile à la chose publique, si les oppositions pouvaient apporter de longs retards aux mariages: à ces causes les articles 177, 178 fixent le délai de dix jours pour la décision sur la demande en main-levée, soit en première instance, soit en appel.

Mais comme il peut arriver qu'une opposition mal fondée puisse mettre obstacle à une union sortable et légitime, il existe alors un préjudice grave, qui doit être réparé. Sur ce principe l'article 179 ordonne que si l'opposition est rejetée, les opposans, autres que les ascendans, dont la tendresse présumée écarte tout soupçon de mauvaise foi, pourront être condamnés à des dommages et intérêts.

Chapitre IV.

Des demandes en nullité de mariage.

Ce n'est pas assez pour la loi d'ordonner, et de défendre ; il est encore de sa prévoyante sagesse de prendre tous les moyens propres pour prévenir et obvier aux maux qui peuvent naître de la désobéïssance à ses commandemens, ou à ses défenses : quoique le droit de former opposition, dont il est parlé au chapitre précédent, soit un puissant remède pour prévenir les unions illégales, il peut néanmoins arriver que, malgré toutes les précautions, faute d'opposans, un mariage ait été célébré contre l'intention de la loi ; il ne reste donc plus que de le dissoudre sur la demande en nullité par les personnes qui y ont intérêt, ou qui sont autorisées par la loi même.

Les causes de nullité n'ont pas toutes les mêmes caractères ; conséquemment elles doivent agir sur le mariage, d'après le caractère qui est propre à chacune d'elles.

Les nullités se distinguent en absolues, et en relatives ; les absolues sont celles qui tendent plus directement au maintien du bon ordre ; les nullités relatives sont celles qui ne sont établies que dans l'intérêt de ceux dont le droit serait blessé.

La distinction qu'on vient de faire nous

fait connaître quelles sont les nullités qui peuvent, ou ne peuvent pas être couvertes, ou en d'autres termes, quelles sont les causes qui emportent la nullité de plein droit, et celles qui doivent être prononcées par la justice sur la demande des personnes ayant intérêt.

Cette distinction est aussi utile pour discerner à quelle sorte de personnes il appartient de proposer chaque ordre de nullités.

Les vices qui emportent la nullité absolue sont :

1.° Lorsqu'il y a défaut de publicité, ou de la présence de l'officier civil.

2.° Lorsque le mariage a été contracté entre des personnes ou alliées aux degrés prohibés, ou par celui qui serait engagé par mariage, ou qui aurait contracté avant l'âge fixé par la loi. Ces mariages peuvent être attaqués par les époux eux-mêmes, par les parties intéressées, et par le ministère public. Il faut cependant excepter la nullité résultante du défaut d'âge, lorsque les parties, ou une d'elles, sont dans les cas prévus par l'art. 185.

Le défaut de consentement de l'une des parties, ou celui des pères et mères, et ascendans, ou de la famille, n'emporte qu'une nullité relative, et qui ne peut être proposée que par les parties, dont le consentement était requis. De-là la conséquence que cette nullité peut être couverte par leur silence, ou renonciation expresse, sur le principe que chacun peut renoncer au droit qui est établi en sa faveur.

D'après les articles 194 et suivans jusqu'et compris le 200.e, il est de règle générale, que nul ne peut réclamer le titre d'époux et les effets civils du mariage, malgré toute possession d'état, à moins qu'il ne représente l'acte de célébration inscrit sur le registre de l'état civil, sauf les cas prévus par l'art. 46. Cependant la possession d'état, dont on prive les époux, conserve toute sa force en faveur de leurs enfans; lorsque deux individus qui ont vécu publiquement comme mari et femme, sont tous deux décédés, la légitimité de leurs enfans ne peut être contestée sous le prétexte du défaut de représentation de l'acte de célébration de leur mariage, mais il faut que cette légitimité soit prouvée par la possession d'état, c'est-à-dire, que les enfans aient été toujours reconnus et traités comme légitimes, et que cette possession ne soit pas contredite par les actes de l'état civil (art. 197).

De tout ce qui est prescrit dans ce chapitre, il résulte que le seul mariage légitime peut faire de véritables époux, et communiquer sa légitimité aux enfans qui en naissent; cependant si le mariage se trouvait nul par un empêchement caché et ignoré des époux, le jugement qui prononcerait la nullité n'empêcherait pas que les époux ne jouissent des prérogatives du véritable mariage, et que les enfans nés de cette union ne soient réputés légitimes; mais cette indulgence, avec laquelle la loi protège la bonne foi, ne doit pas s'étendre à l'époux instruit des vices de son mariage; conséquemment cet époux ne pourra ni réclamer les effets civils du mariage, ni en jouir: les enfans cependant conserveront tous les droits qui sont accordés à ceux qui sont issus d'un lien légalement contracté.

CHAPITRE V.

Des obligations qui naissent du mariage.

Si le mariage était considéré uniquement comme une société entre l'homme et la femme, et pour leur seul avantage, les obligations ne seraient que mutuelles entre les seuls époux; mais cette société devant aussi être considérée comme préparatoire à la société paternelle et à la famille, il s'ensuit que les obligations doivent s'étendre au profit des autres personnes, ce qui est l'objet du chapitre présent qui concerne les devoirs des époux envers leurs enfans, ou ceux qui sont considérés comme tels, ainsi que le gendre et les belles-filles, et les devoirs de ces derniers envers leurs parens.

Ces obligations consistent principalement à fournir des alimens dans la proportion du besoin de celui qui les réclame et de la fortune de celui qui les doit. Les mêmes obligations sont réciproques envers les ascendans, mais avec les modifications et exceptions désignées à l'art. 208 et suivans.

A part les alimens et la charge de l'éducation, on doit remarquer que l'enfant n'a pas d'action contre ses père et mère pour un établissement par mariage ou autrement.

CHAPITRE VI.

Des droits et devoirs respectifs des époux.

Toute société établit entre les associés des devoirs analogues à la fin qu'ils se proposent. Le mariage, comme étant une société qui prend sa source de la nature, et ses modifications de la loi civile, soumet les époux à des devoirs, et leur accorde des droits analogues à son caractère.

Les devoirs et par conséquent les droits sont ou réciproques, ou personnels à chacun des conjoints. Parmi les réciproques les plus essentiels sont la fidélité, le secours et l'assistance; parmi les personnels, la protection que le mari doit à sa femme et l'obéissance de celle-ci à son mari.

Le devoir de se secourir et de s'assister mutuellement, entraîne l'obligation pour la femme de cohabiter avec son mari et de le suivre partout où il jugera à propos de résider, et l'obligation de la part du mari de recevoir sa femme, et de lui fournir tout ce qui est nécessaire pour ses besoins.

La protection que le mari doit à sa femme, l'obéissance de celle-ci à l'autorité qui la protège, exigent impérieusement que la femme ne puisse ester en jugement, ni donner, aliéner, hypothéquer, acquérir même à titre gratuit, sans l'autorisation du mari, ou de la justice, en cas de refus, ou d'impossibilité du mari à l'autoriser, sauf les exceptions établies en faveur du commerce; ou pour le cas que la femme soit poursuivie en matière criminelle ou de police.

Il ne faut pas regarder comme une exception à la règle, la disposition de l'art. 226, portant que la femme peut tester sans l'autorisation de son mari; la raison est que ces sortes de dispositions ne pouvant avoir d'effet qu'après la mort, par conséquent qu'après que l'union conjugale est dissoute, ne blessent aucunement la subordination qui en dérive.

CHAPITRE VII.

De la dissolution du mariage.

Quoique l'indissolubilité soit de l'essence du lien conjugal, cependant il se dissout ou naturellement, ou civilement. Naturellement par la mort naturelle d'un des époux; civilement par le divorce légalement prononcé, et par la mort civile d'un d'eux.

Il faut remarquer la différence qui caractérise les deux dernières manières de dissoudre le mariage: par le divorce, le noeud conjugal est brisé entièrement et de plein droit: la mort civile, au contraire, opère la dissolution uniquement par rapport aux effets civils sans blesser le contrat naturel, dont les effets ne cessent que lorsque l'époux innocent a fait prononcer le divorce, en se conformant aux dispositions de l'art. 261.

CHAPITRE VIII.

Des seconds mariages.

Après la dissolution du mariage, il est facultatif à l'époux survivant d'en contracter un autre, mais il entre dans les règles des bonnes moeurs et de l'honnêteté publique de ne point permettre à une femme de convoler à de secondes nôces, avant qu'on soit assuré par un délai suffisant que le premier mariage demeure sans aucune suite quant à sa personne. Ce délai a été fixé à dix mois révolus, depuis la dissolution du mariage précédent, (art. 296 et 228).

La loi ne fait ici aucune exception, pas même à l'égard de la femme qui, à raison de son âge, serait incapable d'engendrer.

TITRE VI.

Du divorce.

Le divorce, ainsi dit ou de la diversité d'opinion, ou des divergences des parties, peut se définir la séparation légitime du mari et de la femme, dans l'intention de rompre le mariage pour toujours.

Le divorce, connu presque par toutes les nations anciennes, a été réglé par des lois plus ou moins rigoureuses, selon les différentes positions et habitudes des peuples.

Dans l'ancien droit français, au moins depuis Charlemagne, le divorce était absolument prohibé, et le mariage valablement contracté, ne pouvait être dissous que par la mort naturelle d'un des époux; on permettait seulement, et pour les causes les plus graves, la séparation de corps qui ne rompait pas le lien.

Après le renversement du trône, dans le tourbillon impétueux des réformes, le divorce, proscrit par les anciennes lois, fut, par la fameuse loi du 20 septembre 1792, permis avec une telle licence, que le mariage devint un acte à-peu-près dérisoire, et le divorce, à son tour, l'instrument de toutes les passions déréglées.

Notre code, il est vrai, permet le divorce, mais entouré de conditions, et de formalités rigoureuses qui garantissent le mariage des attentats du caprice, de l'inconstance, et de toutes les passions, il en rétablit la dignité, et fixe son véritable caractère.

Sans entrer dans l'analyse de cette matière, qui ne peut donner lieu que rarement à des discussions, nous observerons rapidement que le divorce une fois admis comme un secours contre les supplices effrayans d'une union mal assortie, ou devenue vraiment insupportable, les législateurs se sont occupés :

1.° Des causes qui peuvent autoriser un des époux à former la demande en divorce, telle que les mauvais traitemens, excès, sévices, injures graves, la condamnation à une peine infamante, la violation de la foi conjugale de la part de la femme, le mépris que le mari paraît faire de ce devoir lorsqu'il établit sa concubine dans la maison commune, l'infamie attachée à des crimes; enfin les législateurs se sont aussi occupés du cas où, dans d'autres hypothèses, il serait impossible aux époux de vivre ensemble. Toutes ces matières forment l'objet des trois premiers chapitres du titre présent, dans lequel il est aussi statué que les demandes en divorce ne peuvent être portées que par devant les tribunaux civils, et en suivant les formes y établies, ainsi que les délais que le législateur a fixés, afin que les juges puissent employer les moyens propres à faire changer les dispositions fâcheuses des époux, et à faire revivre dans leur coeur les premières affections qui les ont unis, ainsi qu'à leur rendre la paix et le bonheur;

2.° Des effets du divorce, soit par rapport aux époux, soit par rapport aux enfans, dont il est traité dans le chapitre IV;

3.° De la séparation de corps, voie que le législateur a ouverte pour ceux qui, liés par leur religion, ne pourraient briser le lien conjugal; des causes qui peuvent l'entraîner, des formes, dans lesquelles elle doit être demandée, et prononcée; et enfin des effets qui en dérivent, et comment ils peuvent cesser. Toutes les dispositions relatives à ces différens objets sont contenues dans le chapitre V, où il faut remarquer que, d'après l'art. 311, la séparation de corps emporte toujours la séparation des biens.

TITRE VII.

De la paternité, et de la filiation.

CHAPITRE I.

De la filiation des enfans légitimes, ou nés dans le mariage.

La paternité est ce qui constitue la qualité de père, et en confère le droit.

La filiation est la descendance du fils, ou de la fille à l'égard du père. La filiation peut être simplement naturelle, ou simplement civile, ou naturelle et civile en même tems: de là la distinction en enfans légitimes, et naturels, en simplement légitimes, et simplement naturels.

La nature ayant jeté un voile impénétrable sur le fait de la conception, on ne peut reconnaître le père d'un enfant dans la société que par la qualité de mari, et la règle la plus sûre est celle qui nous dit de regarder comme père celui que le mariage indique comme tel (art. 312): mais comme cette règle n'est rigoureusement fondée que sur une présomption, il est des cas où elle doit céder à la preuve évidente du contraire.

C'est d'après la marche uniforme de la nature, relativement à l'époque de la naissance, comparée à celle de la cohabitation, qu'un mari peut désavouer un enfant,

1.° Dans le cas que l'enfant soit né viable avant le 180.e jour du mariage, à moins qu'il ait eu connaissance de la grossesse, ou qu'il ait assisté à l'acte de naissance, et que l'acte ait été signé par lui, ou qu'il ait déclaré de ne pas savoir signer;

2.° Dans le cas de naissance d'un enfant trois cents jours après la dissolution du mariage;

3.° En prouvant l'impossibilité physique d'avoir cohabité avec sa femme, soit par cause d'éloignement, soit par l'effet de quelque accident pendant les quatre premiers mois des dix qui ont précédé la naissance.

L'allégation de l'impuissance naturelle, ou l'adultère de la mère, quoique constaté, n'autorisent point le mari à désavouer l'enfant. Car le mari alléguant son impuissance se ferait un moyen de sa propre turpitude, et par rapport à l'adultère de la mère, rien n'empêche qu'elle soit coupable, et l'enfant légitime; néanmoins, si la naissance lui a été cachée, le mari peut être autorisé à proposer tous les faits propres à justifier qu'il n'est pas le père.

Dans tous les cas où le mari est autorisé à réclamer, et à contester l'état de l'enfant né pendant le mariage, il ne sera recevable dans sa demande qu'en se conformant aux dispositions des articles 316, 317, qui déterminent les différens délais pour le désaveu, et ses poursuites.

Chapitre II.

Des preuves de la filiation des enfans légitimes.

Un enfant, quoique légitime, peut, par de malheureuses combinaisons, se trouver dans la nécessité de réclamer un état qu'on lui conteste: dans ce cas, la loi vient à son secours en l'admettant à donner la preuve de sa filiation, et de la pureté de son origine par les actes inscrits sur les registres publics, et à défaut de ces actes, par la constante possession d'état d'enfant légitime, qui se compose de ces trois élémens, *nomen*, *tractatus*, *fama*: il faut que l'enfant ait porté le nom de celui qu'il réclame comme son père, qu'il en ait été traité comme le fils; enfin qu'il ait été reconnu comme tel dans la famille.

Faute de titre ou de possession constante, la loi l'admet à réclamer la preuve par témoins; mais comme il serait trop dangereux de faire dépendre le sort et la tranquillité des familles de l'ignorance, de l'erreur, ou de la malice des témoins, la loi n'admet cette preuve que lorsqu'elle est appuyée de quelque commencement de preuve par écrit, ou de présomptions assez graves, sauf la preuve contraire à la partie qui contesterait l'état de cet enfant. De-là il est aisé de conclure qu'il est laissé à la prudence des tribunaux, seuls compétens, de statuer sur les réclamations d'état, d'admettre ou de ne pas admettre la preuve testimoniale.

L'action en réclamation d'état est imprescriptible à l'égard de l'enfant et non à l'égard de ses héritiers, qui ne sont point admis à réclamer la légitimité de leur auteur, à moins que celui-ci ne soit décédé mineur, ou dans les cinq années après sa majorité: cependant si l'action a été commencée par l'enfant, les héritiers peuvent la poursuivre, sauf le cas de désistement, ou de péremption de l'instance par le laps de trois ans, à compter du dernier acte de procédure.

CHAPITRE III.

Des enfans naturels, de leur légitimation, et de leur reconnaissance.

La dénomination d'enfans naturels ou illégitimes désigne tous les enfans nés hors de mariage; mais comme l'union des personnes, dont ils tirent leur origine, peut être plus ou moins contraire aux lois, il s'ensuit, que les illégitimes se distinguent en simplement naturels, en adultérins, et en incestueux.

L'enfant né de personnes libres, qui pouvaient se lier ensemble en mariage, est simplement naturel; s'il est né de personnes engagées par mariage, l'enfant est adultérin; s'il est né de ceux entre lesquels le mariage ne pouvait se contracter à raison de parenté, l'enfant est qualifié d'incestueux.

Mais comment constater la paternité dans l'union que la loi n'a pas sanctionnée? La preuve qu'on chercherait d'établir par des recherches toujours odieuses, d'après même la connaissance des relations les plus intimes, est justement repoussée par l'art. 340, sauf l'exception dont il est parlé au même article; il n'y a donc pour ce cas que l'aveu ou la reconnaissance volontaire du père, faite ou dans l'acte de naissance, ou par acte authentique, qui puisse établir la paternité. Il n'en est pas de même de la maternité, qui peut toujours être recherchée sur le principe que *mater semper certa est.*

En général, on peut dire que tout enfant né hors du mariage, quoique innocent du vice attaché à sa naissance, ne jouit d'aucun droit de famille : cependant l'enfant né de personnes libres peut être légitimé par le mariage subséquent de ses père et mère, pourvu que cet enfant ait été reconnu avant, ou dans l'acte même du mariage.

Cette légitimation, qui peut même avoir lieu en faveur des enfans décédés qui ont laissé des descendans, attribue aux légitimés tous les droits qu'ils auraient, s'ils étaient nés pendant le mariage.

La loi, accordant aux pères et mères de reconnaître les enfans qu'ils auraient eus hors du mariage, n'a pas voulu donner un moyen d'introduire dans leur famille des enfans souillés de la tache d'adultérins ou d'incestueux; et à cet effet la loi même donne à tous ceux qui y auraient intérêt, le pouvoir de contester la reconnaissance, ainsi que toute réclamation de la part de l'enfant.

TITRE VIII.

De l'adoption et de la tutelle officieuse.

CHAPITRE I.er

De l'adoption, de sa forme et de ses effets.

POUR apporter quelque soulagement à la douleur des époux qui ont perdu leurs enfans, ou à qui un hymen stérile en a refusés, la loi leur accorde le pouvoir de se créer une famille fictive par le moyen de *l'adoption*, qu'on peut définir un acte par lequel on choisit quelqu'un d'une famille étrangère pour en faire son propre enfant.

Ceux qui connaissent les principes et les règles de l'adoption, d'après la législation romaine, sauront apprécier les changemens qui y ont été apportés par le code Napoléon, soit par rapport aux personnes qui peuvent adopter, ou être adoptées, soit par rapport aux conditions et formes de l'adoption, soit enfin par rapport à ses effets.

Quant aux personnes, les hommes ainsi que les femmes peuvent adopter, mais la loi réquiert dans les adoptans et dans les adoptés des conditions, sans lesquelles l'adoption ne peut être admise: celui qui adopte, doit être âgé de cinquante ans au moins, sans enfans ou descendans légitimes, et doit avoir quinze ans de plus que la personne qu'il veut adopter, sauf l'exception dont il est question dans l'art. 345; en outre, l'adoption ne peut avoir lieu qu'envers l'individu, à qui on aura dans sa minorité et pendant six ans au moins, fourni des secours et donné des soins non interrompus.

Les conditions requises dans l'individu à adopter, sont:

1.° Qu'il ait passé sa minorité;

2.° De rapporter le consentement des père et mère, ou de requérir leur conseil, selon qu'il a surpassé ou non l'âge de vingt-cinq ans.

Pour assurer l'entière exécution des conditions, auxquelles l'adoption se trouve soumise, la loi prescrit des formes judiciaires, qui doivent la précéder, et qui sont détaillées à l'art. 353 jusqu'à l'article 361.

L'adoption produit les effets suivans:

1.° Elle confère le nom de l'adoptant à l'adopté, en l'ajoutant au nom de ce dernier;

2.° Elle produit un empêchement au mariage entre les personnes désignées à l'art. 348;

3.° L'adoptant et l'adopté sont obligés, respectivement, de se fournir les alimens en cas de besoin;

4.° L'adopté acquiert dans la succession de l'adoptant tous les droits d'enfant légitime, droit cependant, qui ne s'étend pas aux biens des parens de l'adoptant.

L'adoption n'opérant pas un changement absolu de famille, il est conséquent que les biens appartenans à l'adopté, indépendamment des libéralités de l'adoptant, soient dévolus par la mort de l'adopté à ses parens.

Il faut enfin remarquer que nul ne peut être adopté par plusieurs personnes, si ce n'est par deux époux; et qu'un des époux, excepté l'adoption testamentaire, dans le cas prévu par l'art. 366, ne peut adopter sans le consentement de l'autre.

Chapitre II.

De la tutelle officieuse.

La tutelle officieuse, qu'on peut définir un engagement qu'une personne de l'un ou de l'autre sexe prend d'assurer des secours à un mineur et de le mettre en état de gagner sa vie, est une institution nouvelle et préparatoire à l'adoption, à laquelle elle participe en quelque point, comme elle participe aussi à la tutelle ordinaire, quoique sur d'autres points elle diffère et de l'une et de l'autre.

Cette tutelle est permise à tout individu âgé de plus de cinquante ans, et sans enfans, ni descendans légitimes, en faveur d'un individu âgé de moins de quinze ans.

Les effets principaux de cette tutelle consistent dans le droit qu'a le pupille de se faire nourrir par son tuteur officieux, ou par ses représentans, pour tout le tems que dure la tutelle; dans le droit d'indemnité, lorsqu'à sa majorité l'adoption n'a pas eu lieu ; enfin dans le droit de se faire rendre le compte de l'administration des biens qui lui pouvaient appartenir.

TITRE IX.

De la puissance paternelle.

La puissance paternelle se définit un droit accordé aux pères et mères par la nature, et modifié par la loi positive sur la personne et sur les biens de leurs enfans.

Cette puissance, ou cette autorité, la seule que la nature ait donné à l'homme individuellement sur l'homme, a été différemment modifiée par les lois de chaque peuple.

La législation des Romains, si conforme en beaucoup de points à la nature, et si fidèle interprête de la raison, s'est écartée de l'une et de l'autre, en accordant aux pères de familles une puissance égale à celle d'un maître: cependant il est important d'avoir recours à cette législation pour en tirer des conséquences, qui peuvent encore s'appliquer à la puissance paternelle, modifiée sur plusieurs points par le code Napoléon, pour lui donner la perfection réclamée par le droit sacré de la nature.

Les principes lumineux qui vous sont donnés sur cette matière par le savant Professeur de droit romain, sont plus que suffisans pour nous dispenser d'entrer dans des détails plus étendus ; nous nous bornerons, par conséquent, à voir, comment notre loi a réussi à nous rendre et à conserver les plus essentielles prérogatives d'une puissance cruellement attaquée et presque anéantie par plusieurs lois révolutionnaires, et quels droits ont été conservés ou étendus, soit sur la personne, soit sur les biens de l'enfant.

Si on considère l'autorité paternelle uniquement d'après la nature, il sera aisé de reconnaître que cette puissance ne serait que de direction, dont une tendresse éclairée devrait toujours régler l'exercice; il ne faut cependant pas croire que l'homme, parvenu à l'âge où il peut se diriger et se suffire à lui même, soit dispensé d'honorer et de respecter ses père et mère (art. 371).

Avant d'examiner les droits attachés à la puissance paternelle, nous observerons :

1.° Que la mère aujourd'hui a cette puissance, dont l'exercice pendant le mariage n'est confié qu'au père;

2.° Qu'elle finit de plein droit à la majorité de l'enfant;

3.° Que les enfans naturels, légalement reconnus, sont assujettis à la même puissance, comme les enfans légitimes.

Les droits qui concernent la personne des enfans, sont :

1.° Que l'enfant ne peut quitter sans permission la maison paternelle, ou celle que le père aura choisi, pour son éducation, à moins que ce ne soit pour cause d'enrôlement volontaire après l'âge de dix-huit ans révolus;

2.° Dans le cas que la conduite de l'enfant causerait à son père des mécontentemens très-graves, celui-ci est autorisé à employer les moyens de détention qu'il pourra requérir, et que le président du tribunal ordonnera, ou refusera selon le différent âge, et d'après les circonstances où l'enfant peut se trouver; circonstances qui peuvent l'autoriser à se pourvoir, contre l'ordre de détention, qui sera exécutoire provisoirement, devant le Président de la Cour impériale, qui sur le rapport du ministère public, et après en avoir donné avis au père, et recueilli tous les renseignemens, pourra révoquer ou modifier l'ordre donné par le président du tribunal de première instance.

Au défaut du père, l'exercice de ce droit est accordé à la mère, à condition cependant qu'elle ne soit point passée à un autre mariage, et en outre que la réquisition, pour obtenir la détention de l'enfant, soit faite avec le concours des deux plus proches parens du dit enfant.

Tels sont les droits que les pères et mères peuvent exercer sur leurs enfans; les autres droits regardent les biens qui leur appartiennent, desquels le père durant le mariage, et après la dissolution du mariage, le survivant, aura la jouissance jusqu'à ce que l'enfant ait accompli l'âge de dix-huit ans, ou jusqu'à l'émancipation, qui peut avoir lieu avant cet âge.

Les charges de cette jouissance, outre celles communes aux usufruitiers, sont la nourriture, l'entretien, l'éducation des enfans, les frais funéraires et de dernière maladie de l'époux prédécédé.

La loi cependant excepte de cette jouissance les biens qui sont le fruit du travail, ou de l'industrie des enfans, ou qui leur ont été donnés ou légués, sous la condition que les pères et mères n'en jouiraient point, auquel cas ils auront pendant la minorité des enfans l'administration des dits biens à la charge d'en rendre compte (art. 389).

La jouissance accordée par l'art. 384, n'a pas lieu quelquefois, et cesse à certaines époques fixées par la loi : elle n'a pas lieu au profit de l'époux contre lequel le divorce a été prononcé; il a, par un délit grave, brisé les noeuds les plus sacrés, il n'y a plus pour lui de famille.

Elle cesse, 1.° lorsque l'enfant a accompli sa dix-huitième année;

2.° Par l'émancipation;

3.° Elle cesse par rapport à la mère qui passe à un second mariage.

TITRE X.

De la minorité, de la tutelle, et de l'émancipation.

CHAPITRE I.

De la minorité.

RIEN de plus conforme à l'équité naturelle, que l'homme qui ne peut, à cause de la faiblesse de son âge, se défendre pas lui-même, soit conduit et défendu par d'autres. De-là l'origine de la tutelle, qui sous ce rapport est de droit naturel, mais qui, quant aux effets, quant à la manière dont elle est déférée, est de droit civil et particulier pour chaque peuple.

La tutelle peut se définir la puissance donnée par la loi à une personne capable de défendre celui qui, par la faiblesse de son âge, n'est pas en état de se défendre lui-même.

La nature n'ayant pas fixé invariablement l'époque à laquelle un individu est ou n'est pas capable de se conduire, la loi civile, qui a cependant beaucoup varié, considère comme mineur l'individu, soit de l'un, soit de l'autre sexe, qui n'a point encore accompli l'âge de vingt-un ans.

Chapitre II.

De la tutelle.

Section I.

De la tutelle des pères et mères.

Le mineur est remis immédiatement par la nature et par la loi à l'autorité de ses parens; ce n'est donc qu'improprement qu'on dit que le père et la mère ont la tutelle légitime de leurs enfans ; il ne peuvent être assimilés aux tuteurs ordinaires, que par le compte que, d'après la loi, ils sont tenus de rendre des revenus des biens de leurs enfans, dont la jouissance leur est interdite.

La tutelle que l'art. 490 accorde aux pères et mères, n'est pas parfaitement égale, surtout par rapport à l'administration des biens de l'enfant; celle du père est pleine et entière, ce qu'on ne peut pas dire de la tutelle de la mère, qui a survecu à son époux, lorsque celui-ci, en usant de son droit, a nommé un conseil, sans l'avis duquel la mère ne peut faire certains actes relatifs à la tutelle.

Nous remarquerons encore par rapport à la tutelle de la mère.

1.° Que si lors du décès du mari la femme est enceinte, le conseil de famille doit nommer un curateur au ventre; mais à la naissance de l'enfant la mère en devient tutrice, et le curateur en est de plein droit le subrogé-tuteur;

2.° Que la mère n'est point tenue d'accepter la tutelle; néanmoins en cas de refus, elle doit en remplir les devoirs jusqu'à la nomination d'un tuteur;

3.° Si elle veut passer en secondes noces, elle doit convoquer le conseil de famille, afin de décider si la tutelle doit lui être conservée: à défaut de cette convocation, elle perd la tutelle de plein droit, et son nouveau mari sera solidairement responsable de toutes les suites de la tutelle qu'elle aurait induement gérée;

4.° Si la tutelle est conservée à la mère par le conseil de famille, celui-ci devra donner pour co-tuteur le second mari, qui sera solidairement responsable avec la femme de la gestion postérieure au mariage.

Section II.

De la tutelle déférée par le père, ou par la mère.

Tant que dure l'autorité, soit du père, soit de la mère, il n'y a pas lieu à la désignation d'un autre tuteur; ce n'est qu'à leur défaut qu'il est urgent de pourvoir aux enfans mineurs: le survivant donc des père et mère est seul autorisé à nommer un tuteur à ses enfans; il pourra faire cette nomination, ou par testament ou par un acte passé devant le juge de paix, ou par devant notaire.

Le droit accordé au survivant de nommer un tuteur, est dépendant de la tutelle; conséquemment la mère, qui à raison d'un second mariage serait déchue de la tutelle, ne pourra choisir un tuteur à ses enfans, et lors même que la tutelle lui aura été conservée, la nomination ne pourra avoir d'effet, sans que le conseil de famille l'ait approuvée.

L'acceptation de la tutelle est un office d'ami pour celui qui ne se trouve pas dans la classe des personnes à qui la loi en fait un devoir: il est donc loisible au tuteur désigné, s'il est étranger à la famille, de refuser la charge qui lui est déférée.

Section III.

De la tutelle des ascendans.

Lorsqu'il n'a pas été choisi au mineur un tuteur par le dernier mourant de ses père et mère, la tutelle appartient de plein droit à son ayeul paternel, à son défaut à l'ayeul maternel, et ainsi en remontant, de manière que l'ascendant paternel soit toujours préféré. Si ces deux ascendans se trouvent dans la ligne paternelle, la tutelle est déférée à l'ayeul paternel du père; si c'est dans la ligne maternelle, le choix sera fait par le conseil de famille.

Section IV.

De la tutelle déférée par le conseil de famille.

Dans tous les cas où le mineur demeure sans père et mère, n'ayant pas de tuteur élu par eux, ni d'ascendans mâles, c'est au conseil de famille de pourvoir à la nomination d'un tuteur.

Le conseil de famille est une assemblée de parens ou alliés du mineur, présidée par le juge de paix.

Le nombre des parens qui doit composer le conseil de famille est fixé à six: ils doivent être pris moitié dans la ligne paternelle, moitié dans la ligne maternelle, avec la préférence dans chaque ligne, du parent à l'allié, et du plus âgé à celui qui le serait moins.

Quoique la loi ait fixé le nombre de six, néanmoins les frères-germains du mineur, les maris de ses soeurs-germaines, les veuves des ascendans peuvent faire partie du conseil de famille, quelque soit leur nombre.

Faute du nombre de parens dans le lieu, où la tutelle s'est ouverte, le juge peut appeler des parens ou alliés domiciliés ailleurs, comme il lui est loisible d'appeler des citoyens dans la commune, connus pour avoir eu des relations habituelles d'amitié avec le père ou la mère du mineur.

Les parens ou amis convoqués, sont tenus de paraître en personne ou par un fondé de pouvoir spécial; celui qui serait en défaut sans cause légitime, encourra un amende qui ne pourra excéder cinquante francs.

Le conseil de famille, qui ne peut prendre aucune délibération sans la présence de quatre au moins de ses membres, nomme le tuteur, qui agira et administrera en cette qualité, du jour même de sa nomination, si elle a été faite en sa présence; autrement du jour qu'elle lui aura eté signifiée.

Le principal objet de la tutelle étant la personne du mineur, il s'en suit qu'elle ne peut être conférée à plusieurs personnes; en effet, dans le cas qu'un mineur domicilié en France, possédât des biens dans les Colonies, la loi ordonne que l'administration de ses biens sera donnée à un pro-tuteur responsable uniquement de sa gestion, indépendante de celle du tuteur, (art. 417): d'après cet art. on peut croire que le conseil de famille n'agirait pas illégalement, en nommant un ou plusieurs pro-tuteurs, lorsque le mineur posséderait des biens dans plusieurs départemens éloignés les uns des autres, puisque l'intérêt du mineur est le même que dans le cas prévu par le susdit article.

La tutelle est, par sa nature, personnelle, et ne passe point aux héritiers du tuteur, qui cependant, outre qu'ils doivent rendre compte de la gestion de leur auteur, sont tenus, s'ils sont majeurs, de continuer l'administration jusqu'à ce qu'un nouveau tuteur soit nommé à leur diligence.

SECTION V.

Du subrogé-tuteur.

LES mêmes sentimens qui appellent la protection de la société sur la personne et sur les biens du mineur, ont engagé les législateurs à ordonner qu'en toutes tutelles il y aurait un subrogé-tuteur, chargé des intérêts du mineur, qui seraient en opposition avec ceux du tuteur; ainsi le père ou la mère, ou tout autre ascendant, qui aurait la tutelle de ses enfans ou petits-enfans, sera obligé, avant d'entrer en fonctions, de faire convoquer un conseil de famille, pour procéder à la nomination du subrogé-tuteur: faute de se conformer à cette disposition, un conseil de famille convoqué à la diligence des parens ou des créanciers, ou même d'office, pourra, s'il y a dol de la part du tuteur, lui retirer la tutelle, sans préjudice des indemnités dues au mineur.

Dans les tutelles datives, la nomination du subrogé-tuteur doit être faite immédiatement après celle du tuteur: celui-ci, quoique choisi entre les membres composant le conseil de famille, ne pourra voter pour la nomination du subrogé-tuteur, qui, en outre, doit être pris hors de la ligne, dans laquelle se trouve le tuteur; il faut cependant excepter le cas où la nomination tomberait sur un frère-germain : la raison en est, qu'appartenant aux deux lignes, il serait impossible de le choisir dans une ligne, à laquelle le tuteur n'appartiendrait pas.

Si la tutelle vient à vaquer de quelque manière que ce soit, le subrogé-tuteur ne devient pas tuteur de plein droit, mais il doit alors, sous peine des dommages et intérêts, provoquer la nomination d'un tuteur.

Les fonctions de subrogé tuteur étant une partie intégrante de la tutelle, cessent à la même époque que celle-ci prend fin.

Le subrogé-tuteur est tellement indépendant du tuteur, que celui-ci ne peut provoquer la destitution du subrogé-tuteur, ni voter dans les conseils de famille qui sont convoqués pour cet objet.

Section VI.

Des causes qui dispensent de la tutelle.

Quoique la tutelle ne soit pas réellement une charge publique, cependant, comme il importe à la société, que les mineurs, qui sont l'espérance de la patrie, ne demeurent pas sans défense, la tutelle a toujours été regardée comme une espèce de charge, qui ne peut être refusée de personne qui ait la capacité de la gérer, à moins qu'il n'ait quelque cause légitime qui puisse l'exempter.

Les causes de dispense reposent ou sur l'intérêt général, ou sur la justice, ou sur l'intérêt du mineur: sur l'intérêt général, lorsque la tutelle tombe sur une personne, qui est dévouée au service public par des fonctions de la plus haute importance, ou qui ne lui permettent point de vaquer aux affaires de la tutelle ; tels sont les sénateurs, les législateurs, les conseillers-d'état, les ministres et les autres fonctionnaires publics désignés aux art. 427, 428 et 429; auxquels nous ajouterons encore les ecclésiastiques desservans des cures ou des succursales, et toute personne exerçant pour les cultes des fonctions qui exigent résidence dans tout autre département, que celui où la tutelle s'établit; (avis du conseil-d'état du 20 novembre 1806).

Les citoyens susdits peuvent non seulement s'excuser d'une tutelle qui leur serait déférée, mais ils sont encore autorisés à se faire décharger de celles acceptées avant d'occuper la place qui les exempte; dans ces cas ils pourront convoquer, dans le mois, un conseil de famille, pour y être procédé à leur remplacement, sans qu'ils soient obligés de reprendre la tutelle, lorsque leurs fonctions seront finies: néanmoins la loi leur donne la faculté de la redemander, comme elle donne de même la faculté aux tuteurs nommés en remplacement, de requérir d'en être déchargés; dans l'un et l'autre cas, c'est au conseil de famille de décider si la tutelle doit être rendue au premier tuteur, ou si l'intérêt exige de la conférer à un autre.

Des motifs de justice autorisent tout citoyen, non parent ni allié du mineur, de demander la dispense de la tutelle, si dans la distance de quatre myriamètres il y a des parens ou alliés du mineur, capables de la gérer.

Enfin l'intérêt du mineur veut que soient exempts de la tutelle ceux qui ont accompli l'âge de soixante-cinq ans, et toute personne attaquée d'une maladie grave et continuelle.

Les deux causes de dispense sus-désignées autorisent non seulement à refuser la tutelle déférée, mais à s'en faire décharger, si le tuteur parvient à sa soixante-dixième année, ou si l'infirmité survient depuis l'acceptation de la tutelle.

Deux tutelles sont pour toute personne une juste dispense d'en accepter une troisième; de même celui qui époux ou père est déjà chargé d'une tutelle, ne peut être tenu d'en accepter une seconde.

Ceux qui ont cinq enfans légitimes, sont dispensés de toute autre tutelle, autre que celle des dits enfans. Cette faveur est due à la fécondité conjugale, que l'on trouve d'ordinaire avec les moeurs et l'amour du travail; mais les enfans doivent être vivans ou morts en activité de service dans les armées de l'Empereur: *Qui pro republica ceciderunt*, dit Justinien, *in perpetuum per gloriam vivere intelliguntur.*

Les autres enfans morts ne seront comptés qu'autant qu'ils auront, eux-mêmes, laissé des enfans actuellement existans.

Toutes les causes que nous venons d'énoncer ne fournissent d'excuses, qu'autant qu'elles sont proposées dans le délai que la loi a prescrit, afin que les intérêts du mineur ne soient pas délaissés à son grand préjudice, par défaut d'administration.

Si le tuteur nommé est présent à la délibération qui lui défère la tutelle, il doit sur-le-champ proposer ses excuses; s'il n'a pas assisté, il doit, dans le délai de trois jours, à partir de la notification qui lui aura été faite de sa nomination, convoquer le conseil de famille pour délibérer sur ses excuses: après l'expiration des délais susdits, le tuteur ne serait plus recevable à réclamer.

Si les excuses sont rejetées par le conseil de famille, il peut se pourvoir devant les tribunaux, afin de les faire admettre; mais il est, pendant le litige, tenu d'administrer provisoirement: s'il succombe dans ses instances, les frais de procédure seront à sa charge; dans le cas contraire ils seront déclarés à la charge de ceux des membres du conseil de famille qui auront rejeté les excuses.

Section VII.

De l'incapacité, des exclusions, et des destitutions de la tutelle.

Aux causes qui dispensent de la tutelle, il faut joindre celles qui emportent l'incapacité, l'exclusion, et la destitution de la tutelle.

L'incapacité peut résulter ou de l'état de la personne, ou des circonstances particulières où le tuteur se trouve à l'égard du mineur.

A raison de la personne, sont incapables, les mineurs exceptés, le père, ou la mère les interdits, et les femmes, autres que la mère et les ascendantes.

A raison des circonstances particulières, la loi déclare incapable de gérer la tutelle celui qui a, ou dont les père et mère ont, avec le mineur, un procès dans lequel l'état de ce mineur, sa fortune, ou une partie notable de ses biens sont compromis : il serait en effet dangereux de donner au pupille un tuteur, qui se trouve placé entre son devoir et ses affections, ou ses intérêts; il serait injuste de réduire le tuteur à un état si violent.

Le code établit quatre causes d'exclusion et de destitution, savoir : la condamnation à une peine afflictive, ou infamante, l'inconduite notoire, l'incapacité, ou l'infidélité.

L'action pour faire destituer un tuteur incapable ou suspect n'est plus, comme autrefois, ouverte à toute persònne; mais la loi laisse ce soin au subrogé-tuteur et au juge de paix, qui ne pourra se dispenser de convoquer le conseil de famille, lorsqu'il sera requis par un ou plusieurs parens ou alliés du mineur, au degré de cousin-germain.

La manière de prononcer la destitution, et toutes les suites de la procédure sont clairement détaillées aux articles 446, 447, etc. jusqu'au 449 inclusivement.

SECTION VIII.

De l'administration du tuteur.

LE tuteur est principalement chargé des soins de la personne, ensuite de l'administration des biens du mineur.

Les soins de la personne emportent :

1.° L'obligation de pourvoir à l'entretien du mineur, dans la mesure de sa fortune, sans excéder la dépense qui aurait été fixée par le conseil de famille, conformément à l'art. 454;

2.° Le droit de correction comme une suite nécessaire du pouvoir de direction, pouvoir cependant, qui n'est pas si étendu que celui du père, puisque le tuteur ne peut l'exercer que par voie de réquisition, et l'avis préalable du conseil de famille;

3.° De représenter le mineur dans tous les actes civils, qui intéressent son état ou sa fortune.

Pour ce qui est de l'administration des biens, elle doit être celle d'un bon père de famille, sous peine de répondre des dommages qui résulteraient d'une mauvaise administration.

De-là dérive au tuteur l'obligation de faire procéder à la vente aux enchères des meubles, autres que ceux que le conseil de famille aura autorisé de conserver; et l'obligation d'employer les capitaux appartenans au mineur, notamment toute somme excédant la dépense, et cela dans le délai de six mois, à la charge d'en supporter lui-même les intérêts, dans le cas qu'il ne se soit pas conformé aux règles établies par le conseil de famille.

Quelque étendue que soit l'autorité du tuteur, elle ne l'est cependant que par rapport à la personne du mineur; car pour ce qui regarde les biens, il n'est que simple administrateur, et comme tel, il ne peut emprunter pour le mineur, ni aliéner, ou hypothéquer les biens-immeubles sans l'autorisation du conseil de famille, qui ne pourra être accordée que pour des causes de nécessité absolue, ou d'un avantage évident, et cette autorisation n'aura point d'effet, si elle n'est homologuée par le tribunal de première instance, et dans ce cas la vente se fera publiquement aux enchères en présence du subrogé-tuteur.

Le tuteur ne peut accepter, ni répudier une

succession échue au mineur, ni accepter une donation, qui lui serait faite, sans l'autorisation du conseil de famille, qui cependant ne pourra l'autoriser à accepter une succession, que sous le bénéfice d'inventaire.

La même autorisation lui est nécessaire pour introduire en justice une action relative anx droits immobiliers du mineur ou pour acquiéscer à une demande y relative.

Enfin le tuteur ne peut transiger au nom du mineur, qu'après y avoir été autorisé par le conseil de famille, et sur l'avis de trois jurisconsultes désignés par le procureur-impérial près le tribunal de première instance; lequel tribunal pourra refuser ou accorder l'homologation, le procureur-impérial entendu, sans quoi la transaction ne peut avoir d'effet.

Le tuteur n'étant, par rapport aux biens du mineur, considéré que comme un administrateur quelconque, il s'ensuit qu'il doit rendre compte de sa gestion, ce qui formera l'objet de la section suivante; et comme tout compte d'administration doit être basé sur l'état des biens appartenans à l'administré, la loi ordonne au tuteur de faire inventaire dans le délai de dix jours après la connaissance de sa nomination, et en présence du subrogé-tuteur; et s'il lui est dû quelque chose par le mineur, il doit le déclarer dans l'inventaire, sous peine de déchéance, sur la réquisition que l'officier public est cependant tenu de faire, afin qu'il ne puisse pas prétexter oubli ou ignorance.

Section IX.

Des comptes de la tutelle.

De quelque manière que la tutelle soit finie, le tuteur est comptable de sa gestion, et il peut même, excepté le père et la mère, être tenu, pendant la tutelle, de remettre au subrogé-tuteur, aux époques fixées par le conseil de famille, des états sur papier libre de la situation de la gestion.

Le compte se compose de la recette et de la dépense; il est discuté par l'administré même, s'il est parvenu à la majorité; autrement il sera assisté par un curateur nommé par le conseil de famille.

Si le compte donne lieu à des contestations, elles seront poursuivies comme les autres affaires civiles.

Il est presqu'impossible que les dépenses soient toujours égales à la recette; conséquemment le tuteur ne peut que rester débiteur ou créancier; dans le premier cas les intérêts de toute somme seront dûs à partir du jour de la clôture du compte, sans nécessité de demande de la part de l'administré; dans le second cas, le tuteur n'aura droit aux intérêts que du jour de la demande faite en justice, postérieurement à la clôture du compte.

Afin de ne pas prolonger immodérement les embarras du tuteur, dont les biens-immeubles sont hypothéqués au profit du mineur, la loi n'accorde à celui-ci que dix ans, après sa majorité, pour l'exercice des actions et droits qu'il aurait pu acquérir par suite de l'administration de son tuteur.

Avant d'aborder la matière qui regarde l'émancipation, il est bon de connaître la loi du 15 pluviôse an XIII (4 février 1805), dont le but est de pourvoir aux enfans abandonnés, et de créer pour eux, à la place des parens qu'ils ne connaîtront peut-être jamais, une paternité sociale, qui conserve tous les droits, toute la puissance de la paternité naturelle. Les dits enfans sont d'abord placés sous la tutelle des commissions administratives de l'hospice, où ils auront été reçus, lesquelles désignent un de leurs membres pour exercer les fonctions de tuteur, les autres forment le conseil de famille.

Cette tutelle est exercée à-peu-près sur les mêmes règles qui s'observent dans les tutelles ordinaires; la loi cependant dispose particulièrement, par rapport aux enfans admis dans les hospices, qui ont des biens, et par rapport à la succession aux dits enfans, lorsqu'ils décèdent avant leur sortie ou avant l'émancipation ou leur majorité.

CHAPITRE III.

De l'émancipation.

L'émancipation n'est autre chose qu'un moyen qui fait cesser le droit du père et de la mère sur ses enfans, et qui met aussi un terme à la tutelle.

L'émancipation s'opère ou de plein droit, ou par la volonté des personnes qui ont une puissance ou une autorité sur un mineur.

Abstraction faite de la majorité, les enfans sont émancipés de plein droit par le mariage; en effet on ne peut considérer comme incapable de régir ses biens l'individu que la loi reconnaît capable des soins d'époux et de père.

Par rapport à l'émancipation volontaire, il faut distinguer les personnes qui sont autorisées à y procéder. Le père et la mère, en se conformant aux règles prescrites par l'article 477, peuvent emanciper leurs enfans, qui auront atteint l'âge de quinze ans révolus; au contraire le mineur qui n'a plus ni père ni mère, ne peut être émancipé qu'à l'âge de dix-huit ans révolus.

L'émancipation consentie par le père ou par la mère, s'opère par la seule déclaration reçue par le juge de paix assisté de son greffier. Il n'en est pas de même de l'émancipation qui met le mineur hors de la tutelle; c'est au conseil de famille à juger s'il en est digne.

L'émancipation en ce cas résultera de la délibération qui l'aura autorisée, et de la déclaration faite par le juge, portant que le mineur est émancipé.

Si le tuteur ne juge pas à propos de requérir le conseil de famille pour l'émancipation, le droit de le requérir passe aux plus proches parens du mineur.

L'effet de l'émancipation n'est point de donner au mineur la pleine administration de ses biens; il passe alors sous la direction d'un curateur, sans l'assistance duquel il ne pourra ni recevoir le compte de la tutelle, ni intenter une action immobilière, ni s'y défendre, moins encore recevoir et donner décharge d'un capital mobilier.

Le mineur émancipé, quoiqu'assisté de son curateur, n'est point autorisé à vendre ou aliéner ses immeubles, sans les formes prescrites aux mineurs non émancipés; il ne pourra faire des emprunts sans l'avis du conseil de famille, homologué par le tribunal, le procureur-impérial entendu.

Le pouvoir conséquemment que le mineur acquiert en vertu de l'émancipation est limité aux actes de simple administration, comme de passer des baux, percevoir les revenus et en donner décharge, contre lesquels actes il n'est restituable que dans les cas qu'un majeur pourrait l'être.

Le but des dispositions susdites est de protéger le mineur, et non de le gêner dans les affaires qui pourraient lui être utiles; il pourra donc acheter et faire tous les autres contrats qui ne lui sont point défendus; cependant il peut arriver que, faute d'expérience, les contrats lui soient nuisibles; dans ce cas il est autorisé à demander leur réduction, que les tribunaux pourront, d'après les circonstances, refuser ou accorder; en l'accordant, le mineur sera remis sous la tutelle jusqu'à sa majorité.

Notre code adoptant l'ancienne maxime, portant, qu'un mineur émancipé qui fait un commerce, est réputé majeur par le fait de commerce, veut au surplus que le mineur y soit autorisé par le père ou par la mère, ou à leur défaut, par un conseil de famille.

TITRE XI.

De la majorité, de l'interdiction, et du conseil judiciaire.

LA majorité, que notre loi, à l'art. 488, fixe à vingt-un ans acomplis, est l'âge auquel l'homme est régulièrement capable de tous les actes qui tendent à lui assurer sa conservation et ses jouissances.

La loi civile qui accorde à l'individu lequel a accompli sa vingt-unième année l'exercice des droits, est en harmonie avec notre droit politique, qui confère à cet âge la qualité de citoyen.

Le majeur de vingt-un ans devient conséquemment capable de tous les actes de la vie civile, à l'exception du mariage, qu'il ne peut contracter que moyennant les modifications fixées par l'art. 151 et suivans du code, comme un acte qui intéresse le plus la destinée des hommes.

L'expérience cependant prouve que des individus parvenus à la majorité sont, à cause du défaut de raison, dans l'impossibilité de se gouverner, et que d'autres, par le mauvais usage qu'ils font de leur raison, sont jugés incapables de gérer leurs affaires.

L'humanité réclame pour les premiers la même protection qu'on accorde aux mineurs; l'intérêt des seconds, mais plus encore celui de leur famille, le respect pour les moeurs, commandent aussi quelques précautions relatives à l'administration de leurs biens.

La loi sur ce principe décide qu'un individu en état habituel de démence ou de fureur soit interdit, lors même que cet état présente des intervalles lucides; et par rapport à ceux que leur inconduite rend incapables de gérer leurs affaires, la loi, pour arrêter leur ruine totale et celle de leur famille, les assujettit à un conseil, sans l'avis duquel ils ne pourront plaider, transiger, emprunter, recevoir un capital mobilier, en donner décharge, aliéner, ni grever leurs biens d'hypothèques.

L'imbécillité ou la démence d'un individu n'intéresse que les parens ou son conjoint; la loi conséquemment laisse à ceux-ci uniquement le droit de provoquer l'interdiction, sauf le cas que l'imbécille n'ait point de parens connus, car dès-lors le ministère public pourra la provoquer, si l'intérêt de l'imbécille l'exige.

Il en est autrement par rapport au furieux dont les désordres peuvent menacer le repos des citoyens et la tranquillité publique, confiée particulièrement aux soins du ministère public, qui peut et doit même provoquer l'interdiction, si elle n'a été demandée par les parens, sans préjudice des amendes, s'il y a lieu, prononcées par le n.° 7 de l'art. 475 du code pénal.

Toute demande en interdiction doit être introduite et poursuivie d'après les règles établies aux articles 492 jusqu'à 501 inclusivement, auxquels il faut joindre aussi les articles 890, 891, 892, 893, 894 du code judiciaire.

L'interdiction prononcée à cause d'imbécillité fait que l'individu doit être assimilé au mineur, et ses intérêts réglés suivant les lois sur la tutelle, qui y sont appliquables, sauf l'exception dont il est parlé aux articles 506, 507, 508, portant que le mari est de plein droit tuteur de sa femme interdite, et que la femme peut être nommée à la tutelle de son mari interdit; enfin que tout tuteur qui serait nommé à l'interdit, s'il n'est conjoint, ascendant ou descendant, ne peut être astreint à continuer la tutelle au-delà de dix ans; il est en outre du devoir des tuteurs, que les revenus des biens soient employés à adoucir le sort de l'interdit et à accélérer sa guérison.

Il est possible que la personne, dont l'interdiction aura été demandée, ne soit pas vraiment dans un état tel qu'il puisse nécessiter la privation de l'exercice de tous les droits civils; mais si d'ailleurs il est constant, qu'à raison de la faiblesse de son esprit, elle soit peu capable de la direction de ses affaires, dans ce cas la loi autorise le tribunal saisi de la demande, à nommer un conseil, de la même manière que nous l'avons dit par rapport aux prodigues.

Quoique le jugement d'interdiction n'ait d'effet que du jour de la prononciation, cependant les actes faits antérieurement et dans le tems de l'existence de la démence ou de la fureur seront nuls; mais les actes ne pourront être attaqués, si cet être malheureux vient à décéder avant la demande en interdiction, à moins que la preuve de la démence ne résulte des actes mêmes.

L'interdiction diffère essentiellement de la nomination d'un conseil, en ce que l'interdit est incapable de tous les actes de la vie civile, ce qui n'a pas lieu par rapport à celui auquel on a nommé un conseil; car il conserve la capacité générale de contracter; il peut se marier, faire testament, être témoin, ce que ne peut faire l'interdit; elle diffère encore, en ce que le jugement portant nomination du conseil n'a point d'effet rétroactif; qu'au contraire l'interdiction remonte à l'époque de l'existence du vice notoire et avéré.

L'interdiction cesse avec les causes qui l'ont déterminée; mais le respect dû au jugement qui l'a prononcée, et plus encore l'intérêt des interdits et du public exigent que pour leur rendre les droits, dont ils ont été privés, on observe les mêmes formalités qui ont été pratiquées pour parvenir à l'interdiction; conséquemment la main-levée qui sera prononcée devra être rendue publique de la même manière qu'il est ordonné à l'art. 501, par rapport au jugement d'interdiction.

LIVRE DEUXIÈME

DES BIENS, ET DES DIFFÉRENTES MODIFICATIONS DE LA PROPRIÉTÉ.

TITRE I.

De la distinction des biens.

APRÈS s'être occupé des personnes, l'ordre des idées a appelé les législateurs à s'occuper de leurs biens, c'est-à-dire des choses qu'on possède, et qu'on peut obtenir à titre de propriété.

Les biens se distinguent en immeubles et en meubles, suivant leur nature ou leur destination ou par détermination de la loi.

Sont immeubles par nature, les fonds de terre, les arbres tenant au sol, et les fruits pendans par racine, comme accessoires des fonds auxquels ils sont attachés, les édifices et tout ce qui en fait partie.

Sont immeubles par destination, les choses même mobiliaires, animées ou inanimées qui servent à l'exploitation des fonds, tels que certains animaux, les instrumens ou aratoires, ou que le propriétaire a attachés au fond à perpétuelle demeure, tels que les objets scellés à plâtre, chaux ou ciment.

Par détermination de la loi, sont immeubles les droits et actions qui ont pour objet des immeubles, tels que les servitudes ou services fonciers ou qui tendent à revendiquer un droit réel.

Les biens meubles sont tels ou par nature ou par détermination de la loi: par nature, tous les objets animés ou inanimés qui peuvent se transporter d'un lieu à un autre; sont aussi meubles par nature, les bateaux, moulins à vent, et les usines non fixées par des pilliers et qui ne font point partie d'une maison.

Sont meubles par détermination de la loi, les obligations et actions, lorsqu'elles ont pour objet des sommes d'argent ou des effets mobiliers. De-là les rentes perpétuelles, soit sur l'état, soit sur des particuliers, quelqu'ait été la jurisprudence ancienne, sont meubles; d'autant plus que, par l'art. 530 du code, elles sont déclarées essentiellement rachetables et que conséquemment toute convention, qui tendrait à empêcher pour toujours le rachat de la rente est nulle: on doit dire la même chose des actions ou intérêts dans les compagnies de finance, de commerce ou d'industrie; cependant les actionnaires de la banque de France sont autorisés par l'art. 7 du décret impérial du 16 janvier 1808, de donner à leur action la qualité d'immeuble, surtout pour en faire la dotation d'un titre héréditaire que l'Empereur érigerait conformément au sénatus-consulte du 14 août 1806.

Le mot *meuble*, dans l'usage de la société civile, a toujours causé beaucoup de difficultés en matière de ventes, donations et testamens; maintenant il est décidé que le mot *meubles* employé seul et sans autre addition dans la disposition, soit de la loi, soit de l'homme, ne comprend pas l'argent comptant, les pierreries, les dettes actives et tous les autres objets, dont il est parlé dans l'art. 533; de même l'expression de bien-meuble, celle de mobilier, d'effet mobilier, n'a d'autre signification que celle de meuble.

Si au mot *meuble* on ajoute celui de *meublant*, la disposition embrassera uniquement les meubles destinés à l'usage et à l'ornement des appartemens; tels que les tapisseries, lits, etc. Les tableaux et les statues y sont aussi compris, à moins qu'ils ne forment des collections; puisque alors il est évident qu'ils ne sont pas placés dans les galeries ou pièces particulières, pour meubler, mais pour être conservés.

La vente, ou donation d'une maison meublée ne comprend que les meubles meublans; il en serait autrement, si la vente ou le don était fait d'une maison avec tout ce que s'y trouve; dans ce cas tous les effets de quelque espèce qu'ils soient, sont compris dans la vente ou donation, parceque la loi n'exclut que l'argent comptant, et les titres des créances ou d'autres droits.

Les biens considérés dans le rapport de ceux qui les possèdent, sont ou publics ou communaux, ou appartenans à des particuliers; on appelle publics tous les biens dont la propriété appartient à l'état, tels que les fleuves ou rivières navigables ou flottables, et généralement tout ce qui n'est pas susceptible d'une propriété privée; les terreins des fortifications, et remparts des places, quoique non plus places de guerre, appartiennent à l'état, s'ils n'ont été valablement aliénés ou si la propriété n'en a pas été prescrite.

Il faut rapporter à la même classe les biens vaquants et sans maître, et ceux des personnes qui décèdent sans héritiers, les chemins, routes, rues à la charge de l'état.

Les biens communaux sont ceux, à la propriété, ou au produit desquels les habitans d'une ou plusieurs communes ont un droit acquis; tels sont les terreins, sur lesquels chaque habitant est autorisé à mener paître ses bestiaux, les bois où les communes exercent le droit d'usages. Ces biens, quoique susceptibles de propriété privée, sont administrés et aliénés dans des formes spéciales, tant qu'ils restent hors du domaine des particuliers.

De ce qu'on vient de voir il est aisé de conclure que tout ce qui n'appartient pas à l'état ou à des communes, doit nécessairement appartenir à des particuliers à titre de propriété ou à titre de jouissance ou à titre de services fonciers.

TITRE II.

De la propriété.

La propriété est le droit de jouir et de disposer des choses qui nous appartiennent de la manière la plus absolue, pourvu qu'on n'en fasse pas un usage prohibé par la loi, ou par les réglemens.

Quelqu'ait été chez les Romains la division du domaine, aujourd'hui on divise la propriété en pleine et en propriété nue. La pleine est celle qui est jointe à la jouissance ; la nue est celle qui en est séparée.

La propriété se divise en outre en perpétuelle ou incommutable, et en temporaire ou commutable ; la première est celle, dont le propriétaire ne peut jamais être privé sans son fait et consentement, si ce n'est pour cause d'utilité publique, moyennant cependant une juste et préalable indemnité ; la temporaire ou commutable est telle lorsqu'en vertu de la loi, ou par une convention, la propriété d'une chose est reversible à un premier propriétaire.

La propriété d'une chose, soit mobilière, soit immobilière donne droit sur tout ce qu'elle produit, et sur ce qui s'y unit accessoirement soit naturellement, soit artificiellement; ce droit s'appelle droit d'accession.

Notre code distingue plusieurs sortes d'accessions, par lesquelles celui qui est propriétaire de la chose principale, le devient aussi de celle qui est accessoire.

La première est celle qui nous attribue la propriété des choses produites par celles qui nous appartiennent: ainsi les fruits, soit naturels, soit industriels, soit civils, appartiennent à celui qui est vraiment propriétaire, ou même à celui qui en vertu d'un titre translatif de propriété dont il ignore le vice, se croit propriétaire de l'objet qui a produit les fruits, à la charge cependant de rembourser les frais des labours, travaux et semences faits par des tiers: il serait trop injuste de percevoir l'émolument sans supporter la dépense, ou sans payer les travaux qui les produisent.

La seconde espèce d'accession est celle qui dérive de l'union ou incorporatiou d'une chose à une autre, dont la propriété nous appartient. Cette union ou incorporation peut regarder des effets immobiliers ou des effets mobiliers.

Par rapport aux choses immobilières, l'accession est naturelle ou artificielle; la première est le pur ouvrage de la nature sans que l'industrie humaine s'en mêle.

L'artificielle est celle qui est le fruit du travail et de l'industrie; à la première appartiennent:

1.° L'alluvion, c'est-à-dire, l'accroissement de terrein qui se fait peu-à-peu et insensiblement sur le bord des fleuves et rivières;

2.° Les relais, c'est-à-dire, le terrein que l'eau courante abandonne insensiblement, en se retirant d'une rive et en se portant sur l'autre.

Les alluvions et les relais profitent aux propriétaires riverains, à la charge de laisser le marche-pied dit *chemin d'allage*.

L'accroissement susdit ne doit pas être confondu avec l'accroissement qui se fait ou par une force subite qui enlève une partie d'un champ supérieur, et la porte vers un champ inférieur, ou lorsqu'un fleuve se creusant un nouveau lit, ou, se divisant en divers canaux, forme des îles.

Lorsqu'une partie du terrein a été emportée par le fleuve, elle ne cesse pas d'appartenir au premier propriétaire, qui a le droit de la réclamer pendant une année, à compter du jour que le propriétaire d'un fond inférieur s'en sera mis en possession.

Le lit abandonné par un fleuve ou rivière appartient à celui, duquel le champ a été occupé par le fleuve, proportionnellement au terrein qui lui a été enlevé, et cela à titre d'indemnité, ce qui n'était pas ainsi d'après la jurisprudence romaine.

Le terrein qui a été environné par les eaux et qui forme une espèce d'île, appartient toujours au premier propriétaire ; ce n'est point une île qu'il a acquise, c'est un débris qui lui reste de sa propriété continentale.

Par rapport aux îles proprement dites, il faut distinguer celles qui se forment dans les fleuves ou rivières navigables ou flottables, de celles qui se forment dans des fleuves ou rivières qui ne sont pas telles; les premières appartiennent à l'état, s'il n'y a point de titre, ou de prescription contraire; ce qui prouve qu'elles sont passibles de propriété particulière; les autres appartiennent aux propriétaires riverains, dans la proportion et d'après les règles établies par l'art. 561.

La distinction des animaux en différentes espèces, sert à décider, quand et comment ils peuvent devenir un objet de propriété, par une espèce d'accession ; il en est de sauvages, de domestiques, et d'autres qui ne sont ni entièrement sauvages, ni entièrement domestiques. Cette dernière espèce appartient par droit d'accession au propriétaire du fond dans lequel ils ont été se réfugier; ainsi les pigeons, les lapins, les poissons, qui passent dans un autre colombier, garenne ou étang, appartiennent au propriétaire de ces objets, pourvu qu'ils n'y aient point été attirés par fraude ou artifice.

L'accession artificielle ou industrielle se trouve dans les plantations, constructions et dans tous autres ouvrages faits dans un bien-fond.

Du principe que le propriétaire du fond peut y faire les ouvrages qu'il juge à propos, naît la présomption que toute plantation et construction soit faite par le propriétaire même et à ses frais, à moins que le contraire n'en soit évidemment prouvé.

Il peut arriver que quelqu'un ait bâti ou planté sur son héritage avec des matériaux ou plantes qui ne lui appartenaient pas; ou employé des matériaux et plantes qui lui appartenaient, sur un fond d'autrui; la règle générale est que le propriétaire du fond le devient de plein droit des constructions ou plantes, aussitôt que celles-ci auront pris racine; mais pour mettre d'accord ce principe avec la règle qui ne souffre pas qu'on s'enrichisse au détriment d'autrui, la loi, à l'art. 554, ordonne que le propriétaire du sol, qui a fait des constructions, plantations et ouvrages avec des matériaux qui ne lui appartiennent pas, soit tenu d'en payer la valeur, et condamné s'il y a lieu, aux dommages et intérêts; mais le propriétaire des matériaux n'a pas le droit de les enlever; il serait plutôt reçu à faire vendre le tout, si le débiteur n'avait pas d'ailleurs de quoi le satisfaire.

Lorsque les plantations, constructions et autres ouvrages ont été faits par un tiers et avec ses matériaux, le propriétaire du fond a droit ou de les retenir, en remboursant la valeur des matériaux et le prix de la main-d'oeuvre, sans égard à la plus ou à la moins grande augmentation de valeur que le fond a pu recevoir, ou d'obliger ce tiers à les enlever à ses frais et sans espoir d'indemnité.

Ce dernier droit cependant n'est pas perpétuel; la loi refuse au propriétaire du fond de demander la suppression des ouvrages dans le cas, où celui qui les a faits, quoique condamné à les vendre, n'a pas été condamné à la restitution des fruits par suite de sa bonne foi.

Mais comme il est possible que la somme employée en constructions ou plantations soit supérieure à celle dont le fond a augmenté de valeur, la loi laisse au propriétaire le choix ou de rembourser la valeur des ouvrages, ou de payer au tiers évincé une somme égale à celle dont le fond a augmenté de valeur.

Les choses mobiliaires sont, ainsi que les immobiliaires, susceptibles d'accession, avec cette différence que l'accession, relativement aux choses immobilières, a pu plus facilement être subordonnée à des règles fixes et invariables; qu'au contraire, les faits qui donnent lieu à l'accession par rapport aux choses mobiliaires, et les difficultés qui en résultent, sont tellement multipliés, que les législateurs mêmes à l'art. 565, prononcent que cette matière est subordonnée aux principes de l'équité naturelle, et que les règles dont il est question dans les articles suivans, ne doivent servir que d'exemple pour se décider dans les cas nonprévus, et d'après les circonstances particulières.

Sans entrer dans l'analyse des dits articles, nous observerons que toute difficulté à laquelle peut donner lieu l'accession aux choses mobilières, vient ou du mélange qui peut se faire des objets appartenans à divers particuliers, ou du travail qu'un tiers a fait sur la matière d'autrui.

Quant au mélange, il faut voir s'il a été causé par le hasard, ou s'il a été fait d'accord avec les propriétaires, ou si un des co-propriétaires a fait le mélange à l'insu de l'autre.

Lorsque le mélange a été causé par hasard, si les matières peuvent être séparées sans perte, chacun peut exiger la séparation, qui sera faite à frais communs. Si les matières ne peuvent être séparées, le tout est commun, si les matières sont à-peu-près égales en quantité et en valeur; autrement le corps qui résulte du mélange appartiendra à celui qui, à raison de la qualité ou de la quantité, a la plus grande partie, moyennant le paiement à l'autre du prix de sa matière.

Quand le mélange a été fait de commun accord, il n'y a pas de difficulté à établir que le corps appartiendra à chacun à proportion de la mise, s'il n'y a pas une convention contraire.

Si le mélange a été fait par un tiers, mais de bonne foi, on suivra la même règle que dans le mélange fortuit, avec cette différence, que s'il y a lieu à séparation, les frais pour y procéder doivent être supportés par l'auteur du mélange: mais s'il y a de la mauvaise foi de sa part, outre les dommages et intérêts, il pourra être poursuivi criminellement, sans préjudice du droit de réclamer, ou la matière à lui appartenante, ou le prix, selon que les matières sont ou non susceptibles d'être séparées.

Par rapport à l'accession, qui peut avoir lieu à raison du travail et de l'industrie employée sur la matière d'autrui, nous observerons que le propriétaire, dont la chose a été employée à son insu par un tiers pour quelque ouvrage, a le choix de demander l'ouvrage qui en résulte, en payant la main-d'oeuvre, ou d'exiger le prix de sa chose, sans préjudice des autres actions auxquelles peut donner lieu la mauvaise foi de celui qui a employé la matière d'autrui.

TITRE III.

De l'usufruit, de l'usage, et de l'habitation.

CHAPITRE I.

De l'usufruit.

C'est avec raison que l'usufruit tient la première place entre les différentes modifications de la propriété et entre les droits qu'on peut acquérir sur les choses d'autrui, soit parce qu'il peut s'établir sur toute espèce de biens, soit parcequ'il rend la propriété nue, en attirant à soi tout l'émolument qu'on peut espérer d'une chose quelconque.

L'usufruit conséquemment est le droit de jouir des choses dont un autre a la propriété, comme le propriétaire lui-même; mais à la charge d'en conserver la substance.

Pour entendre cette définition, il faut savoir qu'il y a des choses qui produisent par elles-mêmes une utilité à celui qui les possède, sans que leur substance soit changée par l'usage que l'on en fait, comme un fond de terre, une maison, une voiture, et ainsi du reste; c'est proprement dans ces sortes de choses, que consiste le véritable usufruit.

Il y a d'autres choses, dont la substance est changée et corrompue par l'usage que l'on en fait, comme le bled, le vin, qui deviennent inutiles à celui qui les possède, s'il ne les consomme pas ; ces sortes de choses ne sont pas susceptibles d'usufruit, et néanmoins l'utilité publique y a fait admettre une espèce d'usufruit, qui est régi par des règles particulières, relativement à la restitution qui doit être faite à la cessation de l'usufruit.

L'usufruit s'établit ou par la loi, ou par la volonté de l'homme; par la loi, dans le cas où il est une suite nécessaire des droits attachés à la puissance paternelle : par la volonté de l'homme, en vertu des conventions ou des dispositions de dernière volonté; et, dans l'un et l'autre cas, il peut s'établir sous toutes les conditions raisonnables qu'il plaira aux propriétaires d'imposer, quant au mode et à la durée de la jouissance.

Les principes qui régissent la matière de l'usufruit, se divisent en trois parties, dont la première a pour objet les droits de l'usufruitier; la seconde, ses obligations; la troisième, les manières avec lesquelles l'usufruit prend fin.

SECTION I.

Des droits de l'usufruitier.

L'usufruitier a le droit de jouir de toute espèce de fruit naturel, industriel ou civil de la chose dont il a l'usufruit. L'usufruitier a le droit de percevoir non seulement les fruits qui naissent pendant la durée de l'usufruit, mais encore ceux qui sont pendants par branche ou racine au moment où l'usufruit est ouvert ; mais, réciproquement, appartiendront au propriétaire les fruits qui seront attachés au sol, au moment où finit l'usufruit, sans récompense, de part ni d'autre, des labours et semences, et sans préjudice de la portion due au colon partiaire, s'il y en a un.

Les fruits civils, tels que les loyers des maisons, le prix des baux à ferme, les intérêts des sommes exigibles, les arrérages des rentes constituées, ne sont dus à l'usufruitier qu'à partir du jour où l'usufruit est ouvert ; mais aussi ils sont censés perçus à mesure qu'ils naissent, c'est-à-dire, jour par jour ; conséquemment les fruits civils que l'usufruitier n'aurait pas perçus réellement avant la cessation de l'usufruit, appartiendront ou à l'usufruitier, si l'usufruit a cessé pour toute autre cause que par la mort, ou à ses héritiers, à proportion du tems que l'usufruit a duré.

Par rapport aux bois, l'usufruitier peut, conformément aux usages, faire les coupes ordinaires des bois taillis et de ceux de haute futaie mis par les anciens propriétaires en coupes ordinaires; comme il ne sera pas empêché de tirer des arbres d'une pépinière à condition de les remplacer, il aura encore la faculté de prendre dans les bois des échalats pour les vignes qui tombent dans l'usufruit, et prendre sur les arbres des produits annuels et périodiques, et profiter des arbres fruitiers morts, en se conformant dans l'exercice de son droit aux usages relativement aux coupes et aux remplacemens.

Il peut employer les arbres arrachés ou brisés par accident, et même en faire abattre pour faire les réparations auxquelles il est tenu, mais à la charge d'en faire constater la nécessité avec le propriétaire.

Il jouit de toute augmentation naturelle ou artificielle survenue au fond, et des servitudes qui peuvent y être attachées, et de tous les droits, dont pouvait jouir le propriétaire.

Il n'a aucun droit aux mines ou carrières non encore ouvertes, mais il pourra avec la permission de l'Empereur, dans le cas qu'elle soit nécessaire, continuer l'exploitation de celles qui étaient ouvertes au tems que l'usufruit a commencé.

Quoique l'usufruit soit un droit personnel, et par sa nature intransmissible, néanmoins l'usufruitier peut non seulement jouir par lui-même, mais aussi donner à ferme et même vendre ou céder son droit, à titre soit gratuit, soit onéreux.

Section II.

Des obligations de l'usufruitier.

Tout droit emporte régulièrement des obligations de la part de celui qui l'exerce. L'usufruitier a des droits, comme on vient de voir, il aura de même des obligations à remplir, dont la première, qui dérive de la nature de l'usufruit, est celle de jouir en bon père de famille de l'objet dont il a la jouissance.

Pour que le propriétaire soit assuré de l'accomplissement de cette obligation, l'usufruitier doit, avant d'entrer en jouissance, non seulement faire dresser en présence du propriétaire ou celui-ci dûment appelé, un inventaire, s'il s'agit d'effets mobiliaires, ou un état de la situation des biens immeubles tombans dans l'usufruit, mais, en outre, donner caution de jouir en bon père de famille, à moins que l'usufruitier n'ait été dispensé de cette caution, ou qu'il s'agisse de l'usufruit qu'un donateur se serait réservé, ou de l'usufruit légal accordé aux pères et mères.

Les législateurs prévoyant le cas où l'usufruitier serait dans l'impossibilité de fournir une caution suffisante pour ménager l'intérêt, soit du propriétaire, soit de l'usufruitier, ordonnent que les biens immeubles seront donnés à ferme, ou mis sous séquestre, les sommes placées, les denrées et les meubles qui dépérissent par l'usage, vendus, et le prix en provenant, aussi placé, afin que l'usufruitier puisse jouir du prix des fermes et des intérêts des sommes placées; cependant l'usufruitier peut demander, et les juges peuvent ordonner, suivant les circonstances, qu'une partie des meubles nécessaires pour son usage lui soit délaissée sur la simple caution juratoire, et à la charge de les représenter.

L'usufruitier étant obligé de jouir en bon père de famille, il est conséquent qu'il soit tenu de conserver l'objet dont il a la jouissance, et par suite de faire les réparations d'entretien exclusivement aux grosses réparations, qui demeurent à la charge du propriétaire.

Tout usufruitier doit sans distinction contribuer aux charges ordinaires imposées sur la chose dont il jouit; nous disons *charges ordinaires*, car par rapport aux accidentelles ou extraordinaires imposées sur la propriété, l'usufruitier et les propriétaires y contribuent chacun en proportion de son droit, et si le propriétaire en fait l'avance, l'usufruitier est obligé de lui tenir compte des intérêts; si l'avance est fait par l'usufruitier, celui-ci aura à la fin de l'usufruit, le droit de se faire rembourser des sommes avancées.

Sur la question de savoir si l'usufruitier soit tenu au payement des dettes, dont le fond soumis à l'usufruit serait grevé, la loi ne laisse aucun doute, décidant, à l'article 611, que l'usufruitier d'un objet déterminé n'est tenu à aucune des dettes de la propriété; il n'y a donc que l'usufruitier universel, ou à titre universel, qui soit tenu à contribuer aux dettes, avec les modifications suivantes: si la dette est considérée comme une charge des fruits, telle qu'une pension ou rente viagère, l'usufruitier universel est tenu de la supporter en totalité, et l'usufruitier à titre universel à raison de sa quote-part, c'est-à-dire d'une moitié, où d'un tiers, ou toute autre partie qui lui aura été constituée en usufruit; mais si les dettes n'affectent que la propriété, elles seront à la charge du propriétaire, et l'usufruitier ne contribuera qu'aux intérêts de la somme principale, et proportionnellement à sa jouissance, à moins qu'il n'ait été convenu, entre le propriétaire et l'usufruitier, de vendre une partie des biens pour acquitter la dette.

L'usufruitier, en outre, est tenu, sous peine des dommages, de dénoncer au propriétaire les usurpations, ou attentats au droit de propriété, et de supporter les frais des procès qui concernent la jouissance.

Enfin si l'usufruit consiste dans un troupeau, il est tenu de remplacer les têtes des animaux qui ont péri: cependant si, sans sa faute, le troupeau vient à périr entièrement, il ne sera pas tenu au remplacement, mais seulement à tenir compte au propriétaire des cuirs, ou de leur valeur, ce que nous estimons être applicable aussi au cas que l'usufruit ne soit établi que sur un animal qui vient à périr sans la faute de l'usufruitier.

SECTION III.

Comment l'usufruit prend fin.

LA propriété serait presqu'inutile si l'usufruit en était perpétuellement séparé; il doit donc comme droit personnel, s'éteindre par la mort naturelle ou civile de l'usufruitier, ou par le laps de trente ans, s'il a été constitué au profit de quelque corps, collège, ou commune, (art. 619), dont la disposition est bien plus conforme aux principes de l'équité naturelle et à l'intérêt public, que celle de la loi romaine, qui, dans l'espèce, prolongeait l'usufruit jusqu'à cent ans.

L'usufruit, comme un droit réel établi sur une chose déterminée, cesse nécessairement par la perte totale de la chose; nous disons *totale*, car si une partie seulement était détruite, l'usufruitier conserve son droit sur le reste.

Il cesse par l'expiration du tems, pour lequel il a été accordé, ou par la loi, ou par la volonté du propriétaire, par la consolidation, c'est-à-dire, par la réunion dans la même personne de deux qualités d'usufruitier et de propriétaire, par le non-usage du droit pendant trente ans.

L'abus, que l'usufruitier ferait de l'objet dont il a la jouissance, peut aussi donner lieu à la perte de l'usufruit; mais cette perte ne s'opère pas de plein droit, il faut que la déchéance soit demandée par le propriétaire, afin que le juge soit à même, d'après la gravité des circonstances qui accompagnent l'abus, de statuer sur les moyens de garantir l'intérêt du propriétaire et des créanciers de l'usufruitier, auxquels la loi donne le pouvoir d'intervenir dans les contestations, entre le propriétaire et l'usufruitier, et d'obtenir que la jouissance lui soit accordée, en offrant la réparation des dégradations, et de garantir le propriétaire pour l'avenir.

Les principes portant que toute personne est autorisée à renoncer à ses droits, veut que l'usufruit cesse par la renonciation de l'usufruitier; mais il faut que cette renonciation soit formelle et de bonne foi, c'est-à-dire, nullement préjudiciable à ses créanciers.

Nous observerons que l'usufruit accordé à quelqu'un jusqu'à ce qu'une personne désignée ait atteint un certain âge, n'expire point à la mort de la personne désignée, mais il dure jusqu'au terme fixé; ce qui cependant n'est pas applicable à l'usufruit accordé aux pères et mères sur les biens de leurs enfans; car ce droit étant une dépendance de la puissance paternelle qui s'éclipse par la mort de l'enfant, l'usufruit doit aussi s'effacer et s'éteindre avec elle.

CHAPITRE II.

De l'usage et de l'habitation.

L'usage est la faculté de se servir des choses d'autrui pour ses besoins, sans en endommager la substance.

L'habitation est le droit de demeurer gratuitement dans la maison d'autrui.

Si l'acte constitutif de l'usage détermine ce que l'usager doit prendre, il ne pourra excéder cette quantité, autrement son droit sera limité aux besoins qui seront réglés sur sa fortune et sur ses habitudes; et comme il est impossible de séparer les besoins de l'usager de ceux de sa femme et de ses enfans, il s'en suit qu'il pourra prendre tout ce qui est nécessaire pour la famille, lors même qu'il n'aurait été, au commencement de l'usage, ni époux ni père.

Les droits d'usage et d'habitation s'établissent et se perdent (la mort civile exceptée) de la même manière que l'usufruit; les obligations sont aussi presque les mêmes que celles de l'usufruitier; mais quant au droit, l'usage et l'habitation diffèrent de l'usufruit;

1.° En ce que l'usager ne peut exiger qu'autant qu'il lui en faut pour ses besoins et ceux de sa famille;

2.° En ce qu'il ne peut ni céder, ni louer son droit à un autre.

Il est cependant nécessaire de remarquer que celui qui a l'usage ou l'habitation, est tenu aux frais de culture, aux réparations d'entretien, et au payement des contributions proportionnellement à la quantité des fruits qu'il a droit de percevoir, ou de la partie de maison qu'il occupe.

TITRE IV.

Des servitudes ou services fonciers.

LA nature, mais encore plus l'ordre de la société civile assujettit non-seulement les hommes les uns aux autres par les besoins qui rendent nécessaire l'usage réciproque des offices et des services, mais encore elle assujettit bien souvent une chose à l'autre, afin qu'on puisse en jouir d'après leur destination.

De là l'origine des servitudes ou services fonciers, qui sont aussi des modifications de la propriété.

La servitude est une charge imposée sur un héritage pour l'utilité d'un héritage appartenant à un autre propriétaire, sans prééminence cependant d'un héritage sur l'autre.

De cette définition il résulte, que les servitudes étant attachées au fond, ne peuvent passer d'une personne à une autre, sans que le fond y passe aussi; qu'elles sont perpétuelles comme les fonds mêmes; que toute servitude doit avoir pour objet l'utilité du fond en faveur duquel elle est établie; enfin que les servitudes sont des qualités inhérentes aux héritages, et non des moyens de supériorité, ce qui était autrement sous le régime féodal.

Pour nous approcher davantage des dispositions du code sur cette importante matière, nous diviserons les servitudes en continues, discontinues, apparentes, et non apparentes.

Les continues sont celles qui existent continuellement, sans qu'il soit besoin du fait de l'homme.

Les discontinues au contraire n'existent que par le fait de l'homme.

Les apparentes sont celles qui se montrent par des ouvrages extérieurs.

Les non apparentes, lorsqu'aucun signe extérieur n'en indique l'existence.

Les servitudes, à raison des fonds auxquels elles sont attachées, se divisent en urbaines et rurales.

Les servitudes dérivent ou de la situation naturelle des lieux, ou des obligations imposées par la loi, ou des conventions entre particuliers.

La nature veut que les eaux découlent du fond supérieur sur le fond inférieur; le propriétaire du fond inférieur ne peut mettre d'obstacle à l'écoulement des eaux; comme le propriétaire du fond supérieur n'est point autorisé à rendre l'écoulement plus onéreux:

cependant, quoiqu'il ne lui soit pas permis d'aggraver cette servitude, néanmoins il est conforme aux règles de justice, que le propriétaire qui a une source dans son fond, puisse en user à sa volonté, sans que le propriétaire du fond inférieur puisse s'y opposer, à moins qu'il n'ait acquis ce droit par titre, ou par une jouissance non interrompue pendant l'espace de trente années, à compter du moment où le propriétaire inférieur a fait des ouvrages destinés à faciliter la chute et le cours de l'eau dans son héritage.

L'utilité publique cependant exige que si l'eau de cette source est nécessaire aux habitans d'une commune, le propriétaire ne puisse point en détourner le cours, moyennant une indemnité à se régler par expert, si l'usage de cette eau n'a pas été prescrit par les habitans de la commune.

On peut regarder comme une servitude dépendante de la situation du lieu, l'obligation imposée au propriétaire d'un fond traversé par un eau courante, de la rendre à son cours ordinaire après s'en être servi pour les irrigations nécessaires.

Les servitudes établies par la loi ont pour but ou l'intérêt public, ou le maintien des droits respectifs des particuliers, et de prévenir toute contestation qui pourrait naître des intérêts mal-entendus entre les voisins.

Les servitudes établies pour l'utilité publique

sont réglées par des lois particulières, auxquelles on ne peut déroger par aucune convention.

Le maintien des droits des propriétaires entr'eux et des justes limites de leur exercice, veut premièrement, que tout propriétaire puisse obliger son voisin au bornage des propriétés contigues;

2.° Que celui, dont l'héritage est enclavé de manière à n'avoir aucune issue sur la voie publique, puisse réclamer un passage sur les fonds de ses voisins, à la charge d'une indemnité à raison des dommages qu'il peut occasionner;

3.° Sur le même principe du maintien des droits entre voisins, sont basées les règles à suivre relativement aux murs, fossés et haies, qui séparent des héritages de deux ou plusieurs propriétaires, comme aussi les règles pour déterminer la distance qui doit être observée dans certaines constructions ou plantations, et enfin les règles sur l'exercice des droits de vue, d'égout et de passage.

SECTION I.

Du mur et du fossé mitoyen.

Un mur est commun, lorsque deux voisins l'ont fait construire sur l'extrémité de leurs héritages respectifs, ou lorsqu'un des voisins a acquis le droit de mitoyenneté en exerçant la faculté accordée par l'art. 661.

Le mur qui sépare deux héritages contigus, doit être présumé commun, s'il n'y a pas de titre contraire, ou une des marques détaillées à l'art. 654.

La même présomption a lieu par rapport aux fossés ou haies, qui séparent deux héritages.

Quoiqu'un mur ne soit pas commun, cependant pour faciliter la construction des bâtimens, la loi permet de bâtir contre le mur du voisin, et de le rendre par-là mitoyen en payant la moitié de sa valeur et du terrein, sur lequel il est sis.

Les effets de la mitoyenneté, savoir les obligations qui en dérivent, et les différentes limitations du droit de propriété, sont tellement déterminés par les articles 655, 656, 657, 658, 659 et 662, que ce serait envain qu'on espérerait de les éclaircir d'avantage.

SECTION II.

De la distance, et des ouvrages intermédiaires réquis pour certaines constructions et plantations.

QUELQUE soit le droit de propriété, il ne peut autoriser à en faire un usage contraire à la raison et à l'équité, qui nous commandent de ne pas nuire aux autres: de-là la nécessité de laisser des distances convenables, et d'employer certaines précautions pour qu'une plantation, un ouvrage ou une construction qui nous pourrait être avantageuse, ne puissent apporter du dommage au voisin.

Les art. 671, 672, 673, fixent, au défaut d'usage constant et reconnu, les règles à suivre dans les plantations, selon la différente qualité et nature des arbres, et les droits qui en résulteraient en cas de contravention.

La difficulté d'établir, par rapport aux ouvrages et constructions, une règle uniforme, est de toute évidence, parce qu'on ne construit pas partout avec les mêmes matériaux, et d'après les mêmes principes; la loi ordonne de laisser la distance et de faire les ouvrages prescrits par les règlemens et usages relatifs aux différentes constructions.

Sections III, IV et V.

Le Code Napoléon, suivant toujours les principes d'équité, détermine dans les sections III, IV et V les droits de vue, d'égout et de passage, et assure ainsi l'état d'ordre, de paix et de bon voisinage, dans lequel chacun doit jouir de ses droits sans blesser celui d'autrui.

Sur ce principe il est défendu de pratiquer dans le mur mitoyen aucune ouverture ou fenêtre sans le consentement du co-propriétaire;

il en est autrement d'un mur non mitoyen joignant à l'héritage du voisin; on peut y pratiquer des jours, aux fenêtres à fer maillé et verres dormans, en se conformant aux règles établies à l'art. 677.

On ne peut avoir des vues droites ou fenêtres d'aspect, ni balcons sur l'héritage du voisin, s'il n'y a six pieds de distance depuis le parement extérieur du mur où on les pratique, ou de la ligne extérieure du balcon ou autre saillie, et le dit héritage; la loi n'exige que deux pieds de distance pour les vues obliques.

Il est aussi défendu de faire verser les eaux pluviales de nos toîts sur le fond du voisin.

Par rapport au passage, nous avons déjà vu que le propriétaire d'un fond, tellement enclavé qu'il n'y ait pas d'issue sur le chemin public, peut réclamer le passage sur le fond du voisin, mais dans ce cas la loi ordonne que le passage soit pris dans l'endroit le moins dommageable, et moyennant une indemnité proportionnée au dommage; l'action cependant à l'indemnité ne serait pas recevable, si le propriétaire du fond enclavé en avait prescrit le droit.

Chapitre III.

Des servitudes établies par le fait de l'homme, comment elles s'établissent, des droits qui en résultent et comment elles s'éteignent.

C'est une suite du droit de propriété que chacun ait le pouvoir d'aliéner telle ou telle partie de ses jouissances, et d'imposer sur ses biens telle ou telle charge, pourvu qu'il ne résulte de ces dispositions rien de contraire à l'ordre public et à l'inviolable liberté des personnes.

Pour connaître si un propriétaire a imposé ou non sur son héritage quelque charge au profit de l'héritage de son voisin, il est nécessaire qu'il y ait quelque fait duquel il résulte de sa volonté expresse ou tacite.

Il résulte de la volonté expresse, s'il y a quelque titre constitutif de la servitude, émané du propriétaire du fond asservi.

La volonté tacite résulte de la destination du père de famille, lorsque, par exemple, celui qui possède deux héritages, établit une servitude, qui soit continue et apparente sur l'un en faveur de l'autre; dans cette espèce, si les héritages viennent à être séparés, la servitude existe, à moins qu'il n'y ait stipulation contraire.

Nous avons dit *continue et apparente*, car les servitudes non apparentes ou discontinues, ne peuvent s'établir que par titre; comme elles ne peuvent non plus s'acquérir par prescription, quand même la possession excéderait la mémoire des hommes.

La servitude une fois établie, le propriétaire du fond, auquel elle est due, a aussi le droit de réclamer l'usage de tous les moyens nécessaires pour l'exercice de la servitude et d'empêcher tout changement qui en rendrait l'usage plus incommode; il peut aussi faire tous les ouvrages nécessaires pour user de la servitude, et la conserver.

Mais la nature des servitudes ne consistant pas en ce que celui qui les doit, fasse, mais seulement qu'il souffre, ou ne fasse pas quelque chose; il s'ensuit que les ouvrages sont aux frais de celui à qui la servitude est due, à moins que par l'acte constitutif le propriétaire du fond asservi n'en soit chargé; auquel cas il ne pourra autrement être déchargé de cette obligation, qu'en abandonnant sa propriété.

Il faut cependant remarquer que si le fond, auquel la servitude est due, vient à être divisé, le droit demeure aux propriétaires de chaque portion, sans néanmoins, que la condition du fond asservi soit grevée.

La perpétuité, quoique caractère essentiel des servitudes, n'empêche pas que, par des circonstances survenues, ou par la volonté des parties, elle ne puisse s'éteindre.

L'extinction, abstraction faite de la renonciation, a premièrement lieu, lorsque la propriété des deux fonds vient à se réunir dans la même personne;

2.° Par la perte totale de l'un ou de l'autre des fonds, ou lorsque les choses se trouvent en un tel état, qu'on ne puisse plus en user, mais elle revit, si les choses sont rétablies, avant le tems de la prescription;

3.° Par le non-usage pendant trente ans, dont le commencement sera réglé d'après les diverses espèces de servitudes; cependant si le fond auquel la servitude est due, appartient à plusieurs par indivis, la jouissance de l'un, ou l'imprescribilité par rapport à un des co-propriétaires, empêche la prescription à l'égard des autres.

LIVRE TROISIEME.

DES DIFFÉRENTES MANIÈRES DONT ON ACQUIERT LA PROPRIÉTÉ.

DISPOSITIONS GÉNÉRALES.

Ce n'est pas assez de connaître ce que c'est que la propriété, et ses différentes modifications; il faut voir encore les manières dont les hommes, dans l'état de société, peuvent l'acquérir et la transmettre.

Cependant avant d'entrer dans une matière qui est la plus ample de la législation, il est important d'observer :

1.° Que les manières d'acquérir par accession ou incorporation, quoique mentionnées à l'art. 712, ne doivent plus nous occuper, puisqu'elles ont été l'objet du titre II du livr. II;

2.° Que les législateurs fixent ici encore un moment les yeux sur les choses, pour nous instruire que quelqu'une d'elles, quoique susceptible par sa nature de propriété particulière, ne peut pas s'acquérir, ou que si la loi permet de l'acquérir, elle soumet le mode d'acquisition à de certaines règles; ainsi les biens, qui n'ont point de maître n'appartiennent plus, comme autrefois, au premier occupant, mais entrent dans le domaine de l'état;

et s'il s'agit de choses communes à tous, les lois de police règlent la manière d'en jouir. La faculté de la chasse et de la pêche, les droits sur les effets jetés à la mer ou qui en sont rejetés, les droits sur les plantes et arbres qui naissent sur son rivage, et enfin le droit sur les choses perdues, dont le maître ne se représente pas, sont réglés par des lois particulières à chaque espèce des dits droits.

Les législateurs se sont occupés particulièrement du droit de celui qui, par l'effet du pur hasard, a découvert un trésor, savoir quelque chose cachée ou enfouie, et sur laquelle personne ne peut justifier sa propriété, décidant qu'il appartient en entier à celui qui le trouve sur son propre fond, et qu'il doit être partagé s'il est trouvé dans le fond d'autrui.

La disposition susdite nous instruit premièrement, que l'acquisition en totalité ou en partie du trésor est subordonnée à la condition que le hasard ait donné lieu à la découverte, et que personne ne puisse justifier que les choses ainsi trouvées lui appartiennent;

2.° Que le seul propriétaire du fond a droit de partager avec l'inventeur, de sorte que l'usufruitier n'a pas plus de droit que tout autre étranger.

Après ces notions préliminaires il est aisé de conclure, que les autres manières d'acquérir et de transmettre la propriété des biens, se réduisent à la succession, à la donation entre vifs ou testamentaire, aux effets d'obligations et à la prescription.

TITRE I.

Des successions.

CHAPITRE I.er

De l'ouverture des successions et de la saisine des héritiers.

LA succession, dans l'esprit du code Napoléon, peut se définir la transmission que fait la loi, des biens, des droits, des charges de ceux qui meurent saus en avoir disposé en la personne de ceux, qu'elle appelle pour entrer à leur place.

Cette transmission réglée selon l'ordre d'affection a lieu à la mort, soit naturelle, soit civile du propriétaire des biens, desquels il n'a pas disposé par un acte de dernière volonté; ou lorsque la disposition, pour quelque cause, ne peut avoir d'effet: dans ce cas la loi fait ce qu'elle présume que le défunt aurait fait lui-même; et comme il est à croire que son affection était pour ses plus proches parens, ceux-ci sont appelés de préférence à en recueillir les biens.

Le moment de l'ouverture de la succession tant celui de la mort, ce tems doit être constaté d'une manière certaine, ce qui n'est pas toujours aisé à faire, surtout lorsque deux ou plusieurs personnes appelées respectivement à la succession l'une de l'autre, périssent dans le même accident, par exemple dans un naufrage, incendie, dans la même bataille ou autrement.

Dans cette espèce d'incertitude, la première règle à suivre est la présomption qui résulte des circonstances, qui se diversifiant à l'infini, doivent nécessairement être abandonnées à la prudence et au discernement du juge; ainsi, si deux personnes ont péri dans une bataille ou dans un incendie, on suppose que celle qui était à l'avant-garde ou dans l'endroit de la maison où le feu a pris, soit périe la première.

Si les circonstances du fait ne fournissent pas des lumières suffisantes, c'est dans la force de l'âge et du sexe qu'il faut puiser, si non des preuves, du moins les conjectures les plus vraisemblables.

Dans l'âge, où les forces humaines prennent de l'accroissement, le plus âgé sera présumé avoir survécu, comme étant le plus fort; par la même raison dans l'âge du dépérissement la présomption sera pour les moins âgés; mais si les uns avaient moins de quinze et les autres plus de soixante ans, les premiers sont présumés avoir survécu.

Dans l'âge intermédiaire, on suppose que

c'est le mâle qui a survécu comme le plus capable de résister; et si les personnes sont du même sexe, la présomption de survie sera pour le moins âgé.

La succession est régulière ou irrégulière, la première est déférée aux parens du défunt et suivant certaines règles. L'irrégulière est ainsi appelée, parcequ'elle n'est pas proprement une succession, mais une espèce de possession que la loi accorde aux enfans naturels, à l'époux survivant ou à l'état, lorsque le défunt n'a pas laissé des parens successibles.

La différence la plus remarquable, qui existe entre les héritiers légitimes, et les autres appelés en leur défaut, est que les premiers, pourvu qu'ils soient capables, sont saisis de plein droit des biens, droits et actions du défunt; qu'au contraire les autres sont tenus de se faire envoyer en possession par justice, en remplissant les conditions prescrites aux art. 769 et suivans.

Chapitre II.

Des qualités requises pour succéder.

Il est nécessaire sans doute que l'héritier qui doit remplacer le défunt et saisir ses biens, soit réellement existant au tems de l'ouverture de la succession; cependant il n'est pas nécessaire que l'héritier soit né à l'époque de l'ouverture de la succession, il suffit qu'il soit conçu, puisque son existence réelle dans le sein de la mère le fait réputer né, dans tous les cas où il s'agit de son intérêt.

Le droit, auquel cette fiction donne lieu, cesse si l'enfant n'est pas né vivant, ou quoique vivant au moment de la naissance, s'il n'était nullement viable, puisque celui qui n'est pas viable, ne diffère pas de celui qui est mort.

Le droit de succéder faisant partie du droit civil, il n'y aura que ceux qui en conservent la jouissance, qui soient capables de succéder; la mort civile, du moment où elle est encourrue, opère comme la mort naturelle l'incapacité de succéder.

Par le même principe, l'étranger n'est point admis à succéder aux biens que son parent possède dans le territoire de l'empire, à moins que cet étranger n'appartienne à une nation, qui, par suite des traités, accorde aux français le droit de succéder aux biens situés dans son territoire.

A l'incapacité est, à quelque égard, assimilée l'indignité, car l'ordre de succéder établi par la loi est fondé sur une présomption d'affection, et comme toute présomption doit céder à la vérité contraire ou même à des présomptions plus graves, il est évident que celui qui abjure tous les sentimens de la na ture ne pourra en réclamer les droits: il est conséquemment indigne de succéder et comme tel est exclus des successions.

1.° Celui qui serait condamné pour avoir donné ou tenté de donner la mort au défunt; on n'hérite pas de ceux qu'on assassine;

2.° Celui qui a porté contre le défunt une accusation capitale, jugée calomnieuse;

3.° L'héritier majeur, qui instruit du meurtre du défunt, ne l'a pas dénoncé à la justice.

Cependant le défaut de dénonciation du meurtrier n'est pas toujours l'effet d'une indifférence coupable; si le meurtrier est un père, un fils, un époux, le silence de l'héritier, conforme aux règles de la morale et de l'honnêteté publique, ne produirait pas l'indignité.

La différence qui se trouve entre l'incapable et l'indigne, consiste en ce que le premier n'est point saisi de la succession; car son incapacité est de droit et de fait; l'indigne, au contraire, est saisi de droit de la succession, mais il en est privé et tenu comme possesseur de mauvaise foi, à rendre tous les fruits et revenus dont il a eu la jouissance depuis l'ouverture de la succession.

Sur la question de savoir si les effets de l'indignité doivent s'étendre aux enfans ou autres parens de l'indigne; le code conciliant les principes de l'équité naturelle avec ceux de la rigueur de la loi, admet les enfans de l'indigne, s'ils sont appelés de leur chef et sans le secours de la représentation. Dans ce cas le père ne pourra prétendre à aucun des droits, qui d'ailleurs seraient la suite de la puissance paternelle.

CHAPITRE III.

Des divers ordres de successions.

LA loi positive distingue, comme la nature, trois classes d'héritiers du sang, les descendans, les ascendans et les collatéraux; de-là trois classes de successions, qui, sans égard à la nature ou à l'origine des biens, s'ouvrent aux parens, dans l'ordre et suivant les règles que nous examinerons dans les paragraphes suivans.

§. I.

De la succession déférée aux descendans.

LES enfans sont l'objet de tous nos travaux, comme de notre affection; rien de plus conforme dans l'ordre de nos sentimens que de les préférer à tout autre parent, pour recueillir notre fortune.

Les enfans, sans aucune distinction de sexe ou de primogéniture, s'ils sont tous au premier degré, succèdent par tête et partagent également entr'eux la succession.

Les enfans des degrés suivans, c'est-à-dire, les petits-fils et arrières-petits-fils ne succèdent que par souche ou par représentation.

La représentation n'est autre chose qu'une fiction de la loi, dont l'effet est de faire entrer le représentant dans la place, dans le degré, dans les droits du représenté, lorsque celui-ci est décédé avant que la succession leur fut ouverte.

Nous disons *décédé*, car on ne représente pas une personne vivante; conséquemment le fils de celui qui a renoncé à une succession, ne peut la recueillir, ni de son chef, si le défunt a laissé, outre le fils renonçant, d'autres enfans, qui aient accepté la succession, ni comme représentant son père, parce que son existence s'oppose à l'exercice d'un tel droit.

La représentation en ligne directe descendante a lieu jusqu'à l'infini, et le partage s'opère par souche et non par tête; et si une même souche a produit plusieurs branches, la subdivision se fait aussi par souche dans chaque branche, et les membres de chacune partagent entr'eux par tête.

§. II.

De la succession déférée aux ascendans.

Le maintien des droits établis par la nature entre les parens et les enfans, est la base sur laquelle la loi, toujours conséquente à elle-même, ordonne que lorsque le défunt ne laisse ni descendans, ni frères, ni soeurs ou descendans de ceux-ci, la succession soit ouverte aux ascendans, soit paternels, soit maternels, entre lesquels la succession, sans aucun égard aussi à l'origine des biens, sera partagée en deux parties égales, dont l'une appartiendra à la ligne paternelle et l'autre à la ligne maternelle, en observant que dans chaque ligne le plus proche exclut toujours le plus éloigné, sans qu'il y ait aucun lieu à représentation; ainsi l'ayeul survivant exclut le bisayeul et tout autre ascendant de sa ligne.

Le puissant motif d'apporter quelque soulagement à la douleur d'un ascendant, qui a vu troubler l'ordre naturel par le prédécès d'un descendant, est, peut-être, le principe, sur lequel les législateurs ont accordé, à l'art. 747, aux ascendans le droit de reprendre, exclusivement à tout autre, les choses par eux données à leurs enfans ou descendans, s'ils meurent sans postérité.

Ce droit cependant n'est pas celui de retour ou de reversion, mais une véritable succession. De-là, si les objets donnés ont été aliénés par le donataire, l'ascendant ne pourra les revendiquer et dès-lors tout le droit de l'ascendant serait borné à demander le prix de l'objet vendu, s'il est encore dû et d'exercer les actions qui pouvaient compéter aux donataires prédécédés.

Ce qu'on vient d'établir par rapport à la succession des ascendans, n'a lieu que dans le cas où le descendant décédé sans postérité n'ait non plus laissé des frères ou soeurs ou descendans d'eux; car si les ascendans se trouvent en leur concours, la succession se partage aussi en deux parties égales, de sorte que la moitié appartiendra aux père et mère, s'ils existent tous les deux, ou un quart, s'il n'y a plus qu'un d'eux; l'autre moitié ou les trois quarts appartiendront aux frères, soeurs et descendans d'eux, qui partageront ou par tête ou par souche, selon les règles de la représentation.

Nous avons dit *père et mère*, parceque les frères et soeurs de celui qui est décédé sans postérité, et dont les père et mère sont prédécédés, ont seuls droit à la succession, exclusivement à tout autre ascendant (art. 750).

A défaut des frères ou soeurs ou descendans d'eux, et s'il n'y a d'ascendans que dans une seule ligne, la succession est déférée par moitié à l'ascendant plus proche survivant et pour l'autre moitié aux parens de l'autre ligne, qui étant au même degré partageront par têtes, autrement le plus proche succédera.

Lorsqu'au défunt sans postérité et sans frères, soeurs ou descendans, est survivant, le père ou la mère, et que dans l'une ou l'autre ligne il n'y a pas d'ascendans, et que par suite les collatéraux sont appelés, la loi conserve au père ou à la mère survivans, l'usufruit du tiers des biens dévolus auxdits collatéraux.

§. III.

Des successions collatérales.

D'après le principe que les parens les plus proches du défunt doivent être appelés à sa succession, il est évident qu'au défaut des descendans et des père et mère, les plus proches parens sont les frères et soeurs, et par droit de représentation, les descendans à quelque degré qu'ils se trouvent.

Nous avons déjà vu comment les frères sont admis à succéder au défunt, en concours des père et mère; la matière nous appelle maintenant à voir, en premier lieu, la manière de partager les biens tombans dans la succession, soit que les frères succèdent seuls ou conjointement à leurs père et mère; en second lieu, comment la succession est déférée aux parens, dans le cas qu'il n'y ait pas des frères ou des soeurs.

Le partage de la moitié ou des trois quarts dévolus aux frères ou soeurs, dans la première espèce, ou de la totalité dans la seconde, s'opère entr'eux, par portion égale, s'ils sont tous du même lit; s'ils sont issus de différens mariages, on partagera la moitié ou les trois quarts ou la totalité en deux parties égales, dont une appartiendra à la ligne paternelle, l'autre à la ligne maternelle. D'après cette division entre les deux lignes, les frères-germains prendront leur part dans chaque ligne, puisqu'ils appartiennent à l'une et à l'autre; les consanguins ou utérins n'auront de part que dans la ligne à laquelle ils appartiennent.

Par cette disposition les législateurs, sans blesser le privilège du double lien, ont corrigé la rigueur de la loi ancienne, qui appelait les frères-germains à la succession exclusivement aux frères consanguins et utérins.

Nous finirons cette matière des successions régulières, en observant que le partage entre les deux lignes est une des principales bases de la nouvelle législation, d'après laquelle les parens qui sont dans une ligne, ne succèdent point à la portion de l'autre; car la loi n'admet aucune dévolution d'une ligne à l'autre, que lorsqu'il ne se trouve aucun ascendant ou collatéral en degré successible, c'est-à-dire, entre le douzième degré, terme où l'on ne peut que très-difficilement reconnaître la parenté, qui se confond par des rameaux presqu'impossibles à distinguer, et dont la recherche serait bien plus nuisible qu'utile.

CHAPITRE IV.

Des successions irrégulières.

On appelle successions irrégulières celles qui ne sont pas déférées dans l'ordre d'une parent légitime; tels sont les droits des enfans naturels sur les biens de leurs père et mère; la succession aux enfans naturels décédés sans postérité, et la transmission des biens de l'individu qui ne laisse pas de parens en degré successible.

Notre loi, pour combiner le respect dû au droit qui dérive des unions légitimes, avec les sentimens de l'équité, que la nature réclame en faveur des enfans naturels, leur accorde une espèce de succession sur les biens de leurs père et mère, soit qu'il n'y ait point d'autres parens successibles, soit qu'ils concourent avec eux.

Il ne faut pas oublier, que la dénomination d'enfant naturel n'est pas indistinctement appliquable à tous les enfans nés hors du mariage, mais seulement à ceux qui sont légalement reconnus.

Quoique les enfans naturels reconnus ne soient point considérés comme partie de la famille, et que conséquemment ils soient exclus de tout droit sur les biens des parens de leurs père et mère; cependant, sans qu'ils puissent prétendre à la qualité honorable d'héritier, ils peuvent exercer, sur la succession des dits père et mère, de certains droits qui sont réglés de la manière suivante.

Si le père ou la mère a laissé des descendans légitimes, l'enfant naturel ne pourra prétendre que le tiers de la portion qui lui aurait été due, s'il était légitime.

S'il n'y a pas de descendans, mais des ascendans, frères ou soeurs des père et mère, la portion de l'enfant naturel sera la moitié des biens tombans dans la succession.

Les trois quarts appartiendront à l'enfant naturel, si le père ou la mère sont décédés sans avoir laissé des ascendans ou des frères ou des soeurs.

La totalité sera recueillie par l'enfant naturel, si le père et la mère sont décédés sans parens en degré successible; mais dans ce cas, sur le principe qu'ils ne sont point héritiers, ils ne pourront se mettre en possession des biens, qu'après avoir rempli les formalités qui, comme nous le verrons plus bas, sont imposées à l'époux survivant, et à l'état, lorsqu'ils sont appelés à recueillir les biens d'une personne décédée sans héritiers et sans en avoir disposé.

Les droits de l'enfant naturel sur la succession de ses père et mère profitent non seulement à lui, mais aussi à ses enfans ou descendans, s'il vient à prédécéder à ses père et mère.

Lorsque l'enfant naturel ou ses descendans réclament la portion qui leur est due, ils sont tenus d'imputer dans cette portion tout ce qu'ils auront reçu du père ou de la mère, sans qu'ils puissent être dispensés du rapport; car il est défendu aux père et mère de donner à un enfant naturel au delà de ce qui leur est accordé sur les successions des père et mère (art. 908).

Quoique les père et mère ne puissent exercer des libéralités envers leurs enfans naturels, outre la portion fixée par la loi, il ne s'ensuit pas qu'ils ne soient autorisés à restreindre la portion affectée à l'enfant naturel; ils peuvent conséquemment la réduire, en assignant une portion des biens de leur vivant, avec déclaration expresse que leur intention est de la réduire à cette portion ; mais cette assignation ne peut être moindre de la moitié de celle fixée par la loi ; conséquemment l'enfant aura le droit de réclamer le supplément nécessaire pour compléter cette moitié.

La loi, ne pouvant voir que défavorablement les enfans adultérins ou incestueux, qui sont le fruit du crime, n'accorde à ceux-ci que des alimens, à régler par les juges, eu égard à la fortune du père ou de la mère, au nombre et à la qualité des héritiers.

L'obligation susdite cesse, lorsque le père ou la mère auront fait apprendre à cet enfant un art, quoique mécanique, ou lorsqu'on lui aura assuré des alimens proportionnés à leurs facultés et autres circonstances.

La loi, après avoir réglé les droits que les enfans naturels ont à prétendre sur la succession de leur père et mère, s'occupe de ceux qui doivent succéder aux enfans naturels.

Si l'enfant est décédé sans postérité, elle appelle d'abord à sa succession le père ou la mère qui l'a reconnu: la succession est partagée entr'eux également, si la reconnaissance a été faite par l'un et par l'autre.

Si les père et mère sont prédécédés avec des enfans légitimes, il faut voir si l'enfant naturel a reçu quelque sorte de bien de celui, ou de ceux des père et mère qui l'ont reconnu, ou si les biens lui sont parvenus autrement que par libéralité de ses père et mère; dans le premier cas, les biens qu'il aura reçus et qui existeront en nature, lors de son décès, seront dévolus aux frères ou soeurs légitimes, qui pourront même exercer les actions en reprise, s'il en existe, et recouvrer le prix des biens aliénés, s'il est encore dû.

Dans l'autre cas les biens seront recueillis par les frères et soeurs naturels ou leurs descendans; à leur défaut le conjoint survivant, non divorcé, ou l'état succèdent de même, comme ils succèdent lorsque la personne décédée n'a pas laissé de parens successibles.

Cette succession est aussi irrégulière, puisqu'ils ne peuvent pas être considérés comme de véritables héritiers; en effet soit le conjoint survivant, soit l'administrateur des domaines pour l'intérêt de l'état, doivent demander au tribunal, dans le ressort duquel la succession est ouverte, l'envoi en possession des biens; cette possession ne sera accordée qu'en se conformant aux règles et d'après les formalités prescrites aux art. 770 et 771, avec cette différence cependant, que le conjoint survivant est tenu de faire emploi du mobilier ou de donner caution, pour en assurer la restitution au cas où il se présenterait des héritiers dans l'intervalle de trois ans, ce qui n'est pas ainsi par rapport à l'administrateur du domaine, qui agit au nom de l'état, dont la solvabilité ne peut jamais être douteuse.

L'omission des formalités respectivement prescrites, donne à ceux qui justifieraient, dans le tems opportun, leur qualité de successibles, droit à agir pour être indemnisés par l'époux ou par l'administrateur des domaines, qui sera comptable de sa négligence.

Nous finirons la matière des successions irrégulières, en observant qu'il ne faut pas confondre la succession en déshérence avec la succession vacante. La déshérence n'a lieu qu'au défaut de parens successibles; la succession est vacante lorsque des héritiers connus renoncent ou refusent de l'accepter.

La déshérence opère l'ouverture au profit de l'état; la succession vacante tient la place du défunt, elle est considérée comme un être fictif qui le représente et en exerce le droit au moyen d'un curateur (art. 811, 812, 813 et 814 inclusivement, joint à l'art. 998 du code judiciaire).

CHAPITRE V.

De l'acceptation et de la répudiation des successions.

§. I.

De l'acceptation.

L'acceptation est un acte, par lequel un héritier présomptif déclare qu'il accepte la succession à laquelle il est appelé.

L'acceptation est expresse ou tacite : expresse, lorsque l'héritier présomptif, dans un acte public ou privé, prend titre et qualité d'héritier.

L'acceptation se divise en pure et simple, ou sous bénéfice d'inventaire.

L'acceptation tacite, qui est toujours censée pure et simple, résulte des actes faits par l'héritier présomptif, qui supposent nécessairement l'intention de se porter héritier. Par exemple, si celui, à qui la succession est déférée, dispose de quelque effet héréditaire, à moins que la disposition ne puisse être envisagée comme un acte purement conservatoire ou d'administration provisoire.

Il n'y a pas de doute que la succession ne soit acceptée, lorsque l'héritier donne, vend, transporte ses droits, soit à un étranger, soit à tous les co-héritiers, soit à quelqu'un d'eux ; il en est de même de la renonciation, quoique gratuite à un ou à plusieurs co-héritiers, ou même à tous, moyennant un prix; car s'il rénonce gratuitement à tous ses co-héritiers, il est évident qu'il veut se soustraire du nombre des héritiers.

Nous n'oublierons pas non plus de classer parmi les héritiers purs et simples celui qui sciemment a détourné ou recelé des effets de la succession, qui sera en outre condamné à la perte de la portion qu'il aurait pu avoir sur la chose détournée (art. 792).

Quoique les héritiers légitimes soient saisis de plein droit de la succession, il ne faut pas conclure qu'ils soient tenus, malgré eux, de l'accepter; il sera donc loisible à toute personne appelée à une succession, d'y renoncer, pourvu que l'action ne soit point prescrite.

L'héritier étant saisi de plein droit de la succession, il s'ensuit qu'il transmet à ses héritiers le droit d'accepter ou de répudier la succession, s'il décède lui-même sans l'avoir acceptée ou répudiée expressément; dans le cas que lesdits héritiers ne soient point d'accord sur l'acceptation ou la répudiation, ils seront tenus de l'accepter sous bénéfice d'inventaire (art. 782).

D'après ces notions générales, il faut voir qui peut accepter purement et simplement, et ensuite quels sont les effets de l'acceptation.

Celui qui accepte, contracte un engagement envers ceux qui ont des droits à exercer contre la succession. Ceux donc qui sont incapables de s'obliger, sont aussi incapables d'accepter purement et simplement une succession; ainsi la femme mariée, les mineurs, les interdits, ne sont point autorisés à accepter une succession, s'il n'y a le consentement de ceux qui sont chargés de veiller à leur intérêt, et sans les précautions qui leur sont particulièrement applicables.

Les effets de l'acceptation sont premièrement de faire passer dans la personne de l'héritier tous les droits et les charges du défunt;

2.° De remonter au tems de l'ouverture, de sorte que l'héritier, quelque soit le tems qui s'est écoulé depuis l'ouverture et l'acceptation, est censé possesseur au tems du décès du défunt;

3.° D'opérer la confusion des actions pour la part dont il est héritier;

4.° D'empêcher que l'héritier soit restitué en entier contre l'acceptation, à moins qu'il ne prouve d'avoir été induit par dol.

La lésion ne serait pas un moyen suffisant pour revenir contre l'acceptation, à moins que l'héritier ne prouve évidemment que la succession se trouve tout-à-coup absorbée ou diminuée de plus de moitié, par la découverte de quelque disposition de dernière volonté inconnue au moment de l'acceptation.

§. II.

De la répudiation des successions.

La répudiation est un acte qui dépouille une personne d'un droit qui lui est ouvert, et dont l'effet est de faire lieu à d'autres.

La répudiation, ainsi que l'acceptation, a un effet rétroactif, et remonte au moment de l'ouverture de la succession; elle diffère cependant de l'acceptation, en ce qu'elle doit être expresse et publique, c'est-à-dire, avec les formalités prescrites à l'art. 784.

Tout héritier capable d'accepter purement et simplement une succession, peut aussi y renoncer, pourvu que la renonciation soit de bonne foi et sans préjudice des créanciers du renonçant, qui sont autorisés à l'accepter du chef de leur débiteur; car la renonciation à un droit certain et positif, ne peut être considérée que comme une aliénation, qui ne doit pas nuire aux créanciers; mais l'acceptation de ceux-ci ne leur profite qu'en concurrence de leurs créances; le surplus sera dévolu aux autres co-héritiers et même aux enfans du renonçant, lesquels, dans ce cas, recueilleront la succession de leur chef, et non en vertu de la représentation, étant de principe qu'on ne peut pas représenter une personne vivante.

L'effet de la renonciation serait d'exclure irrévocablement le renonçant de la succession: notre loi cependant, moins rigoureuse que l'ancienne, accorde à l'héritier qui a renoncé, de revenir de sa répudiation et de reprendre la qualité d'héritier pendant l'espace de trente ans, si par suite de son refus, d'autres héritiers n'ont pas accepté la succession; malgré cependant cette acceptation certainement tardive, il ne pourra pas révoquer les actes valablement faits par le curateur qui, d'après l'art. 812, aurait été nommé à la succession vacante.

Pour bannir l'abus des renonciations aux successions des personnes vivantes, dont l'usage, quoique immoral, était devenu familier, la loi défend expressément à l'art. 1130, de renoncer, même par contrat de mariage, à une succession non ouverte, ni d'aliéner les droits éventuels, qu'on peut avoir à la succession d'un homme vivant, lors même que celui-ci y prêterait son consentement (art. 791).

§. III.

De l'acceptation sous bénéfice d'inventaire.

La crainte, qu'une succession soit insuffisante aux charges que bien souvent on ignore, peut tenir les héritiers en suspens, pour un tems considérable, ce qui peut nuire aux intérêts des héritiers, mais encore plus aux intérêts des créanciers de la succession; pour parer à ce double inconvénient, la loi autorise l'acceptation avec bénéfice d'inventaire.

En général, le bénéfice d'inventaire consiste dans la faculté que la loi accorde à l'héritier de séparer sa fortune de celle du défunt, de ne pas s'engager au-delà des biens, dont la succession se compose, de conserver les droits et actions qu'il pouvait exercer contre le défunt, et d'empêcher la confusion qui s'opérerait par l'acceptation pure et simple.

Ce bénéfice, certainement utile aux héritiers, n'est nullement préjudiciable aux créanciers, dont les droits sont garantis au moyen des formalités, auxquelles les héritiers sont assujettis.

Sans faire le rapport détaillé de toutes les formalités que le code Napoléon a ordonnées à l'art. 793 et suivans, auxquels il faut joindre les art. 942 et suivans du code judiciaire, nous observerons seulement, que l'héritier qui a déclaré au greffe du tribunal, qu'il n'entend de prendre cette qualité que sous bénéfice d'inventaire, jouit d'un délai de trois mois pour sa confection, et ensuite d'un autre délai de quarante jours pour délibérer; lequel délai peut être encore prorogé par le tribunal, lorsque sur des circonstances particulières, il jugera nécessaire une telle prorogation (art. 798). Pendant ce tems il ne peut être contraint à prendre qualité, et il ne peut être exercé contre lui aucune poursuite; de plus il conserve, après même les délais susdits, la faculté de faire inventaire et de se porter héritier bénéficié, s'il n'a pas fait d'actes d'héritier, ou s'il n'a pas été définitivement condamné en qualité d'héritier pur et simple.

Jusqu'ici on a vu les avantages qui dérivent du bénéfice d'inventaire aux héritiers; maintenant il faut voir comment l'intérêt des créanciers est garanti en cas d'acceptation avec le susdit bénéfice.

Cette garantie résulte:

1.° De l'obligation que la loi impose à l'héritier, de faire un inventaire fidèle, qui constate le véritable état de la succession;

2.° Des précautions prises pour empêcher le dépérissement ou la soustraction du mobilier et de toute autre chose qui peut appartenir à la succession;

3.° De la déchéance prononcée contre l'héritier qui n'aurait pas compris dans l'inventaire tous les effets délaissés par le défunt;

4.° Des formes prescrites pour la vente des meubles et des immeubles, à ce qu'il en soit retiré le plus grand prix possible;

5.° Enfin, du compte rigoureux que l'héritier doit rendre de son administration.

Le bénéfice d'inventaire considéré uniquement à l'égard des créanciers ou de toute autre personne ayant intérêt à la succession, n'est au fond qu'une instance d'ordre et de discussion, en effet les parties intéressées sont tenues d'y intervenir et d'y apporter leurs titres, et elles pourront en tout cas requérir la vente des effets immobiliers; et l'héritier en faisant procéder à la vente sera tenu de se conformer à ce qui est prescrit par l'art. 987 du code judiciaire, et de déléguer le prix aux créanciers hypothécaires qui se seront faits connaître. Dans le cas de contestation entre les créanciers, l'héritier n'est autorisé à faire des paiemens que dans l'ordre et de la manière qui sera réglée par le juge.

Quoique la loi n'impose pas à l'héritier bénéficiaire l'obligation de prêter caution, cependant les créanciers sont en droit d'exiger une caution bonne et solvable de la valeur du mobilier compris dans l'inventaire, et de la portion du prix des immeubles non délégués aux créanciers hypothécaires.

L'héritier, lorsqu'il a rendu son compte et payé tout réliquat, ne peut plus être inquiété par les créanciers qui se présenteraient postérieurement, sauf cependant à ceux-ci tout droit contre les légataires qui auraient recueilli quelque portion, ou reçu quelque objet appartenant à la succession; mais les créanciers ne seront point recevables, s'ils forment la demande après le laps de trois ans, à partir du jour de l'épurement du compte et paiement des réliquats.

CHAPITRE VI.

§. I.

Du partage.

LORSQU'une succession est acceptée par plusieurs co-héritiers, chacun devient propriétaire de la portion indivise des biens qui la composent ; mais comm'il est de principe que personne ne peut être contraint à demeurer en communion, il s'ensuit que chacun des co-héritiers peut obliger les autres à en venir au partage, quand même le défunt l'aurait prohibé, ou que les co-héritiers se seraient engagés à demeurer indivis ; rien cependant n'empêche qu'il puisse convenir, et que le testateur soit en droit d'ordonner de différer le partage jusqu'à un certain tems ; mais ce terme ne peut excéder cinq ans, après lesquels il est encore loisible de renouveller la convention, et de suspendre le partage pour autres cinq années, ou pour un tems moindre.

Non seulement l'action en partage a lieu, quand les héritiers jouissent en commun des biens de la succession, mais encore lorsque chacun d'eux se trouve jouir séparément des divers héritages de la succession, à moins qu'il ne se soit écoulé trente ans ; car l'action en partage dans ce cas, comme dans tout autre, est sujette à la prescription ordinaire.

Quoique tout héritier ait droit de provoquer le partage, néanmoins les mineurs, les interdits et les absens ne peuvent exercer cette action que par le ministère de leurs tuteurs ou curateurs, autorisés par le conseil de famille; et quant aux absens, auxquels une succession se serait ouverte avant leur disparution, par les envoyés en possession de ses biens.

De ce que la femme mariée ne peut accepter une succession sans l'autorisation du mari, il est conséquent qu'elle ne puisse non plus, sans une telle autorisation, en provoquer le partage; le mari cependant, sans le concours de la femme, peut former la demande en partage des effets qui tombent en communauté; à l'égard des autres dont il a la jouissance, il ne peut, sans ce concours, demander qu'un partage provisionnel.

Il faut aussi remarquer que les co-héritiers de la femme ne peuvent provoquer le partage définitif qu'en mettant en cause le mari et la femme.

Avant de procéder au partage, il faut nécessairement connaître en quoi consistent les biens de la succession et en former la masse; si tous les héritiers sont présens et majeurs, ils peuvent prendre d'accord les mesures qu'ils jugeront de leur intérêt, soit relativement à la composition de la masse, soit au mode du partage; mais s'ils ne peuvent s'accorder, ou si parmi les co-héritiers il y a des mineurs, des interdits, ou que quelqu'un ne soit pas présent, dans ce cas, pour la sûreté des uns et des autres, le scellé sera apposé à la requête des héritiers, ou à la diligence du procureur-impérial, ou même d'office, par le juge de paix.

Les scellés n'ayant d'autre but que d'empêcher que les titres et les effets de la succession ne soient soustraits, il est conséquent que tout créancier du défunt ayant titre exécutoire, ou par suite de la permission du juge, aura le droit de les requérir.

Lorsque le scellé aura été mis, les créanciers même chirographaires peuvent s'opposer à sa levée, et on ne pourra ni y procéder, ni même à la confection de l'inventaire, sans appeler tous les opposans.

Les règles, soit pour la levée des scellés, soit pour la confection de l'inventaire, sont détaillées aux art. 934, 937 et 943 du code judiciaire.

§. II.

Des rapports.

L'inventaire une fois achevé, chaque héritier doit rapporter à la succession les choses qu'il a reçues précédemment du défunt, afin de conserver entre les co-héritiers l'égalité, essence du partage.

Le rapport se définit, le recomblement que

fait un des héritiers de ce qu'il a reçu du vivant de celui dont il s'agit de partager les biens, pour que tous les héritiers puissent y participer.

Le rapport peut s'opérer en deux manières, ou en nature, ou en moins-prenant : en nature, lorsqu'on remet dans la succession les effets qu'on a reçus ; en moins-prenant, lorsqu'on précompte sur la portion qu'on doit recevoir la valeur de ce qu'on a déjà reçu.

Si le rapport se fait en nature, on doit tenir compte au donataire des dépenses nécessaires, et des améliorations, et le donataire est réciproquement tenu des dégradations qui, par sa faute ou négligence, ont diminué la valeur de l'objet rapporté.

Il est essentiel d'observer que les immeubles, dans le cas de rapport, se réunissent à la masse francs et quittes des charges créées par le donataire : les créanciers cependant qui ont acquis hypothèque, ont droit d'intervenir au partage pour empêcher que le rapport se fasse en fraude de leurs droits.

Le rapport est fondé sur la présomption, que les libéralités exercées par le défunt envers un des héritiers présomptifs n'ont été faites qu'en avances, et comme pour à compte de la succession ; conséquemment tout héritier pur et simple, ou sous bénéfice d'inventaire, en ligne directe, est obligé de rapporter, à moins que le don n'ait été fait expressément avec dispense du rapport, ou que le donataire renonce à la succession, auquel cas il pourra retenir les choses données jusqu'à concurrence de la portion disponible, et sans préjudice de la réduction, s'il y a lieu.

Le rapport n'étant introduit qu'en faveur des co-héritiers, et pour conserver l'égalité entr'eux, il en résulte que les légataires, ou les créanciers du défunt ne seraient point recevables à demander que les héritiers dussent rapporter à la masse les libéralités qui ont eu lieu à leur profit (art. 857 joint à l'art. 921, duquel on peut inférer que le terme général *de tout héritier*, dont il est parlé à l'art. 843, doit être entendu des héritiers au profit desquels la loi fait la réserve).

Par le même principe d'égalité, l'héritier n'est tenu à rapporter que ce qu'il a reçu à titre gratuit; conséquemment ne sont assujettis au rapport que les profits que le successible a pu tirer des conventions passées avec le défunt, à moins qu'elles ne présentent quelque avantage indirect.

Il en est de même des avantages qu'il a pu retirer des associations faites sans fraude avec le défunt, lorsque les conditions ont été réglées par un acte authentique.

Ne sont point sujets à rapport les alimens fournis à un enfant, quand même il aurait eu de quoi vivre, ni ce qui lui est donné pour son éducation, ni les sommes modiques qu'un père a données à un enfant pour ses menus plaisirs, et les choses qu'il aurait achetées, non plus que les dépenses pour le festin des nôces et présens d'usage (art. 852); d'après lequel on peut conclure, que tout ce que l'enfant aura reçu pour son établissement, ainsi que la dot, doit être rapportée, quand même l'insolvabilité du mari, survenue postérieurement au mariage, ne laisserait pas lieu au recouvrement de la dot (art. 1573).

Le rapport, comme nous l'avons observé plus haut, est fondé sur ce que les dons faits au successible, sont présumés faits en avance de la succession; toutes les fois donc que cette présomption cesse, la nécessité du rapport doit aussi cesser; conséquemment les objets donnés ou légués par le défunt avec dispense de rapport, s'ils n'excèdent point la portion disponible, n'y sont point sujets; de même le père venant à la succession de l'ayeul, n'est pas obligé de rapporter les dons que celui-ci a faits à ses petits-enfans, quoique indirectement; le père profite des libéralités exercées envers ses enfans, parceque ce qui est donné au fils n'est pas donné au père; pour cette même raison le petit-fils n'est point tenu de rapporter les dons faits par l'ayeul à son père, dans le cas, cependant très-rare, d'indignité, auquel le petit-fils succède à l'ayeul de son chef, et non par droit de représentation.

Sont aussi réputés faits avec dispense de

rapport les dons et legs au profit du conjoint d'un époux successible.

Quand la masse de la succession est composée, et les rapports, s'il y a lieu, opérés, il ne reste qu'à procéder à la formation d'autant de lots qu'il y a de co-partageans, en se conformant aux différentes dispositions contenues aux articles 831 et suivans, qui ne concernent que les formalités et précautions à remplir dans le cours des opérations, pour la régularité du partage et la remise des titres, qui doit être faite à chacun des co-partageans, relative aux objets qui lui sont échus en partage, ou bien à celui qui a la plus grande partie d'une propriété divisée, ou enfin la mise en dépôt des mêmes titres auprès de celui qui sera élu pour les garder; mais il faudra toujours se rappeler que tout partage, auquel ont intérêt des personnes privilégiées, si on a observé toutes les règles dont il est fait mention à la section I du chapit. VI, n'est qu'un partage provisionnel (art. 342).

§. III.

Du payement des dettes.

Il est de toute justice, que celui qui jouit des avantages d'une chose, en supporte aussi les charges; les héritiers conséquemment seront tenus des dettes de la succession au *prorata* de la part et portion héréditaire.

Il serait possible, avant la formation des lots, de libérer la succession de toutes les dettes, soit réelles, soit personnelles; même la loi veut que, lorsque des immeubles d'une succession sont grevés de rentes par hypothèque spéciale, chacun des héritiers puisse exiger que la vente soit remboursée, et l'immeuble rendu libre: si cependant les dettes n'ont pas été acquittées, et le remboursement des rentes effectué, le partage sera fait dans l'état où la succession se trouve lors de son ouverture, et chaque co-héritier supportera une part des dettes proportionnée à celle qu'il prend dans les biens; et par rapport aux dettes réelles, l'immeuble, qui en est spécialement affecté, sera porté dans la masse pour sa valeur, déduction faite du capital de la rente, et le co-héritier, dans le lot duquel tombe l'immeuble, demeure seul chargé du service de la vente, avec l'obligation de garantir ses co-héritiers de tout trouble et poursuite.

D'après ces dispositions, il est aisé de voir que les créanciers personnels doivent diriger leurs demandes contre tous les co-héritiers, et pour la quote-part de chacun d'eux; mais le créancier hypothécaire peut poursuivre l'héritier qui possède l'immeuble grevé d'hypothèque pour la totalité de sa créance, et si l'héritier paye plus que ce qu'il doit pour sa part, il aura, comme subrogé aux créanciers, son recours contre les autres co-héritiers.

Pour parer au préjudice qui pourrait résulter pour les créanciers de la succession, à cause de la confusion des biens du débiteur avec ceux de l'héritier, la loi accorde aux créanciers le droit de demander la séparation desdits biens.

L'effet de cette séparation consiste en ce que les créanciers de l'héritier ne peuvent exercer d'action sur les biens provenans de la succession, qu'après l'acquittement des dettes dont elle était grevée.

Le droit de demander la séparation cesse dans les cas prévus par les art. 879, 880.

§. IV.

Des effets du partage et de la garantie des lots.

LE partage produit un effet rétroactif, déclaratif, mais non pas attributif de propriété, et ne sert qu'à déclarer de quelle portion chaque co-partageant était propriétaire.

C'est sur ce principe que les créanciers d'un des héritiers n'ont de droit que sur les biens qui sont tombés dans le lot de son débiteur.

Pour empêcher toute fraude préjudiciable aux créanciers de quelqu'un des héritiers, la loi leur accorde la faculté d'intervenir au partage, et de l'attaquer lorsqu'on y a procédé, malgré une opposition qu'ils auraient formée.

Les autres effets du partage, et qui sont les conséquences immédiates de l'égalité qui doit régner entre les co-héritiers, sont les garanties réciproques des lots respectifs, c'est-à-dire, d'indemniser celui, qui, sans sa faute, aurait souffert l'éviction en tout ou en partie de son lot, et prévue par quelque clause particulière dans l'acte de partage.

Cette garantie s'étend à celle de la solvabilité non seulement de chacun des co-héritiers, mais encore à la solvabilité des débiteurs des rentes qui seraient tombées dans quelqu'un des lots, pourvu que l'insolvabilité ait précédé le partage, puisqu'étant postérieur, c'est au risque du co-partageant.

L'action en garantie ne se prescrit que par le laps de trente ans, à partir du jour où elle a pu être exercée.

§. V.

De la rescission en matière de partage.

Tout acte qui a pour objet de faire cesser l'indivision, quoique qualifié de vente, échange, transaction, n'est proprement qu'un partage, qui peut être attaqué par nullité, lorsqu'il y a eu dol ou violence : l'action en nullité, à cause de dol ou violences n'est pas recevable,

1.° S'il s'est écoulé dix ans depuis le jour où la violence a cessé, ou que le dol a été connu (art. 1304).

2.° Si l'héritier demandeur a aliéné son lot, en tout ou en partie, postérieurement à la découverte du dol, ou postérieurement à la cessation de la violence.

Le partage peut être attaqué par lésion, si un des co-partageans à été lésé de plus du quart, d'après une estimation de la valeur des objets héréditaires à l'époque du partage.

L'action en rescission, pour cette cause, cesse :

1.° Par rapport à une transaction sur des difficultés survenues à la suite d'un acte de partage ;

2.° Par rapport à la vente non frauduleuse qu'un co-héritier ferait à l'autre de ses droits successifs au risque et péril de l'acquéreur ;

3.° Lorsque la lésion provient de l'omission de quelque objet de la succession qui sera conséquemment partagé sans préjudice du partage qui serait déjà opéré ;

4.° Enfin si le défendeur offre de fournir au demandeur le supplément juste de sa portion héréditaire.

TITRE II.

Des donations entre vifs et des testamens.

Le désir d'acquérir par la modération et par une sage économie, n'a d'autre but que d'assurer et de rendre plus agréable notre existence, celle de nos enfans et de tous ceux que nous aimons; de-là la source des manières d'acquérir et de transmettre à titre gratuit la propriété des biens, c'est-à-dire, des donations, dont quelques-unes ont leur effet du vivant du donateur, quelques autres ne l'ont qu'après son décès; les premières s'appellent *donations entre vifs*, les autres sont comprises sous la dénomination générale de *testamens*.

La donation entre vifs, est un acte par lequel une personne se dépouille actuellement et irrévocablement d'une chose, pour le seul avantage d'une autre personne qui l'accepte.

Le testament se définit, un acte par lequel on dispose de tout ou de partie de ses biens pour le tems qu'on n'existera plus, et qui peut être révoqué.

La donation entre vifs se perfectionnant par le consentement du donateur et du donataire, tient de plus près à la nature des contrats; cependant, considérée comme un acte de bienfaisance, elle est, sous plusieurs rapports, réglée par les mêmes principes qui régissent les actes de dernière volonté, et notamment pour ce qui concerne la capacité de donner et de recevoir, et la quotité dont on peut disposer.

§. I.

De la capacité de disposer et de recevoir par donation entre vifs ou par testament.

La faculté de donner et de recevoir appartient à toute personne qui n'est pas incapable ou par la nature, ou par l'effet de la loi, positive.

Sont incapables de donner par la nature ceux qui ne sont pas sains d'esprit.

Sont incapables par la nature et par la loi les mineurs qui ne sont point parvenus à la seizième année; car après cet âge ils peuvent tester de la moitié des biens, dont ils auraient pu disposer s'ils ont l'âge compétent, donner par contrat de mariage aux futurs époux, mais avec l'avis des personnes dont le consentement est requis pour la validité du mariage (art. 904 et 1095).

Sont incapables de donner par le seul effet de la loi, les morts civilement, les étrangers, et la femme mariée, sans l'autorisation du mari; mais pour ce qui concerne *le mort civilement* et *l'étranger*, l'incapacité ne regarde rigoureusement que les actes de dernière volonté et non les donations entre vifs, qui se perfectionnent par la seule tradition. La raison en est que la privation des droits civils n'emporte pas celle des droits des gens; l'incapacité au contraire de la femme mariée se borne aux donations entre vifs, étant capable de disposer par testament, sans y être autorisée par le mari.

Quoiqu'en général toute personne soit capable de recevoir à titre de donation, cependant il est important de distinguer les donations entre vifs, de celle de dernière volonté.

La capacité de recevoir par donation entre vifs est plus étendue que celle de recevoir par testament; en effet le mort civilement, l'étranger, quoique incapables de recevoir par testament, peuvent recevoir par titre de donation entre vifs. De-là on peut établir en principe, que tous ceux qui peuvent, ou simplement ou sous certaines conditions, recevoir par testament, sont à plus forte raison capables de recevoir par acte entre vifs.

L'incapacité de recevoir est absolue ou relative: elle est absolue, lorsqu'un individu ne peut recevoir de qui que ce soit; la relative est celle qui rend l'individu incapable de recevoir de certaines personnes seulement, ou sous certaines conditions, mais qui ne lui ôte pas entièrement ce droit.

Nous ne connaissons d'autre incapacité absolue que dans le cas de disposition au profit d'un individu qui ne serait pas encore conçu au tems de la donation entre vifs, ou au tems du décès du testateur, ou qui étant conçu, ne fut pas viable.

L'incapacité relative frappe premièrement le tuteur, qui ne peut, sauf qu'il soit un des ascendans, recevoir de son pupille, même après sa majorité, si le compte de la tutelle n'a été rendu et approuvé.

En second lieu, les enfans naturels, qui ne peuvent recevoir de leurs père et mère, au-delà de ce qui leur est accordé par l'art. 757.

En troisième lieu, les docteurs en médecine ou en chirurgie et autres officiers de santé, les ministres des cultes, ne peuvent recevoir de la personne, à laquelle ils ont donné des soins durant la maladie, dont elle est décédée, les libéralités à eux faites pendant le cours de la maladie, à moins qu'il ne s'agisse de dispositions rémunératoires faites à titre particulier, ou même à titre universel, lorsque le donataire réunit la qualité d'héritier en ligne directe ou en ligne collatérale, si le donateur n'a pas laissé d'héritier en ligne directe.

En quatrième lieu, les hospices, les pauvres en général, les établissemens d'utilité publique. Quoique capables de recevoir, leur acceptation ne serait pas valable sans l'autorisation de l'Empereur, s'il s'agit d'une donation excédant trois cents francs, ou du sous-préfet si elle est au-dessous (arrêté du 24 janvier 1803, et décret impérial 12 août 1807).

Nous joindrons aux incapacités relatives celle

qui regarde les époux, dont les avantages qu'ils sont autorisés à se faire l'un à l'autre, ou réciproquement dans le contrat de mariage, ou pendant sa durée, ne peuvent excéder, d'après les différentes circonstances, une certaine quotité, ni être toujours envisagés comme donations entre vifs (art. 1091 jusqu'à l'art. 1099).

La loi ne s'est pas arrêtée à fixer les incapacités soit absolues, soit relatives; elle a encore voulu empêcher toute fraude qui pourrait avoir lieu ou en déguisant les libéralités sous la forme de contrats onéreux; telle qu'une vente, ou en donnant à des personnes interposées; conséquemment elle prononce la nullité de toute disposition au profit des incapables, soit qu'elle ait été déguisée, ou faite sous le nom de personnes interposées; tels que le père, mère, époux, et descendans de l'incapable (art. 911, 1099, 1100).

La faculté de disposer ne serait pas complète, sans le droit de faire dépendre la libéralité qu'on exerce, de telle condition qui pourra plaire au disposant, pourvu que la condition soit possible et qu'elle ne soit aucunement contraire aux lois et aux moeurs, autrement les conditions seront réputées non écrites (art. 900).

Mais la condition, dont le but serait de créer un ordre de succession différent de celui que la loi a prescrit, tel que la condition de conserver pendant la vie, et rendre à un tiers les choses données, ou léguées, quoique contraire aux lois, n'est pas considérée comme non écrite, mais elle emporte la nullité absolue de la disposition, soit par rapport à la personne au profit de laquelle elle est faite, soit par rapport aux institués, donataires ou légataires (art. 896).

Néanmoins après que, par le sénatus-consulte du 28 floréal an 12 (18 mai 1804) la France a été reconstituée en monarchie, et que par le décret impérial 30 mars, et le sénatus-consulte du 14 août 1806, des titres héréditaires ont été établis, il était conséquent, pour conserver dans les familles les biens affectés aux titres de dignité, d'apporter quelque exception au droit commun, et de permettre aux titulaires de soumettre les dits biens aux règles de majorat, sous les conditions et formes portées par le décret impérial du premier mars 1808.

Il ne faut pas confondre la donation à la charge de conserver et de rendre, appelée substitution fidéicommissaire, avec la disposition par laquelle la propriété serait laissée à une personne, et l'usufruit à une autre, ou avec celle qui appellerait une personne à recueillir les choses données dans le cas que le donataire, l'institué, ou le légataire n'accepteraient pas, ou ne pourraient pas accepter le don ou legs : car, dans les deux espèces susdites, les termes de conserver et de rendre, ne se vérifient pas, et par conséquent rien ne s'oppose à leur validité.

Si la prohibition des substitutions fidéicommissaires est basée sur le puissant motif de l'utilité publique, il était aussi conforme à la justice et à la raison, d'accorder aux pères et mères des moyens de contenir des enfans vicieux, et d'assurer le sort de leur postérité contre les revers de fortune qu'un fils malheureux peut éprouver. Ces moyens consistent dans la faculté, dont jouissent le père et la mère de donner en tout ou en partie, à un ou à plusieurs enfans, les biens dont ils peuvent disposer, à la charge de les rendre à leurs enfans (art. 1048).

L'usage de cette faculté est aussi étendu au donateur ou testateur, qui dispose en faveur des enfans de ses frères ou soeurs, afin de conserver sans inconvéniens les biens dans les familles, et d'y maintenir l'ordre, et la pratique des vertus, sur laquelle repose leur bonheur; mais dans ces deux cas, pour que la substitution, soit valable il faut:

1.° Qu'elle embrasse tous les enfans du grevé, nés et à naître, sans préférence d'âge, ou distinction de sexe;

2.° Qu'elle ne passe pas le premier degré; cependant si le grevé meurt avec des enfans de premier degré, et des descendans d'un enfant prédécédé, ces derniers profiteront de la substitution, et recueilleront par droit de représentation la part qui aurait appartenu à leur père, s'il était vivant.

Le grevé de restitution est réellement propriétaire des biens substitués, vu que le droit des appelés n'est qu'éventuel, et ne s'ouvre qu'à l'époque où la jouissance du grevé vient à cesser (art. 1053); mais cette propriété pouvant être résolue, il en résulte que le grevé est assujéti à-peu-près aux mêmes obligations que l'usufruitier; conséquemment, soit pour constater la quotité des biens, soit pour en assurer la conservation, la loi veut que le grevé, s'il est majeur et jouissant de ses droits, fasse nommer, dans le délai d'un mois, à compter du décès du disposant, un tuteur, s'il n'a pas été désigné dans l'acte de substitution; faute de la part du donataire ou légataire de se conformer au prescrit de la loi, il sera déchu du bénéfice de la disposition, qui sera ouverte au profit des appelés.

A la requête du grevé et en présence du tuteur nommé, il doit être procédé à l'inventaire, avec prisée juste des effets mobiliers, qui seront vendus à l'enchère, à l'exception de ceux desquels le donateur aurait ordonné la conservation en nature, ou qui seraient indispensables pour l'exploitation des terres, à la charge de rendre les premiers dans l'état où ils se trouveront lors de la restitution, et de rendre la valeur des seconds d'après l'évaluation énoncée dans l'inventaire.

L'argent provenant de la vente, comme celui trouvé dans la succession ou provenant du remboursement des créances, doit être, dans le délai de six mois à partir de la clôture de l'inventaire, employé, par le grevé en présence et à la diligence du tuteur, en acquisition d'immeubles, ou placé près des particuliers moyennant privilège sur des immeubles, à moins que le donateur n'ait désigné la nature ou le mode de l'emploi (art. 1065 et suivans).

Les dispositions sus-énoncées n'ont d'autre objet que d'assurer les droits des appelés à la substitution; mais la loi a aussi pourvu au préjudice que le grevé pourrait apporter à des tiers en disposant des biens, desquels il n'a qu'une propriété résoluble par l'événement.

Pour parvenir à ce but, elle ordonne que l'acte portant substitution soit, à la diligence du grevé ou du tuteur, rendu public au moyen de la transcription au bureau des hypothèques du lieu, où sont situés les immeubles compris dans la substitution, ou par l'inscription hypothécaire, s'il s'agit de sommes placées avec privilège sur des immeubles.

Le défaut de transcription peut être opposé aux substitués, soit majeurs, soit mineurs par les créanciers du grevé et par les tiers acquéreurs, quoique par d'autres voies ils aient eu connaissance de la substitution; mais les substitués, s'ils sont mineurs, auront leur recours contre le grevé et les tuteurs nommés à la substitution, sans qu'ils puissent espérer, en cas d'insolvabilité de l'un et de l'autre, d'être restitués contre le défaut de transcription, défaut qui ne peut être opposé aux appelés, ni par les donataires, légataires, ni par les héritiers légitimes de celui qui aura fait la disposition.

§. II.

De la portion disponible et de la réduction des donations.

Les pères sont ordinairement justes, ils savent qu'ils doivent la même tendresse à tous leurs enfans; mais il en est qui peuvent l'oublier. Pour prévenir leur injustice ou leur caprice, les lois en tous tems ont mis des bornes au droit de disposer, qui n'ont pas été toujours les mêmes en tous les cas; il est donc essentiel de connaître les limites, dans lesquelles, d'après le code Napoléon, la faculté de disposer est circonscrite, et de connaître aussi les règles à suivre en cas que le donateur ait franchi ces limites.

Avant tout nous observerons que les règles sur cette matière ne concernent que les parens dans la ligne directe, qui se doivent mutuellement une portion de leurs biens; elles sont conséquemment inutiles en collatéral, où chacun peut donner à ses libéralités l'étendue qu'il juge à propos (art. 916).

La loi détermine la portion des biens dont le père et la mère pourront disposer; cette portion est plus ou moins forte, suivant le nombre des successibles; ainsi les ascendans qui ne laisseront qu'un enfant légitime, pourront disposer de la moitié de leurs biens, d'un tiers, s'ils en laissent deux, et d'un quart, s'ils en laissent trois ou un plus grand nombre.

Par une réciprocité naturelle, l'enfant qui décéderait sans postérité, mais avec des ascendans dans la ligne paternelle et maternelle, ne peut disposer que de la moitié de ses biens, des trois quarts, s'il n'existe d'ascendans que dans une des deux lignes, art. 915, dont la dernière disposition ne contient rien autre chose, si non que l'enfant prédécédé a pu disposer de la moitié, ou des trois quarts, qui, faute de disposition, revenaient à ses frères, ou soeurs.

Des dites dispositions il résulte que la loi réserve une portion au profit des successibles en ligne directe.

La portion disponible peut être donnée, en tout ou en partie, à qui que ce soit, et même aux enfans, ou autres successibles, qui cependant doivent la rapporter à la succession, à moins que le donateur, ou par l'acte même ou par un acte séparé, mais dans les formes d'acte entre vifs ou testamentaire, n'ait déclaré expressément de donner à titre de préciput ou hors de part.

Il est aussi loisible de donner ou de léguer l'usufruit de certains biens, ou de grever la succession d'une rente viagère; mais dans ce dernier cas, s'il y a des doutes que le donateur ait excédé les limites de sa disponibilité, la loi laisse aux héritiers le choix d'abandonner aux donataires ou légataires la valeur de la quotité disponible ou de donner exécution à la disposition.

Tous les moyens qu'on prendrait pour éluder la loi, en déguisant les libéralités sous le titre d'aliénation à charge de rente viagère ou avec réserve d'usufruit, ne serviraient à rien; car les successibles en ligne directe uniquement, s'ils n'ont point consenti à l'aliénation, peuvent demander l'imputation sur la quotité disponible de la valeur en pleine propriété des biens aliénés, et exiger que l'on rapporte à la masse ce qui excède.

Il a toujours été consacré en principe que les libéralités qui entament la légitime, ne doivent pas être annullées, mais réduites à la quotité dont le donateur ou testateur pouvait disposer. Notre code maintient ce principe, comme il maintient aussi le principe qu'on ne peut demander la portion réservée sur les biens d'une personne vivante, art. 920, duquel on tire la conséquence que les donations entre vifs produisent tout leur effet pendant la vie du donateur, et que pour connaître s'il y a ou non d'excès, il faut considérer la valeur des biens, non au tems de la donati on mais à celui du décès du donateur.

Quoique la réduction ait lieu à l'égard, soit des donations entre vifs, soit testamentaires, cependant il faut distinguer les unes des autres.

S'il n'y a que des donations entre vifs, la réduction ne peut être demandée que par ceux, au profit desquels la loi établit une réserve, ou par ses ayant-cause, et non par les autres donataires ou légataires du défunt; la raison en est qu'un donataire postérieur et encore plus un légataire qui ne trouve point à se payer du montant de la donation ou legs, ne peut plus quereller la donation antérieure, vu que dans cette hypothèse le donateur n'avait plus de quoi disposer; quant aux créanciers la demande serait tout-à-fait superflue, puisque s'ils sont antérieurs, ils peuvent recouvrer leur créance on par l'action personnelle, contre la succession, ou par l'action hypothécaire sur les biens donnés; s'ils sont postérieurs, il est certain qu'ils ne peuvent demander la réduction, puisqu'à l'époque où leur créance a été établie, les biens donnés n'appartenaient plus au donateur, et ne pouvaient être soumis à l'hypothèque.

Le mode de procéder à la réduction dans les donations entre vifs, diffère de celui relatif aux dispositions testamentaires. Dans les premières on forme la masse d'après les règles expliquées au titre du partage, on en déduit les dettes, on réunit fictivement les biens donnés, tels qu'ils étaient à l'époque de la donation, et selon leur valeur au tems du décès; cette réunion faite, on détermine le montant de la réserve, et si les biens qui restent, abstraction faite de ceux donnés, ne suffisent pas pour la remplir, et qu'il y ait plusieurs donations, on commence par retrancher en tout ou en partie la dernière, et si en l'épuisant entièrement, la réserve n'est pas remplie, le retranchement se fait en remontant des dernières donations aux plus anciennes.

L'effet de la réduction consiste en ce que le donataire qui possède les biens donnés, non seulement doit les rendre en tout ou en partie, mais encore les fruits perçus du jour du décès du donateur, si la demande a été formée dans l'année, autrement il ne les rendra que du jour de la demande.

Les immeubles seront rendus sans charge de dettes ou d'hypothèque créée par le donataire, mais si celui-ci les avait vendus ou en tout ou en partie, dans le cas d'insolvabilité du donataire, l'action en réduction peut être exercée contre les tiers détenteurs, commençant toujours par l'aliénation la plus récente.

Les créanciers quoique hypothécaires, les tiers acquéreurs ne peuvent se plaindre d'aucune injustice, puisqu'au moyen de la transcription prescrite à l'art. 939, ils ont pu connaître que le donataire n'avait sur les biens donnés qu'un droit de propriété résoluble.

Lorsque le donataire se trouve être du nombre des successibles ayant droit à la réserve, la loi lui accorde la faculté de retenir, jusqu'à la concurrence de ce qui lui revient, les biens donnés, pourvu qu'ils soient de la même nature que ceux qui restent dans la succession.

S'il n'existe que des dispositions testamentaires, la réduction s'opère sans nécessité de demande formelle, car alors on forme la masse des biens, qui, déduction faite des dettes, existent dans la succession, on calcule la portion de laquelle le testateur pouvait disposer, et s'il résulte qu'il ait excédé sa disponibilité, les donations ou legs, sans distinction entre les universels et les particuliers, seront diminués au marc le franc, c'est-à-dire, au *prorata*, à moins que le testateur n'ait ordonné qu'un legs soit payé de préférence, et dans ce cas la réduction ne peut avoir lieu sur un tel legs, sauf que la valeur entière des autres ne soit pas suffisante pour compléter la réserve.

Mais si à l'ouverture de la succession on reconnaît que le défunt a excédé les limites de sa disponibilité par des donations entre vifs et par des dispositions de dernière volonté, dans ce cas on procède ainsi que dessus à la formation de la masse, y réunissant les biens donnés entre vifs; on fixe, d'après cette masse, le montant de la réserve, et si elle n'est pas remplie avec les biens desquels le défunt n'a pas disposé, la réduction se fait premièrement sur les legs au marc le franc; si malgré l'entier épuisement des legs il manque quelque somme pour compléter la réserve, la réduction tombera sur les donations, en commençant toujours par la dernière et successivement, s'il est nécessaire.

§. III.

Des formes de la donation entre vifs.

Les formes des donations entre vifs, ainsi que tout autre acte, sont intrinsèques ou extrinsèques.

Les premières ne sont que les conditions, sans lesquelles l'acte ne peut subsister; telles, par exemple, que la capacité du donateur et du donataire, et leur consentement réciproque.

Par rapport aux formes extrinsèques, il faut distinguer celles qui sont propres au donateur, de celle, qui sont particulières au donataire, ou qui ont pour objet l'intérêt des tiers.

Quant au donateur, la loi exige que tout acte de donation soit passé devant notaire, dans la forme ordinaire des contrats, et qu'il en soit gardé minute à peine de nullité, art. 931, dont la disposition ne doit pas s'étendre aux donations des biens meubles, lorsqu'ils se perfectionnent par la tradition.

La donation des effets mobiliers pouvant aussi devenir sujette à la réduction, il était important de rendre cette donation fixe et certaine au moyen des précautions dont il est parlé à l'art. 948, qui ne reconnaît valable la donation d'effets mobiliers, que pour ceux dont un état estimatif signé du donateur et du donataire, aurait été annexé à la minute de la donation.

Par rapport au donataire, la forme consiste dans la manière de constater son consentement, c'est-à-dire son acceptation qui doit être expresse, et résulter ou de l'acte même de la donation, ou par un acte postérieur également authentique.

Il n'est pas nécessaire que le donataire accepte en personne, mais il peut aussi accepter par le ministère d'un fondé de pouvoir, autorisé par acte authentique, dont une expédition doit être annexée à l'acte d'acceptation.

Pour que l'acceptation produise tous les effets dont elle est susceptible, la loi requiert qu'elle soit faite pendant la vie du donateur, et qu'elle lui soit dûment signifiée, sans quoi la donation n'est regardée que comme une simple destination de donner, et revocable conséquemment au gré du donateur.

Pour ce qui concerne les tiers, il faut observer que, quoique la donation soit parfaite par le consentement des parties, expliqué dans les formes prescrites, et que la propriété des biens donnés soit acquise par le donataire, cependant pour empêcher que des tiers qui contracteraient avec le donateur, ne soient trompés, la loi veut que l'acte de donation des biens susceptibles d'hypothèque, avec l'acte d'acceptation, si elle est postérieure, et de la signification, soient transcrits au bureau des hypothèques des lieux où les biens sont situés.

La loi ne fixe pas le tems de la transcription, mais l'intérêt du donataire exige la plus grande célérité, autrement les hypothèques que le donateur contracterait avant la transcription, ainsi que les aliénations qu'il ferait, seraient valables. A ces causes, les tuteurs, curateurs et administrateurs sont déclarés responsables s'ils ont négligé de faire transcrire en tems utile les donations au profit de leurs administrés, qui cependant ne sont point restituables contre ledit défaut dans le cas d'insolvabilité de leur administrateur.

Le principal effet de la donation entre vifs lorsqu'elle est parfaite, est de dépouiller actuellement et irrévocablement le donateur de la propriété des objets donnés, qui passe immédiatement dans la personne du donataire, ce qui n'empêche pas que le donateur ne puisse fixer à sa libéralité certaines limites, de se réserver, par exemple, la jouissance des effets donnés pour le tems qu'il lui plaira de fixer, auquel cas le donateur cesse d'être propriétaire, et jouit comme usufruitier d'une chose qui appartient au donataire.

L'irrévocabilité n'est pas un effet de la donation, mais plutôt son caractère distinctif, dans ce sens que le donateur ne peut, par son fait seul, en détruire ni en altérer l'effet; conséquemment, toute donation entre vifs ne serait valable si elle était subordonnée à des conditions qui dépendraient uniquement de la volonté du donateur, ou avec la charge de payer des dettes qui n'existeraient pas à l'époque de la donation; car, dans l'un et l'autre cas, il serait au pouvoir du donateur d'anéantir l'effet de sa libéralité.

Toutes les autres conditions, dont l'existence ou le défaut ne dépendraient pas de la volonté du donateur, opèrent que la donation demeure en suspens jusqu'à ce que la condition soit arrivée, ou qu'il soit certain qu'elle ne peut plus s'accomplir; conséquemment le donateur peut se réserver, par une déclaration expresse dans l'acte de donation, le droit de reprendre les biens donnés dans le cas de prédécès, soit du donataire seul, soit du donataire et de ses descendans.

Dans le cas susdit et d'événement de la condition, le donateur reprend les biens francs et quittes de toute charge et hypothèque, excepté celle que le donataire aurait consentie pour sûreté de la dot de sa femme, si les autres biens de l'époux donataire ne suffisent pas, bien entendu que la donation lui ait été faite par le même contrat de mariage (art. 952).

§. IV.

De la révocation des donations, et de ses effets.

QUAND les formalités ont été rigoureusement observées, la propriété des biens est tellement transférée au donataire, que le donateur ne peut plus révoquer ou modifier son bienfait; cependant la nature et l'équité appellent contre la règle de l'irrévocabilité trois exceptions que le code Napoléon reconnaît et consacre.

La première naît de l'inexécution des conditions de la part du donataire; la seconde est basée sur l'ingratitude du donataire; la troisième est celle qui naît de la survenance d'enfans au donateur.

La révocation pour cause d'inexécution des conditions, est assimilée à celle qui a lieu par l'ingratitude du donataire, en ce que ni l'une, ni l'autre ne s'opère de plein droit, mais il faut que la révocation soit demandée et prononcée en justice; ce néanmoins, l'une diffère essentiellement de l'autre, et par rapport à la personne qui peut la demander, et par rapport au tems dans lequel on doit former la demande; enfin quant aux effets. Le donateur ou ses ayant-cause, peuvent intenter la demande en révocation contre le donataire ou ses héritiers, si les conditions n'ont pas été remplies; aucun terme n'étant fixé pour former cette demande, il s'ensuit qu'elle peut être formée avant le laps de trente ans.

L'effet de la révocation dans ce cas, remonte au jour de la donation; ainsi le donateur ou ses ayant-cause, reprendront les biens donnés francs et quittes de toute charge et hypothèque créée par le donataire ou par les tiers détenteurs; au contraire la révocation par cause d'ingratitude ne peut être demandée que par le donateur et uniquement contre le donataire, et dans l'année à compter du jour où les faits constatant l'ingratitude ont pu être connus au donateur; la raison est, que le silence pendant une année peut faire présumer la remise de l'injure.

L'effet de la révocation par cause d'ingratitude n'est pas le même que dans le cas d'inexécution des conditions, vu que si le donataire a aliéné ou hypothéqué les biens donnés, les acquéreurs ou créanciers ne peuvent être troublés dans leurs droits, pourvu qne les actes, sur lesquels ces droits sont établis, soient antérieurs à la demande en révocation et à l'inscription qui doit en être faite en marge de la transcription de l'acte de donation; la raison de cette différence est appuyée sur le motif, qu'on ne peut pas reprocher aux créanciers ou tiers détenteurs de n'avoir pas prévu un cas qu'ils ne devaient pas honnêtement supposer, c'est-à-dire, que le donataire fut capable de violer le devoir sacré de la reconnaissance.

Nous remarquerons seulement que les donations en faveur du mariage, ne sont point révocables à cause d'ingratitude.

La révocation de donation à cause de survenance d'enfans, porte sur la présomption qu'elle n'aurait pas été faite si le donateur eût cru qu'il aurait des enfans.

Le code Napoléon conservant le principe de la révocabilité, l'a dégagée des nombreuses difficultés qui s'élevaient à cause de la différente nature et qualité des donations, décidant à l'art. 960, que toute donation entre vifs, quoique modique, dont il est dressé acte; les donations mutuelles et réciproques, dans le cas où elles sont permises; les donations rémunératoires et onéreuses, lorsque les charges n'égalent point les biens donnés; enfin les donations faites en faveur du mariage, par d'autres que par les ascendans aux conjoints, ou par les conjoints l'un à l'autre, soient révoquées de plein droit.

Le même article décide encore que, pour l'effet de la révocation, peu importe que l'enfant soit né du vivant ou depuis le décès du donateur, pourvu qu'il soit légitime ou légitimé par le mariage subséquent et né depuis la donation; car ils ne peuvent avoir plus de prérogatives que l'enfant né du légitime mariage.

La présomption, que le donateur n'a point voulu préférer des étrangers à sa famille, n'est point admissible, si à l'époque de la donation il existait déjà quelque enfant, quoique postérieurement il en soit né d'autres; parce-que le donateur a clairement témoigné que l'existence des enfans n'était point un obstacle à sa libéralité.

En serait-il de même, si la femme du donateur était enceinte au tems de la donation? Pourra-t-on ici appliquer la règle *qui in utero sunt pro natis habentur?* Non certainement, car il serait absurde de tourner, au désavantage des enfans conçus, une règle qui ne peut avoir lieu que lorsqu'il s'agit de leur intérêt (art. 961).

Les effets de la révocation sont:

1.° Qu'au moment de la naissance de l'enfant, le donataire n'a plus titre pour retenir les objets donnés, qu'il sera tenu de les rendre avec les fruits perçus, du jour que lui aura été notifiée, en due forme, la naissance de l'enfant;

2.° Que les biens donnés doivent rentrer dans le patrimoine du donateur, libres de toute charge et hypothèque, quelles que soient les causes pour lesquelles le donataire les a imposées (art. 963), dont la disposition s'étend même au cas que le donateur se serait obligé comme caution à l'exécution des clauses du mariage contracté par le donataire, parce-que la garantie dans l'espèce est aussi une donation qui doit être également soumise à la révocabilité;

3.° Que le donateur, ou ses ayant-cause peuvent diriger la demande pour la restitution des biens donnés, non seulement contre le donataire, mais contre les tiers détenteurs, auxquels le donataire n'a pu transférer un droit plus fort que celui qu'il avait lui-même.

Le droit de révoquer tenant à la nature, aux bonnes moeurs, à l'intérêt du mariage, il s'ensuit que le donateur ne peut y renoncer, et que toute renonciation doit être nulle (art. 965).

La donation révoquée ne pourra plus revivre ni par la mort de l'enfant, ni par aucun acte confirmatif du donateur, qui cependant ne sera pas empêché de perfectionner la donation par un nouvel acte passé d'après les règles prescrites pour les donations en général.

L'action en révocation, quelle qu'en soit la cause, se prescrit, comme toutes les autres actions, par le laps de trente ans, à partir du jour qu'elle a pu être exercée, sans préjudice des interruptions telles que de droit.

§. V.

Des dispositions testamentaires.

TOUTE disposition à titre gratuit, qu'un homme fait à condition qu'elle ne sera exécutée qu'au tems qu'il n'existerait plus, sous quelque dénomination que l'acte soit conçu, s'appelle aujourd'hui *testament*.

Pour savoir si un testament est valable, il faut, comme dans les donations entre vifs, considérer la capacité de celui qui l'ordonne, de celui qui reçoit, le fond de la disposition et les formes extrinsèques de l'acte qui la renferment.

Les règles sur la capacité des personnes et sur le fond de la disposition, étant les mêmes que celles des donations entre vifs, nous ne reviendrons plus sur cette matière, pour nous occuper des formes dont le testament doit être revêtu, selon ses différentes espèces.

La loi reconnaît trois sortes de testamens, savoir : l'olographe, le testament par acte public, et le testament dans la forme mystique.

Ils ont cela de commun, qu'ils doivent tous les trois être rédigés par écrit et faits par le testateur seul, sans qu'une autre personne puisse avoir part à la disposition. De-là les testamens de deux ou plusieurs personnes ne peuvent être contenus dans le même acte, quoiqu'ils soient faits au profit d'un tiers ou à titre de disposition réciproque et mutuelle (art. 968) ; car la réciprocité ou l'intérêt d'un tiers nuirait au caractère essentiel du testament, c'est-à-dire, à la révocabilité.

Le testament *olographe*, qu'on peut dire l'image de la pensée et l'organe véritable de la volonté du testateur, doit, à peine de nullité, être écrit en entier, daté et signé de la main du testateur, sans aucune autre formalité, pas même de la désignation du lieu, où l'acte est passé.

La date est de la plus grande importance, non seulement lorsqu'il y a plusieurs testamens, mais encore quand il n'y en a qu'un seul, pour savoir si, à l'époque qu'il a été fait, le testateur était capable de tester.

De ce que la loi prescrit que le testament olographe soit en entier écrit par le testateur, il s'ensuit, que s'il était d'une autre main, quoique approuvé ou signé par le testateur, il ne serait aucunement valable, comme il serait aussi nul, si dans le testament écrit par le testateur il y avait quelque mot écrit d'une main étrangère.

Quelle que soit la manière dont l'existence d'un testament olographe soit connue, afin qu'il puisse avoir son effet, le code de procédure, aux art. 916, 917, 920, prescrit les formalités pour en constater l'état et en faire connaître légalement les dispositions.

On appelle *testament par acte public* celui qui est reçu par deux notaires, en présence de deux témoins, ou par un notaire en la présence de quatre témoins, qui doivent réunir en eux les qualités de majeurs, sujets de l'Empereur, jouissant des droits civils, et en outre, n'être ni légataires, ni parens ou alliés jusqu'au quatrième degré des légataires nommés dans le testament, ni clercs des notaires qui reçoivent l'acte de dernière volonté (art. 980).

Pour la validité du testament par acte public, outre la signature des témoins, la loi exige qu'il soit dicté par le testateur et écrit tel qu'il a été dicté par un des notaires ou par celui qui reçoit l'acte; que lecture en soit faite au testateur en présence des témoins; qu'il y soit fait mention expresse de tout ce que dessus, et que l'acte soit signé par le testateur, à moins qu'il ne puisse signer, auquel cas on fera mention expresse, soit de la déclaration du testateur, soit de la cause qui l'a empêché de signer; enfin que le testament soit signé par les témoins, (art. 974) qui excepte de la nécessité de la signature de tous les témoins le testament fait à la campagne.

Le doute s'étant élevé sur la signification du mot *campagne*, la Cour de Turin par son arrêt du 23 mai 1810, prononça qu'un petit village, quoique qualifié de commune, devait être considéré comme un endroit situé à la campagne; l'exception dont il est question audit article, lui étant appliquable.

Le code est muet sur la date du jour, mois, an et lieu, où le testament est dressé; mais ce silence est suppléé par l'art. 12 de la loi sur le notariat du 25 ventôse an 11 (16 mars 1803).

Le testament mystique, ainsi appelé parce-qu'il est mystérieux et secret, a été introduit pour donner aux testateurs le moyen de cacher leurs dispositions à ceux à qui ils ne veulent pas qu'elles soient connues : il ne faut pas dissimuler, que cette manière de tester ne soit exposée à plusieurs inconvéniens, tels que la subrogation des personnes, ou des pièces ; c'est pour cette raison que les lois, et notamment notre code, défendent de tester en forme mystique à ceux qui ne savent, ou ne peuvent lire.

Dans le cas qu'un testateur soit muet, mais qu'il puisse écrire, la loi sans l'empêcher de faire un testament mystique, exige, outre les autres formalités, qu'il soit entièrement écrit, daté et signé de la main du testateur, et qu'en le présentant au notaire, et aux témoins il écrive en haut de l'acte de souscription que le papier qu'il présente est son testament, après quoi le notaire dresse le susdit acte de subscription, où il doit faire mention que le testateur a écrit de sa main, en présence de lui notaire et des témoins ; ce qui cependant ne déroge point à la nécessité de pratiquer les autres formalités détaillées à l'art. 976, dont la dernière disposition n'est applicable qu'aux cas que le testateur, par une cause à lui survenue après la signature du testament, soit empêché de signer l'acte de subscription.

§. VI.

Des testamens privilégiés.

Les circonstances extraordinaires, qui peuvent mettre le testateur dans l'impossibilité d'exécuter la loi par rapport aux formes des testamens, exigent que la loi lui facilite les moyens de tester dans des formes tout-à fait particulières et analogues aux différentes situations, où le testateur se trouve; sont conséquemment exceptés de la règle générale les testamens militaires, ceux faits pendant un voyage maritime, ceux qui seraient faits dans un lieu, avec lequel toute communication serait interceptée à cause d'une maladie contagieuse, enfin le testament d'un français fait en pays étranger.

Le testament militaire est celui qui est fait par un militaire ou par un individu employé dans les armées, qui serait en expédition militaire, ou en quartiers, ou en garnison hors du territoire de l'Empire, ou prisonnier chez l'ennemi.

La loi refuse avec raison le privilège de tester militairement à ceux qui, quoique militaires, ou à la suite de l'armée, sont dans l'intérieur de la France en tems de paix, puisque rien ne s'oppose à ce qu'ils puissent observer les formes ordinaires.

Sur le même principe, il est également juste que le testament militaire, d'ailleurs valable d'après les formes prescrites aux articles 981, 982, devienne nul à l'expiration de six mois, à compter du jour où le testateur aurait pu tester comme tout autre français.

L'individu engagé dans un voyage de mer peut, pendant le voyage et s'il est en pleine mer, tester, en se conformant aux règles prescrites aux articles 988, 989; conséquemment le testament fait après l'embarquement, mais avant le départ, ou dans un tems, où le bâtiment aurait abordé la terre, ne jouirait d'aucun privilège, parcequ'il aurait pu pratiquer les formalités du lieu où il a abordé (art. 994).

Le testament, même fait en mer, et dans le cours du voyage, ne conserve son privilège, et sa validité qu'autant que le testateur décède en mer, ou avant les trois mois après qu'il est débarqué dans un lieu où il aurait pu pratiquer les formes qui y sont en usage (art. 996).

Il est particulier aux testamens faits en mer, qu'ils ne peuvent contenir des libéralités au profit des officiers du bâtiment, à moins qu'ils ne soient parens du testateur, (art. 997) basé sur le motif que les officiers sont ceux qui doivent recevoir la disposition, et la consigner par écrit, et qu'en outre il était important d'écarter toute crainte d'influence sur l'esprit du testateur.

Le privilège accordé aux voyageurs par mer n'obtiendrait pas son effet, si la loi ne se fût pas empressée de conserver l'existence de l'acte qui contient les dispositions, et d'en empêcher la perte; à cette fin elle ordonne que le testament soit fait en double original, dont tous les deux, ou un seulement, selon que le bâtiment abordera dans un port français, ou étranger, seront remis aux fonctionnaires désignés à l'art. 991 et 992, ceux-ci sont chargés de les faire parvenir au ministre de la marine, qui en ordonnera le dépôt au greffe de la justice de paix du lieu du domicile du testateur.

Pour s'assurer de plus en plus, que le voyageur par mer a disposé par testament, la loi veut que mention soit faite, à la marge du rôle du bâtiment, du nom du testateur, de la remise faite des originaux, avec désignation des fonctionnaires, aux mains desquels ils auront été déposés.

Les maladies contagieuses effrayent les hommes au point de les porter à se fuir, et à se refuser réciproquement les secours mêmes de l'humanité: dans ces terribles circonstances tout individu attaqué ou non de la maladie, qui se trouvera dans un lieu avec lequel toute communication soit interceptée, mérite une indulgence particulière, qui lui facilite les moyens de manifester sa volonté; c'est pour une telle cause que notre code aux art. 985, 986, 988, prescrit des formes, à la vérité très-simples, mais en même tems plus que suffisantes pour s'assurer de la volonté du testateur.

La presqu'impossibilité d'avoir recours aux formes ordinaires des testamens étant le motif de l'indulgence de la loi, il est conséquent que si le motif cesse du vivant du testateur, l'effet du privilège cesse aussi; si donc le testateur échappe à la mort, son testament sera de nul effet six mois après que les communications seront rétablies avec le lieu où il a disposé, ou six mois après qu'il sera passé dans un lieu où la communication n'a pas été interrompue.

Le français capable de tester, qui se trouve en pays étranger, s'il ne choisit pas la forme du testament olographe, peut pratiquer les formalités adoptées dans le pays, où il se trouve; dans ce cas, quoique le testament par rapport aux formes extérieures soit valable, il ne sera cependant pas exécuté en France, s'il n'est enregistré au bureau du domicile du testateur, et du lieu où sont situés les immeubles, desquels il aurait disposé.

On doit scrupuleusement, et ponctuellement observer les formalités respectivement prescrites à toute espèce de testament; et leur ommission, quelle qu'en soit la cause, même celle d'erreur, entraîne la nullité du testament, (art. 1001, arrêt de la cour de Turin 17 février 1806.)

§. VII.

Des institutions d'héritiers, et des legs en général.

Les dispositions testamentaires sont ou universelles, ou à titre particulier: soit que la disposition ait été conçue sous la dénomination d'institutiom, ou de legs, elle est valable, si la volonté est claire, et l'acte, qui la contient revêtu des formes légales (art. 967, 1002). Conséquemment la validité du testament, n'est plus comme dans le droit romain dépendante de la désignation d'un ou de plusieurs successeurs sous la dénomination d'héritiers.

Il faut remarquer que la disposition pouvant, d'après l'art. 895, embrasser la totalité de la succession, ou une portion, ou même un objet particulier, il s'ensuit que ceux qui sont appelés à une partie de la succession, ou à une chose singulière, n'ont droit qu'à ce qui leur est expressément donné, et que tout bien restant doit appartenir aux héritiers du sang.

La disposition qui embrasse la totalité de la succession s'appelle *legs universel*; celle qui n'embrasse qu'une partie s'appelle *legs à titre universel*; et *legs particulier*, si la disposition ne porte que sur un objet déterminé, (art. 1003, 1010, 1014).

Le testateur peut faire un ou plusieurs légataires universels qui seront saisis de plein droit des biens de la succession, si le testateur est décédé sans laisser des héritiers, auxquels une quotité des biens est réservée par la loi; s'il y a de tels héritiers, les légataires, quoique universels, doivent demander aux dits héritiers la délivrance des legs, c'est-à-dire de tout ce qui excède la portion réservée, avec les fruits du jour du décès du testateur, si la demande a été formée dans l'année, autrement du jour de la demande formée en justice, ou du jour que la délivrance aurait été consentie (art. 1004, 1005).

Le légataire universel, qui se trouve en concurrence avec des héritiers, auxquels la loi réserve une quotité des biens, est tenu des dettes et charges de la succession au prorata de son émolument.

Les créanciers hypothécaires du défunt conservent le droit de poursuivre leur paiement sur les biens échus au légataire universel, quoique leurs créances excèdent la valeur des biens qu'il a reçus (art. 873, 1009); il est tenu d'acquitter tous les legs, afin que la réserve demeure intacte; cependant si le testateur a épuisé par des legs particuliers la totalité des biens, le légataire universel peut faire réduire les legs excessifs selon les règles établies aux articles 926, 927.

Après le légataire universel, la loi place le légataire à titre universel, c'est-à-dire celui auquel a été léguée une quote-part, tel que la moitié, un tiers ou la totalité ou partie d'une sorte de biens, par exemple la totalité, ou la moitié des biens immeubles, ou une quotité des biens meubles.

Le légataire à titre universel est tenu, comme le légataire universel, des dettes et charges de la succession personnellement pour sa part et portion, et hypothécairement pour le tout, mais il diffère du légataire universel et par rapport à la saisine, et par rapport au payement des legs : quant à la saisine, le légataire à titre universel ne peut se mettre en possessiondes biens qui lui ont été donnés, mais il doit en demander la délivrance aux héritiers légitimes, ou aux légataires universels.

Quant au paiement des legs, il faut distinguer entre le cas où le légataire à titre universel soit en concours avec des héritiers légitimaires, et le cas où le concours soit avec des héritiers auxquels la loi n'accorde aucune réserve ; dans le premier cas il faut voir si le testateur a absorbé ou non la portion disponible : si la portion disponible est absorbée, le légataire à titre universel doit acquitter entièrement les dettes, et legs particuliers, quand même les biens qui lui restent ne seraient pas suffisans pour les acquitter ; il doit imputer à sa faute d'avoir imprudemment accepté une libéralité trompeuse ; dans le cas où le testateur n'a pas épuisé entièrement sa disponibilité, les legs doivent être acquittés proportionnellement par le légataire, et par les légitimaires, eu égard à l'excédant de la portion réservée : par exemple le testateur qui aurait pu disposer des trois quarts de ses biens, lègue le quart de la totalité de sa fortune, et fait en outre plusieurs legs particuliers, en tout pour la somme de mille fr. : dans cette hypothèse, si l'héritier légitimaire reçoit, outre le quart à lui réservé, deux autres quarts, le légataire légitimaire payera les deux tiers de mille francs, et le légataire à titre universel l'autre tiers.

Si au contraire le légataire à titre universel concourt avec des héritiers qui n'ont pas de réserve; il ne payera les legs particuliers qu'à raison de la quote-part qui lui est déférée; le légataire même de l'usufruit, soit universel, soit à titre universel, doit aussi supporter les charges, et acquitter les dettes de la succession, d'après les règles établies aux art. 608, 610, 612.

Nous avons vu plus haut que les legs d'un, ou de plusieurs objets désignés et faisant partie du patrimoine du défunt s'appellent legs particuliers, dont le but en général étant de gratifier le légataire, il s'ensuit que le legs qu'un débiteur ferait à son créancier, n'est pas censé en compensation de la créance; de même le legs au profit des domestiques du testateur n'est pas censé fait en compensation de leurs gages (art. 1023).

Le légataire à titre particulier, ainsi que le légataire à titre universel, n'est pas autorisé comme l'héritier, ou légataire universel à se mettre de plein droit en possession de la chose léguée qui lui doit être, et sur sa demande, délivrée par les héritiers, ou légataires universels, qui ne seront tenus à rendre les fruits de la chose léguée, ni à payer des intérêts que du jour de la demande, à moins que le testateur n'ait expressément déclaré qu'ils seraient dus tout de suite à son décès, ou qu'il s'agisse d'un legs à titre de rente viagère, ou à titre d'alimens (art. 1014, 1015).

Lorsque le legs est pur et simple, ou à terme, ou même sous une condition simplement suspensive de l'exécution de la disposition, la propriété de la chose léguée est acquise aux légataires du jour du décès du testateur, de sorte que si le légataire est décédé avant la délivrance de la chose léguée, son droit passe à ses héritiers ou ayant-cause (art. 1014, 1041).

Il en est autrement lorsque le legs est subordonné à une condition vraiment suspensive, parce que dans ce cas le légataire n'a qu'un droit éventuel, une simple espérance aucunement transmissible à ses héritiers.

Avant d'abandonner la matière des legs particuliers, il est important de remarquer que la délivrance de l'objet légué doit embrasser tous les accessoires, et dans l'état où la chose se trouve au jour du décès du testateur; conséquemment les embellissemens, quoique faits postérieurement au testament, feront partie du legs; il n'en est pas de même des acquisitions des fonds, quoique contigus à l'immeuble, dont la propriété a été légué; car le fond ainsi acquis ne peut être considéré comme accessoire de l'immeuble légué, s'il n'y a une disposition contraire de la part du testateur (art. 1116, 1119).

D'après le principe que la chose léguée doit être délivrée dans l'état où elle se trouve au jour du décès du testateur, il s'ensuit, que le légataire particulier ne peut forcer l'héritier ou légataire universel à dégager le fond légué, des hypothèques dont il serait grevé (art. 1020); mais il aura le recours contre les héritiers ou légataires universels dans le cas où, par la suite, il soit obligé de payer ou déguerpir (art. 874).

Nous observons enfin que tout legs d'une chose qui n'appartient pas au testateur ne peut avoir d'effet, quelque ait été la jurisprudence romaine sur cet objet, dont cependant les principes sur la matière des legs particuliers doivent encore être constamment suivis, si notre code n'y a pas apporté des changemens.

§. VIII.

De la révocation des testamens.

Toute disposition testamentaire cesse d'avoir son exécution lorsqu'elle est révoquée expressément ou tacitement par le testateur même.

La révocation expresse se fait par un testament postérieur, ou par un acte notarié portant déclaration de changement de volonté (art. 1035); sans cette déclaration un testament postérieur n'annullerait pas l'antérieur, dont les dispositions ne seraient point incompatibles avec les nouvelles.

Il est essentiel de remarquer qu'un premier

testament qui a été révoqué par un postérieur, ne reprend point sa force, quand même celui-ci resterait sans exécution, pour toute autre cause que par défaut de forme (art. 1037); (arrêt de la cour de Turin 19 mars 1810, au procès Bongioanni).

La révocation tacite résulte d'une disposition nouvelle absolument contraire à la première, ou de l'aliénation que le testateur ferait de la chose léguée sans distinction entre l'aliénation volontaire, et l'aliénation nécessaire, sans égard aussi à la nullité ou validité de l'aliénation, ou que l'objet aliéné soit ou non rentré dans les mains du testateur (art. 1038).

Enfin la révocation peut être présumée, comme dans le cas où l'héritier institué, ou le légataire aurait attenté à la vie du testateur, ou s'il se serait rendu coupable envers lui de sévice, délit, ou injure grave, en outrageant sa mémoire: dans ce dernier cas, la demande en révocation doit être intentée dans l'année, à partir du jour du délit (art. 1046, 1047).

Indépendamment de la volonté du testateur, ses dispositions peuvent demeurer sans effet, ou à cause de la nullité résultant du défaut de forme, ou parceque la disposition est contraire aux lois (art. 896, 1001).

Il en est de même lorsque la personne, au profit de laquelle le testateur aurait disposé, ne peut ou ne veut accepter son bienfait (art. 1039, 1043); auxquels cas il y aura lieu à accroissement au profit des institués, ou légataires conjoints par la même disposition, ou lorsque l'objet légué n'est pas susceptible de division (art. 1044, 1045).

La disposition enfin demeure sans effet, si la chose ne peut plus être livrée, sans qu'il y ait de la faute de la part de ceux qui en devaient faire la délivrance (art. 1042).

§. IX.

Des exécuteurs testamentaires.

Il y a souvent des dispositions testamentaires, dont l'exécution dépend de la seule bonne foi des héritiers et dont plusieurs héritiers manquent de s'acquitter. La loi conséquemment permet aux testateurs non seulement de charger d'autres personnes de l'exécution de leurs dispositions qu'ils ne veulent pas faire dépendre des héritiers institués, ou des légataires; mais encore de donner à la personne ou aux personnes désignées, la saisine de tout ou partie du mobilier. Cette saisine ne peut durer au-delà de l'an et jour à compter du décès du testateur; elle peut même cesser avant le dit délai, si les héritiers justifient du paiement des legs, ou s'ils offrent une somme suffisante pour leur paiement (art. 1021).

Les exécuteurs testamentaires, lorsqu'ils ont

la saisine du mobilier, et que parmi les héritiers il y a des mineurs, ou des interdits, ou des absens, sont tenus,

1.° De faire apposer les scellés;

2.° De procéder en présence des autres héritiers présomptifs, ou de ceux-ci dûment appelés, à l'inventaire des biens de la succession; et dans le cas que la saisine ne leur ait pas été accordée, ils doivent provoquer la vente du mobilier, s'il n'y a pas d'argent suffisant pour acquitter les legs : ils sont en outre chargés de veiller à l'exécution du testament; conséquemment ils sont autorisés à intervenir au procès pour soutenir la validité du testament : ils sont enfin tenus de rendre compte de leur gestion (art. 1031).

D'abord que les exécuteurs testamentaires contractent des obligations, il est évident que toute personne qui ne peut pas s'obliger, ne peut pas se charger de l'exécution d'un testament; ainsi les mineurs émancipés ou non ne peuvent accepter une telle charge, quand même ils seraient autorisés par leur tuteur, ou curateur.

Les femmes en général ne sont point incapables d'une telle charge, puisqu'elle n'est pas considérée comme charge publique; cependant la femme mariée, et non séparée de biens, ne peut accepter la susdite qualité qu'avec l'autorisation du mari : étant séparée de biens, au refus du mari, elle peut accepter d'exécuter un testament avec l'autorisation judiciaire (art. 1029, 1030).

L'exécuteur testamentaire n'est foncièrement qu'un mandataire sujet aux mêmes règles qui régissent le contrat de mandat; de-là il résulte que son pouvoir lui est tellement personnel, qu'il ne peut ni le communiquer, ni le transférer à un autre (art. 1032).

Le mandat étant de sa nature gratuit, il s'ensuit que l'exécuteur testamentaire ne peut demander de salaire, quand même il n'y aurait point de legs à son profit.

Si plusieurs exécuteurs testamentaires ont accepté la charge, un seul peut agir au défaut des autres, et à l'exemple de plusieurs tuteurs, ils seront solidairement responsables du mobilier qui leur a été confié, à moins que le testateur n'ait divisé leurs fonctions, et que chacun se soit renfermé dans ses bornes (art. 1033).

Il est de principe que *officium suum nemini debet esse damnosum*: telle est la base de la disposition de l'article 1034.

§. X.

Des partages faits par père, mère, ou autres ascendans, entre leurs descendans.

Il serait certainement affligeant pour un père ou une mère de ne pouvoir se ménager le doux espoir de laisser dans leur famille, avec leur fortune, le bien inappréciable de la paix et de l'harmonie, que l'expérience montre être très-souvent interrompue à l'occasion des partages; il était donc de la sagesse du législateur de protéger les dispositions des pères et mères qui auraient pour but d'éloigner tout motif de discorde entre leurs enfans: c'est pour cela que l'art. 1075 accorde aux pères et mères, et autres ascendans de faire entre leurs enfans et descendans, soit par acte entre vifs, soit de dernière volonté, la distribution et partage de leurs biens, observant les formes, conditions et règles prescrites pour les donations, et pour les testamens (art. 1076); mais si le partage est fait par acte entre vifs, il ne peut comprendre que les biens présens, de manière que tout ce que le disposant aurait acquis postérieurement à la donation, doit se diviser d'après les règles établies au titre des partages et rapports (art. 1076, 1077).

Les règles fondamentales du partage fait par père et mère, sont,

1.° Qu'il soit fait entre tous ceux qui ont droit à la succession, de manière que l'omission d'un des héritiers emporterait la nullité du partage, à l'égard même des autres qui y ont été compris (art. 1078);

2.° Que le partage soit autant que possible égal; cependant comme il est presqu'impraticable de conserver une égalité parfaite, la loi laisse aux ascendans une certaine latitude dans le partage, qui ne peut être attaquée à raison de l'inégalité, que lorsqu'un des co-partageans souffrirait une lésion au-dessus du quart, (art. 1079, dont la première partie doit être entendue du cas, où le partage embrasserait tous les biens de l'ascendant) car, si indépendamment du partage il y a disposition par préciput en faveur d'un des descendans on pourrait l'attaquer, si en cumulant le préciput avec le partage, il venait à résulter que l'ascendant a disposé au-delà de son droit: par exemple, un père a quinze mille francs de biens, et deux enfans; il donne à un d'eux cinq mille francs par préciput, somme dont il pouvait disposer; les dix mille francs restant sont partagés pour la concurrence de six mille francs au profit de l'enfant prélégataire, et les autres quatre mille francs à l'autre enfant; la lésion dans cette hypothèse ne s'éléverait pas au quart, ce néanmoins le partage peut être attaqué sur la considération qu'en réunissant le préciput aux six mille francs, il résulterait au profit d'un des enfans un avantage plus grand que la loi ne permet, ou, en d'autres termes, il résulterait que le père a disposé au-delà du tiers, duquel il avait uniquement le droit de disposer.

Toute réclamation doit être basée sur la justice; mais comme le droit du réclamant en peut être reconnu fondé qu'après connaissance de cause, et que d'ailleurs la jalousie ou la haine serait la cause d'une réclamation déplacée, c'est à bon droit que le législateur ordonne que les frais de procédure seront avancés par le réclamant, sauf le droit de les répéter si on a fait lieu à sa demande (art. 1080).

TITRE III.

Des contrats, ou des obligations conventionnelles en général.

CHAPITRE I.

Dispositions générales.

Nous avons vu jusqu'ici comment la propriété des biens se transmet par la voie des successions, il nous reste à voir de quelle manière les hommes se la transmettent mutuellement pendant la durée de leur vie : cette transmission se fait par le moyen de l'exécution des obligations.

On confond assez communément, dans le langage ordinaire, les mots *obligation*, *contrat*, *convention* ; il y a cependant de la différence entr'eux.

L'obligation généralement est le lien moral qui force à remplir certains engagemens.

Le contrat a un sens plus ou moins étendu ; dans le sens le plus général, il exprime l'acte qui renferme la cause de l'obligation ; dans un sens plus restreint, il indique la nature et le caractère de chaque convention ; on dit contrat de vente, de prêt, de société, etc.

Le contrat est une convention, par laquelle deux ou plusieurs personnes s'engagent à donner, faire, ou ne pas faire quelque chose.

Le contrat étant une convention, et celle-ci étant le concours du consentement de deux ou plusieurs personnes sur un même objet, il n'y a pas de contrats, tant que ce concours n'a pas eu lieu; ainsi la simple promesse d'une part ne forme point de contrat sans l'acceptation de l'autre (argument de l'art. 932).

Les conventions par lesquelles les parties s'engagent les unes envers les autres, s'appellent *synallagmatiques* ou *billatérales*; tels sont les contrats de vente, louage, etc.

Lorsqu'une partie seule s'engage envers l'autre, le contrat est *unilatéral*, ainsi le prêt de consommation, appelé *mutuum*, est *unilatéral*, le seul emprunteur étant obligé envers le prêteur.

Sont commutatifs les contrats, dont l'objet est un échange de choses, ou de services; conséquemment la vente, le louage, outre la qualité de synallagmatiques, sont aussi commutatifs.

La convention peut aussi rouler sur des chances incertaines de gain, ou de perte, comme la vente d'un coup de filet, ou d'une récolte à venir; dans ce cas et semblables, le contrat est aléatoire.

La loi appelle contrats de bienfaisance ceux

par lesquels une partie procure à l'autre un avantage purement gratuit; à cette classe on peut rapporter la donation, le prêt à usage, le mandat.

Le contrat qui assujétit chacune des parties à donner ou à faire quelque chose, comme on le voit dans la vente, le louage, et l'échange, est désigné pour contrat à titre onéreux.

La division des contrats, telle qu'on vient de la voir, outre l'avantage d'être facile à saisir, nous fait connaître que le code Napoléon rejette les nombreuses divisions établies par le droit romain, en contrats nommés et sans nom, en contrats de bonne foi et de droit strict, en contrats consensuels etc., puisque toute convention licite, et dont existe la preuve, produit aujourd'hui obligation parfaite et une action civile; toutes exigent la bonne foi, et l'équité est leur règle générale.

Chapitre II.

Des conditions essentielles pour la validité des conventions.

Les conditions essentielles pour la validité d'une convention, sont :

1.° Le consentement de la partie qui s'oblige;

2.° La capacité de contracter;

3.° Un objet certain, qui forme la matière de l'engagement;

4.° Une cause licite dans l'obligation; auxdites conditions nous ajouterons encore, comme également essentielle, celle de la possibilité physique et morale de remplir l'obligation, étant de principe que nul n'est tenu de faire ce qui lui est impossible, soit que la nature, soit que la loi, ou les bonnes moeurs s'opposent à l'exécution.

Section I.

Du consentement.

Le consentement n'est valable qu'autant qu'il n'est donné ni par erreur, ni arraché par la violence, ni surpris par le dol; mais pour que l'erreur puisse vicier la convention, il faut qu'elle tombe sur la chose même qui en forme l'objet; l'erreur donc ne serait point cause de nullité, si elle ne tombe que sur quelque qualité accidentelle, ou sur la personne avec laquelle on a intention de contracter, à moins que la considération de cette personne ne soit la cause principale de cette convention.

La volonté qui n'est pas libre, ne peut jamais avoir le caractère d'une véritable volonté; il n'y a donc point de consentement, ni par conséquent de convention là où il y a violence, sans égard à la personne qui l'exerce (art. 1111).

On entend par violence un mal actuel, ou la crainte d'un mal grave et prochain, et telle à faire impression sur une personne raisonnable: il est donc important, pour connaître le degré de la violence, d'avoir égard à l'âge, au sexe, à l'état physique, et moral de la personne, sur l'esprit de laquelle on s'est permis d'user d'un tel moyen: mais pour que la crainte opère le vice de la convention, elle doit en être la cause, et non l'occasion; par exemple, si dans la vue d'un grand danger une personne s'obligeait envers une autre, pour avoir son secours, l'obligation serait valable; réductible cependant aux termes d'équité, eu égard à l'importance du service rendu.

On ne doit pas non plus regarder comme violence la crainte de déplaire aux personnes, envers lesquelles on est engagé par des sentimens de respect, tels que les ascendans, à moins qu'elle ne résulte à la fois du concours de la violence (art. 1114).

Sous la dénomination de dol on comprend tous les artifices employés pour tromper: le dol, comme une méchanceté qui n'est point dans la nature de l'homme, doit être prouvé clairement, et ne peut aucunement se présumer.

L'erreur, la violence, ou le dol ne vicient point les conventions d'une manière égale, l'erreur empêchant tout consentement emporte la nullité de l'obligation, au lieu que celle contractée par violence ou dol est seulement vicieuse; cependant la nullité même n'est point encourue de plein droit, mais on doit en faire la demande en justice au moyen de l'action en nullité, ou en rescission (art. 1117).

De la nécessité du consentement il résulte, qu'on ne peut s'engager, ni stipuler que pour soi-même; conséquemment la promesse du fait d'un tiers est inutile, car celui qui a promis, ne s'est engagé à rien, et la personne désignée ne peut être liée par une convention qui lui est étrangère; néanmoins si celui qui promet le fait d'un tiers se rend garant ou s'engage de faire ratifier la convention, l'obligation produira son effet; en ce sens que celui qui a promis pourra être actionné, et tenu à l'indemnité en cas que le tiers refuse de tenir l'engagement.

Par le même principe la stipulation faite au profit d'un tiers est nulle et par rapport au stipulateur, et par rapport à la personne qui devrait profiter de la convention; cette règle cependant souffre quelques exceptions, et premièrement la stipulation profite non seulement au stipulateur, mais à ses héritiers ou ayant cause, à moins que le contraire ne soit exprimé, ou ne résulte de la nature de la convention;

2.° Lorsqu'il est de l'intérêt du stipulateur que la convention soit exécutée;

3.° Dans le cas que l'obligation de donner à un tiers soit la condition d'une donation; par exemple, je vous donne un certain héritage à condition que vous donnerez mille francs à

Titius; dans cette espèce il est à remarquer que le donateur peut décharger le donataire de l'obligation de payer les mille francs, avant que Titius ait déclaré qu'il acceptait les mille francs; après cette déclaration il n'est plus au pouvoir du donateur d'ôter à Titius un droit acquis et qu'il peut exercer contre le premier donataire (art. 1121).

Section II.

De la capacité des parties contractantes.

La règle générale est que toute personne peut contracter, si elle n'est pas déclarée incapable par les lois (art. 1123).

L'incapacité que la loi prononce par rapport à certaines personnes, est basée ou sur la présomption qu'elles n'ont pas un discernement suffisant, ou sur des considérations d'ordre public; les enfans, les insensés, les furieux, même avant l'interdiction, comme incapables de consentement dans l'ordre naturel, sont aussi incapables de contracter; l'autorisation qui pourrait intervenir du tuteur ou curateur ne serait pas suffisante pour suppléer un tel défaut, puisque l'autorisation suppose une certaine obligation, qui dans l'espèce ne peut aucunement se vérifier.

La présomption de l'insuffisance de discernement est la cause de l'incapacité des mineurs, qui ont déjà atteint l'âge de la raison; mais cette incapacité n'est pas rigoureusement naturelle et absolue, puisque notre code accordant aux mineurs la restitution en cas de lésion, suppose nécessairement, qu'il peuvent contracter (art. 1125, 1304, 1305).

Sur les considérations d'ordre public, la loi prononce l'incapacité des femmes mariées sans l'autorisation maritale, ou de la justice.

Le prodigue, lorsqu'il a reçu un conseil, est frappé d'une incapacité civile par rapport à certains actes, de même que les personnes qui ne jouissent pas du droit civil, comme les étrangers, et les morts civilement, qui, quoique capables des conventions qui sont du droit des nations, sont cependant incapables des actes du droit civil proprement dit, comme le testament, la donation etc. (art. 513, 1124).

Les incapacités susmentionnées, ayant pour objet de protéger, et de conserver les droits des personnes qui en sont frappées, ne doivent point se rétorquer à leur préjudice; conséquemment ceux qui, capables de s'engager, ont contracté avec des mineurs, des interdits, ou des femmes mariées non autorisées, ne peuvent leur opposer la nullité de la convention, étant imputable à leur faute, s'ils ont contracté avec ceux, dont ils devaient connaître la condition, et les lois protectrices de leur faiblesse (art. 1125).

SECTION III.

De l'objet et de la matière des contrats.

On entend par objet ou une chose qu'une personne s'oblige de donner à un autre, ou un fait auquel elle s'engage; le simple usage, comme dans le prêt, la simple possession, comme dans le louage, peut être l'objet du contrat, comme s'il était la chose même (art. 1127).

La chose qui forme l'objet du contrat doit être dans le commerce; conséquemment la convention d'une chose destinée au culte, ou d'usage public, ou autrement hors de commerce, est tellement nulle qu'elle ne peut devenir valable, quand même cette chose serait par la suite rendue au commerce, et que ce cas ne pourrait être valablement ajouté à l'obligation, comme condition.

Un objet, ou pour mieux dire, une chose qui ne soit pas déterminée, et qui ne puisse point se déterminer en son espèce, ne peut être la matière de l'obligation, ainsi la stipulation d'un meuble en général sans en déterminer l'espèce ne peut produire d'effet, vu que la personne engagée peut se libérer en livrant une chose quelconque, quoique sans valeur; il en serait de même, si l'obligation avait pour objet du bled, ou du vin, ou toute autre chose fungible, sans que l'intention des parties sur la quantité soit connue.

Un cheval, quoique non désigné, peut être l'objet d'une obligation, étant déterminé quant à l'espèce; le créancier, dans ce cas, ne peut demander que d'une manière indéterminée un cheval, et le débiteur pourra choisir le cheval qu'il entend de livrer, pourvu qu'il soit commerçable.

Pour la validité d'une convention, il n'est pas nécessaire que la chose qui tombe en contrat existe actuellement: il suffit qu'elle puisse exister, telle, par exemple, que les fruits à recueillir d'un certain fond (art. 1130).

Les choses qu'on espère d'acquérir peuvent être l'objet d'une convention; cependant la loi défend formellement toute renonciation à une succession non ouverte, et toute stipulation sur icelle. Cette prohibition a lieu même dans le cas où il y aurait le consentement de celui, de la succession duquel il s'agit; car sans cela l'objet principal de notre législation serait facilement éludé, puisque les conventions ou renonciations aux successions futures n'ont d'autre but que de porter atteinte à l'égalité des partages.

SECTION IV.

De la cause.

La cause n'est rien autre chose que le motif ou la raison qui nous porte à nous engager à donner, ou à faire quelque chose; il est dans la nature de l'homme de diriger ses actions à quelque but qui soit, dans l'espèce, le motif de l'engagement; ce motif peut être ou dans l'intérêt des parties, ou dans l'esprit de bienfaisance de l'une envers l'autre; s'il n'y a pas de causes, ou si la cause est fausse, l'engagement ne peut être envisagé que comme le résultat de l'inconsidération et de l'erreur; conséquemment, faute d'un véritable consentement, l'obligation ne peut avoir d'effet.

La nécessité de la cause n'emporte pas celle de l'exprimer dans l'acte qui constate la convention, il suffit qu'elle puisse se déduire des circonstances; ainsi lorsqu'une personne déclare par un billet de devoir, elle reconnaît par cela même qu'il y a une cause légitime de la dette, quoique cette cause ne soit pas énoncée.

Pour que la convention produise les effets dont elle peut être susceptible, la cause doit être licite, c'est-à-dire ne rien contenir qui soit contraire aux lois, aux bonnes moeurs, ou à l'ordre public (art. 6 et 1136).

CHAPITRE III.

De l'effet des obligations.

SECTION I.

Dispositions générales.

L'EFFET des obligations conventionnelles, lorsque rien ne s'oppose à leur validité, est de tenir lieu de loi entre ceux qui les ont faites;

c'est une conséquence du principe, que les conventions ne peuvent être révoquées que du consentement mutuel des parties, sauf qu'il y ait quelque cause qui, d'après la loi, autorise une d'elles à se départir de son engagement, comme serait l'ingratitude du donataire, laquelle autorise le donateur à révoquer la donation (art. 1134 joint à l'art. 955), et la survenance des enfans (art. 955, 960).

Les conventions, outre qu'elles doivent être exécutées de bonne foi, obligent non seulement à ce qui est exprimé, mais encore à toutes les suites que l'équité, l'usage ou la loi donnent à la convention d'après sa nature (art. 1135); en effet il est presqu'impossible de tout spécifier dans un acte, par exemple dans celui du bail, d'apprentissage: il faut conséquemment exécuter la convention d'après sa nature, les lois et les usages des différens pays.

Section II.

De l'obligation de donner.

Celui qui s'est obligé de donner une chose, doit la livrer en tems et lieu convenables, et si c'est un corps certain, il doit apporter le soin nécessaire à la conservation de cette chose, jusqu'au moment de la livraison; si, faute d'avoir employé ce soin, la chose vient à périr, à se perdre ou à être détériorée, il est tenu envers le créancier de tout dommage et intérêt.

Nous avons dit, s'il s'agit d'un *corps certain* et *déterminé*; car celui, qui se serait obligé à donner une quantité de bled ou de toute autre chose fungible, quand même il en aurait eu en sa possession à l'époque du contrat, ne serait pas obligé à la conservation, puisqu'il peut s'acquitter de l'obligation en livrant la quantité et qualité dans l'espèce promise.

Le soin que le débiteur doit apporter à la conservation de la chose due, est plus ou moins étendu, suivant la nature des différens contrats. Quoique notre code n'ait pas adopté la distinction entre la faute lourde, légère et très-légère, néanmoins cette distinction sera toujours utile pour éclaircir la conscience des juges, lorsqu'il s'agit de décider si le débiteur est ou non tenu aux dommages et intérêts, ou au moins pour en régler la juste proportion; il serait, par exemple, hors de toute équité que le dépositaire dût apporter la même diligence à conserver l'objet déposé, que l'emprunteur qui retire tout l'avantage du contrat.

Un autre effet de l'obligation de donner est que le débiteur est obligé aux dommages et intérêts du créancier, quand il apporte du retard au paiement ou à la délivrance de la chose due; c'est en conséquence de ce principe que, si la chose due a péri ou se trouve détériorée, même par cas fortuit ou force majeure depuis la demeure, le débiteur est obligé d'indemniser le créancier de la perte, ou de la diminution de la chose.

En général on peut dire qu'il n'y a pas de demeures de plein droit ; conséquemment le débiteur n'est censé constitué en demeure que par une demande en justice ou par un acte équivalent, ou lorsque la convention porte expressément que le débiteur sera constitué en demeure, s'il ne délivre pas la chose à l'échéance du terme convenu.

L'obligation de donner une chose est parfaite aussitôt que le contrat est consommé et la propriété de la chose passe en la personne du créancier par le seul effet de la convention sans nécessité d'aucune tradition. En conséquence la chose est au risque du créancier, et si elle périt sans la faute du débiteur, avant qu'il se soit mis en possession réelle, il doit en supporter la perte (art. 1138).

C'est un principe consacré par notre droit, que les meubles n'ont point de suite, et sont censés appartenir à celui qui possède, dont la cause est toujours la meilleure, pourvu que la possession soit de bonne foi.

Sur ce principe, dans le cas que quelqu'un se soit obligé de donner une chose, *purement mobiliaire* et déterminée, à une personne, et successivement la même chose à une autre personne qui aura été mise en possession, la loi veut que celle-ci, quoique postérieure en ordre d'obligation, soit préférée à la première, bien entendu qu'elle soit de bonne foi, c'est-à-dire, qu'elle n'ait pas eu connaissance du droit du premier créancier (art. 1141); sur lequel, il faut observer que les législateurs ont ajouté au mot *mobiliaire* le mot *purement*, parceque la règle y établie ne doit pas s'étendre aux meubles incorporels, tels que les actions, les créances, dont la propriété n'est transmissible qu'en vertu des actes par écrit (art. 1689 et 1690).

Section III.

De l'obligation de faire ou de ne pas faire.

L'effet de l'obligation de faire quelque chose est de soumettre celui qui l'a contractée, à faire ce qu'il a promis, comme il est convenu de le faire et dans le tems qu'il a promis; cependant, comme la liberté dont tous les hommes ont droit de jouir, veut que personne ne puisse être contraint, précisément, à quelque fait malgré son engagement, étant d'ailleurs impossible d'obtenir qu'une personne fasse ce qu'elle ne veut pas faire; conséquemment l'obligation de faire n'est, pour le débiteur, que celle d'indemniser de tous les préjudices que le créancier a éprouvés par le refus du débiteur.

Le débiteur ne peut ordinairement être mis en demeure, que par une demande judiciaire que le créancier forme contre lui, et par laquelle il conclut à ce que le débiteur soit condamné à remplir son obligation, autrement aux dommages-intérêts.

Cette action en indemnité suppose nécessairement, que le créancier ne puisse autrement obtenir l'exécution de la convention; de là il résulte que, s'il est indifférent au créancier que le fait soit exécuté par le débiteur ou par une autre personne, il doit être, dans ce cas, loisible au créancier de le faire exécuter lui-même, aux dépens du débiteur qui se refuse (art. 1144).

Lorsqu'une partie s'est obligée à ne pas faire quelque chose, l'effet de son obligation est de la soumettre aux dommages-intérêts du créancier, en cas de contravention; mais dans l'obligation de ne pas faire, il faut distinguer entre la contravention, au moyen d'un fait transitoire, par exemple, un passage qu'il était convenu de ne pas pratiquer, et celle dont le fait est permanent, comme serait la construction d'un mur, ou le creusement d'un fossé; dans le premier cas le créancier ne peut demander que les dommages-intérêts, et que le contrevenant soit inhibé de passer ultérieurement; dans le second il peut demander que l'ouvrage soit détruit ou se faire autoriser à le détruire lui-même aux dépens du débiteur, sans préjudice des dommages-intérêts, s'il y a lieu.

SECTION IV.

Des dommages-intérêts résultant de l'inexécution de l'obligation.

On entend par dommages-intérêts la perte que l'inexécution de la convention a causée au créancier, et le gain dont elle l'a privé (art. 1149); mais, soit la perte soit le gain doivent être une suite immédiate de l'inexécution, c'est-à-dire la perte, ou le gain que les parties ont prévu, ou pu prévoir; conséquemment on ne doit point avoir égard aux dommages que le créancier pourrait avoir souffert dans ses autres affaires, ou dans ses autres biens; par exemple, si j'ai donné à loyer une maison que je croyais de bonne foi m'appartenir, et que peu de tems après le locataire ait été obligé d'en sortir, je serais tenu d'indemniser mon locataire des frais qu'il aurait dû supporter pour son déménagement, et de l'augmentation survenue dans les loyers depuis le bail, parceque ce sont des pertes qu'il éprouve par rapport à l'objet même de la convention; mais si ce locataire avait établi dans la maison un commerce, auquel son déménagement fasse beaucoup de tort, je ne serais pas obligé de l'indemniser, parceque ce n'est plus qu'une suite éloignée de l'inexécution du bail (art. 1151).

Les dommages-intérêts ne sont dus que

lorsque le débiteur est en demeure à remplir son obligation, excepté néanmoins lorsque la chose que le débiteur s'était obligé de donner ou de faire, ne pouvait être donnée ou faite que dans un certain tems, qu'il a laissé passer (art. 1146), sur lequel nous examinerons en premier lieu, quand le débiteur est censé en demeure, afin d'être tenu aux dommages-intérêts: en second lieu, quand l'exception y établie peut avoir lieu.

Sur la première question, il nous semble qu'il faut distinguer l'obligation de donner, de celle de faire.

Dans l'obligation de donner le débiteur n'est constitué en demeure que d'après la règle établie à l'art. 1139, dont le motif peut être basé sur la présomption, que le créancier qui n'a formé aucune demande, a voulu accorder un plus long délai à son débiteur, lequel conséquemment sera libéré en livrant la chose à la première sommation.

Si l'obligation est de faire, le débiteur est en demeure aussitôt qu'il n'a pas rempli son engagement dans le terme fixé par le contrat, ou par la nature du fait qui forme l'objet de la convention; car il peut être dans l'intérêt du créancier que l'ouvrage soit perfectionné à l'époque établie.

L'exception dont il est parlé au dit article 1146, nous paraît seulement applicable aux obligations pures et simples, et non aux obligations à terme; car il est imputable au débiteur de s'être engagé à donner, ou à faire ce qu'il a pu prévoir lui être impossible d'exécuter dans le terme fixé; au contraire, dans les obligations pures il est de la justice d'accorder un terme suffisant pour leur accomplissement, à l'expiration duquel, s'il n'est survenu un empêchement légitime, le débiteur sera constitué en demeure, et tenu conséquemment aux dommages-intérêts, s'il y a lieu, quand même il n'y aurait aucune mauvaise foi de sa part (art. 1147).

Nous avons dit *s'il n'est survenu un empêchement légitime*, car si le débiteur a été empêché pas suite d'une force majeure, ou d'un cas fortuit de donner ou de faire ce à quoi il était obligé, ou à faire ce qui lui était interdit, il n'est tenu à aucun dommage et intérêt (art. 1148), étant de principe que personne n'est tenu de la force majeure et des cas fortuits, à moins qu'il ne se soit expressément engagé à les supporter.

Nous avons déjà observé que le débiteur n'est tenu que des dommages qui ont été prévus, ou qu'on a pu prévoir au tems du contrat, à moins que l'inexécution ne soit l'effet du dol du débiteur; car si le débiteur a malicieusement manqué à son engagement, il doit, au surplus, indemniser son créancier à raison des conséquences particulières que le dol peut avoir entraînées.

La preuve que le créancier doit fournir des dommages causés par l'inexécution de la convention, n'est pas toujours facile et praticable, et peut donner lieu à des questions épineuses; on peut éviter ces inconvéniens, en ajoutant à la convention la clause, que celui, qui manquera à son engagement, payera une somme déterminée; par cette clause, celui, au préjudice duquel le contrat n'a pas été exécuté, est dispensé de la preuve d'avoir souffert des dommages, et la question sera réduite uniquement à voir si l'inexécution est ou non imputable aux contrevenans. Dans le premier cas, les juges, malgré le plus ou moins de préjudice, ne peuvent augmenter ni réduire la somme établie par la convention, lorsqu'elle n'a rien de contraire à l'ordre public et aux lois; si la contravention n'est pas imputable, le débiteur sera déchargé de la peine.

La clause pénale serait presqu'inutile lorsque l'obligation est de payer une somme déterminée d'argent; car dans ce cas les dommages-intérêts, résultant du rétard dans l'exécution, consistent, sans nécessité d'autre preuve, dans la condamnation aux intérêts fixés par la loi. Ces dommages et intérêts ne sont cependant dus que du jour de la demande.

Par une conséquence de la faculté généralement accordée de stipuler des intérêts, ceux échus sur des capitaux peuvent à leur tour produire des intérêts, ou par une demande judiciaire, ou par une convention spéciale; pourvu qu'il s'agisse des intérêts dus au moins pour une année entière.

Quoique les fermages, loyers, rentes perpétuelles ou viagères, les fruits à restituer, puissent en quelque manière être assimilés aux intérêts des capitaux, les législateurs ont adopté à leur égard la règle déjà consacrée par la jurisprudence, par rapport aux intérêts qu'un tiers aurait payés en acquit du débiteur, décidant qu'ils produiront intérêt du jour de la demande ou de la convention, quelle que soit l'époque de leur échéance.

Section V.

De l'interprétation des conventions.

Les lois, ainsi que les conventions, doivent être exécutées selon l'intention du législateur et des parties contractantes; l'intention bien souvent ne peut être connue qu'au moyen d'une juste interprétation; presque toutes les règles qui servent à interpréter les lois, sont adoptées par notre code, lorsqu'il s'agit de connaître l'intention des contractans. On doit d'abord s'attacher à la commune intention des parties, plutôt qu'au sens grammatical des termes (art. 1156).

Lorsqu'il se présente deux sens dans une clause, on doit adopter celui selon lequel la clause peut avoir son effet, et qui est plus conforme à la nature du contrat (art. 1157, 1158).

Dans les dispositions ambigues, il faut suivre l'usage du pays, dans lequel on a traité, ce qui s'étend même à faire regarder comme exprimé ce qu'on a omis de conforme à cet usage (art. 1159, 1160).

Les clauses d'un contrat s'interprètent les unes par les autres d'après le sens général de l'acte entier; si par exemple le vendeur d'un héritage le promet exempt de toute dette et hypothèque, déclarant ensuite qu'il n'entend d'être garant que de son fait, il en résulte que, par la première clause, il n'a entendu parler que des dettes et hypothèques qui pourraient provenir de lui.

A l'égard des clauses obscures et qui ne désignent pas d'une manière précise l'intention des parties, la raison veut qu'elles soient interprétées à l'avantage du débiteur contre le créancier qui aurait pu s'expliquer plus clairement; ainsi, si dans le contrat on n'a pas désigné le lieu où se devrait faire la livraison de la chose due, elle doit se faire à la maison du débiteur, ce qui lui est plus commode et plus favorable (art. 1162).

Toute clause, quoique générale, ne doit être entendue que des choses, sur lesquelles il paraît que les parties ont eu intention de contracter et non de celles, auxquelles elles n'ont pas pensé (art. 1163); si donc, dans une transaction, il était dit que les parties ont transigé sur toutes leurs prétentions, cette clause ne comprendra pas les droits que chacune d'elles pouvait avoir, et dont elle n'avait point de connaissance lors de l'acte. L'énonciation d'un cas ayant pour but d'expliquer la convention, ne peut restreindre l'obligation à ce seul cas, mais peut et doit s'étendre à tous les autres de la même nature, quoique non exprimés (art. 1164).

Les lumières de la raison, les sentimens de l'équité, peuvent donner lieu à d'autres règles d'interpréter les conventions, et qui serviront de guide pour la recherche de la vérité, de même que celles sus-énoncées, et que notre code propose non comme des dispositions législatives, mais comme des principes de doctrine qui peuvent s'étendre ou se restreindre, selon les différens cas et les diverses questions qui sont portées à la décision des juges.

SECTION VI.

De l'effet des conventions à l'égard des tiers.

NOUS avons vu plus haut qu'on ne peut, en contractant, acquérir des droits à une personne qui n'intervienne pas au contrat, sauf que l'intérêt d'une des parties ne l'exige autrement; nous avons vu aussi que les conventions tiennent lieu de loi entre les contractans; de-là il est conséquent et conforme à la justice que personne ne puisse nuire aux tiers qui ne sont point partie dans le contrat (art. 1165).

Mais si par suite d'une convention le stipulateur acquiert des droits, il résulte un accroissement de fortune, qui doit profiter à ses créanciers, en leur fournissant une garantie pour l'exercice de leur droit; cette garantie ne serait d'aucun avantage aux dits créanciers, s'il était au pouvoir du débiteur de négliger les droits qu'il a acquis au prejudice des dits créanciers, lesquels peuvent conséquemment, comme il est formellement décidé, exercer directement, comme procureurs *in rem propriam*, tous les droits compétans au débiteur, exclusivement à ceux qu'ils auraient en vertu d'une qualité personnelle; tel est, par exemple, le droit de demander le rapport aux co-héritiers du débiteur (art. 1166 joint à l'art. 857).

Pour conserver le principe, *qu'en contractant on ne peut nuire aux tiers*, la loi accorde aux créanciers le droit d'attaquer en leur nom propre les actes faits par le débiteur en fraude de leur droit, tel par exemple, que la rénonciation à une succession à lui ouverte ou à une donation; auquel cas les créanciers peuvent se faire autoriser par justice à les accepter du chef de leur débiteur et en son lieu et place (art. 1167 joint à l'art. 788).

Les créanciers seront-ils admis à attaquer

le partage d'une succession échue à leur débiteur, lorsqu'elle est faite à leur fraude? Pourront-ils attaquer les conventions matrimoniales qui leur seraient préjudiciables? La loi au §. 1 du dit art. 1167, accorde formellement un tel pouvoir, à condition de se conformer aux règles établies au titre des successions et du contrat de mariage. Ces conditions n'ont pour but que d'empêcher que le repos des familles ne soit troublé en attaquant comme frauduleux certains actes qui, outre qu'ils sont nécessaires, sont régulièrement à la connaissance des créanciers, qui d'ailleurs ont les moyens d'éviter que le partage à faire ne leur soit nuisible (art. 882).

CHAPITRE IV.

Des diverses espèces d'obligations.

TOUTE obligation est pure et simple, si elle n'est modifiée ou par la nature de la convention ou par la volonté des parties. L'obligation pure et simple doit s'exécuter à l'instant même et sans autre délai, que celui que l'équité exige, eu égard aux différentes circonstances où se trouve le débiteur.

Les modifications, qui diversifient la nature et les effets des obligations, se réduisent aux suivantes: d'être conditionnelles, à termes, alternatives, solidaires, divisibles, indivisibles et pénales.

SECTION I.

Des obligations conditionnelles.

§. I.

De la condition en général et de ses diverses espèces.

La condition est la supposition d'un cas futur et incertain qui peut arriver ou ne pas arriver, et duquel dépend l'obligation.

Les conditions se divisent en casuelles, potestatives, et mixtes.

La condition casuelle est celle qui ne dépend de personne, mais purement du hasard, comme si un tel vaisseau revient des Indes.

La condition potestative est celle dont l'accomplissement dépend de la volonté de l'une ou de l'autre partie.

La condition mixte est celle qui dépend à la fois de la volonté de celui à qui elle est imposée, et de celle d'un tiers; par exemple, si un des contractans épouse une personne désignée.

Les conditions, de quelque nature qu'on les suppose, doivent être possibles, et d'accord avec la raison, les moeurs et la loi, autrement la convention serait nulle.

La condition de ne pas faire une chose impossible ou contraire à la raison et aux lois, ne rend pas nulle l'obligation, car la la condition est plutôt extravagante, qu'impossible, puisque ce serait l'événement contraire qui serait hors de la possibilité: la condition dans ce cas est regardée comme non écrite.

La condition peut être potestative de la part du créancier, mais jamais de la part du débiteur, parcequ'alors il n'y aurait pas de liens, ou au moins le lien serait illusoire (art. 1174).

Les conditions s'accomplissent de différentes manières, suivant leur diverse nature; les casuelles s'accomplissent par l'événement du fait prévu, ou lorsqu'il est certain que le fait ne peut plus arriver: à cet égard nous observerons que l'obligation peut être contractée sous la condition qu'un événement arrivera ou dans un tems fixé, ou sans détermination de tems: dans le premier cas, si l'événement n'arrive pas dans le tems fixé, la condition est censée défaillie; dans le second cas elle n'est défaillie que lorsqu'il est certain que l'événement ne peut plus arriver; jusques-là le lien existe, et à quelque époque que l'événement arrive, l'obligation devient éxécutoire, au profit même des héritiers, ou ayant cause du stipulateur (art. 1176).

De même une obligation peut être subordonnée à une condition négative, c'est-à-dire qu'un événement n'arrivera pas ou dans un tems déterminé ou sans que le tems soit fixé; dans la première espèce, la condition sera accomplie si, dans le terme prévu, l'événement n'est pas arrivé; dans la seconde elle est accomplie lorsqu'il est certain que l'événement ne peut plus arriver; par exemple, la condition qu'un bâtiment n'arrivera pas d'Amérique, est accomplie par la notice certaine du naufrage (art. 1176, 1177).

Les conditions potestatives doivent s'accomplir de la manière que les parties l'ont voulu; cependant il ne faut pas prendre ce principe rigoureusement: peu importe qu'elles soient accomplies par équipollent, pourvu que l'inténtion des parties soit remplie; mais si la personne par qui la condition devait être accomplie, est entrée pour quelque chose dans l'intention des contractans à raison de son talent ou de son industrie, alors la condition ne peut s'accomplir que par cette personne.

La condition est censée accomplie lorsque c'est par le fait du débiteur qui s'est obligé sur cette condition, que le fait prévu est arrivé ou n'est pas arrivé (art. 1178).

Un contrat, parcequ'il est conditionnel, ne cesse pas d'être un engagement dont la condition ne fait que suspendre l'exécution; il est donc juste que son effet remonte au jour du contrat; de-là quoiqu'un créancier ne puisse avoir d'action jusqu'à ce que la condition soit accomplie, cependant, s'il prévoit quelque dérangement dans la fortune du débiteur, il est autorisé par la loi à pourvoir à sa sûreté par des actes conservatoires.

§. II.

Des conditions suspensives, et résolutoires.

Les conditions se divisent encore en suspensives et résolutoires. Notre loi considère comme conditions suspensives, soit celles qui dépendent d'un événement futur et incertain, soit celles qui auraient pour objet un événement actuellement arrivé, mais inconnu des parties, avec cette différence cependant que la première opère la suspension de l'obligation jusqu'à l'événement, au lieu que la seconde ne fait que suspendre l'action, mais non l'obligation qui existe du moment même du contrat (art. 1181).

L'obligation contractée sous une condition vraiment suspensive n'étant parfaite que par son accomplissement, il résulte que, pendant l'incertitude, la propriété d'une chose déterminée, qui forme l'objet d'une convention, n'est point transportée au créancier; nous disons *vraiment suspensive*, car si par erreur les contractans avaient cru futur incertain un fait déjà existant, le créancier aurait acquis la propriété de la chose du moment même du contrat, et conséquemment sa perte ou détérioration doit être au risque du créancier, comme il doit profiter de tous les avantages, si la chose s'augmente ou s'améliore dans l'intervalle du contrat et de son exécution.

Si pendant la condition suspensive la chose

vient à se détériorer, il faut distinguer le cas où la détérioration est imputable au débiteur, de celui où elle est un effet d'un accident imprévu; si sa détérioration est imputable au débiteur, le créancier a le droit, ou de résoudre le contrat sans qu'il puisse prétendre les dommages et intérêts, ou de demander la chose avec dommages et intérêts; s'il n'y a point de faute de la part du débiteur, le créancier a le choix de résoudre l'obligation, ou d'exiger la délivrance de la chose, sans en diminuer le prix convenu (art. 1182).

§. III.
De la condition résolutoire.

La condition résolutoire est celle qui ne suspend point l'effet de l'obligation, qui ne l'empêche ni de naître ni de s'exécuter, mais qui la résout et anéantit, si le fait prévu arrive ou n'arrive pas (art. 1183).

La condition résolutoire est quelquefois sous-entendue ou par la volonté présumée des contractans, ou par la force de la loi; dans les contrats synallagmatiques, la présomption est que l'obligation soit anéantie, faute d'exécution d'une part ou de l'autre: cet effet n' a pas lieu de plein droit, il faut que la partie qui a intérêt à faire résoudre la convention, en forme la demande en justice: le vendeur, par exemple, qui n'a pas reçu au terme fixé le prix de la chose vendue, est autorisé à demander la résolution de la vente, s'il n'aime mieux demander le payement avec dommages et intérêts, mais dans le cas même que l'action soit intentée pour faire résoudre l'obligation, les juges sont autorisés, d'après les circonstances, d'accorder au défendeur un délai pour l'exécution de son engagement (art. 1184).

Lorsque la condition résolutoire dépend de la loi, la révocation a lieu de plein droit; ainsi la survenance des enfans au donateur emporte immédiatement la révocation de la donation, qui remonte au jour de la naissance de l'enfant légitimement connu par le donataire, quand même le donateur, ou ses ayant cause auraient négligé de former la demande.

Section II.

Des obligations à terme.

Le terme est un espace de tems accordé au débiteur pour s'acquitter de son obligation.

Le terme diffère de la condition, en ce qu'il ne suspend pas l'obligation, mais seulement son exécution. De-là les conséquences suivantes: le créancier n'est pas en droit de demander l'exécution de l'engagement avant l'échéance du terme; le débiteur au contraire peut avant son expiration s'acquitter de son engagement, car le terme est régulièrement en faveur du débiteur qu'on ne peut pas forcer de se servir du bénéfice à lui accordé : nous disons *régulièrement*, attendu que le terme peut être aussi pour l'avantage du créancier, s'il a été ainsi stipulé, ou à raison des circonstances particulières (art. 1186, 1187); l'autre conséquence consiste en ce que le débiteur, qui par erreur a payé avant le terme, ne peut répéter la chose payée.

Quoique le terme soit un bénéfice pour le débiteur, il ne peut cependant le réclamer ; premièrement en cas de faillite : la loi ne saurait être trop rigoureuse contre le débiteur failli, surtout s'il est de mauvaise foi; en second lieu, lorsque le débiteur, par sa faute, diminue les sûretés qu'il avait données à son créancier, dont l'intérêt exige, et la justice veut qu'il puisse, dans ce cas, agir comme il aurait agi, s'il n'avait pas eu des sûretés, ou une confiance suffisante au tems du contrat (art. 1188).

SECTION III.

Des obligations alternatives.

On nomme obligation alternative celle par laquelle on s'engage à donner ou à faire telle ou telle chose.

Quoique cette obligation soit très-simple dans son principe, les différens événemens qui peuvent survenir, exigeraient de longs détails:

nous croyons toutefois devoir borner nos observations aux règles fixées par le code ; au moyen de ces règles, toute question qui peut s'élever à cet égard, reçoit le plus facile et le plus équitable dénouement.

La première règle est que, dans les obligations alternatives, le choix appartient naturellement au débiteur, s'il n'a pas été expressément attribué au créancier.

La seconde règle conséquente à la première porte que le débiteur peut se libérer en délivrant une des deux ou plusieurs choses promises, sans qu'il puisse forcer le créancier à recevoir une partie de l'une et une partie de l'autre, car autrement il serait en son pouvoir de changer la convention.

La troisième règle est que l'obligation ne serait pas proprement alternative, si une des deux choses promises n'était pas susceptible d'obligation ; par exemple, si une d'elles était hors de commerce, auquel cas il ne reste à l'obligation qu'un seul objet : le débiteur ne peut pas exciper de ce qu'il comptait sur un choix qu'il était impossible d'exercer, c'est un fait qu'il ne peut imputer au créancier, s'il ne prouve qu'il a été trompé par ce dernier.

La quatrième règle nous enseigne, que l'obligation originairement alternative cesse d'être telle, si une des choses promises périt par faute et mêmes ans faute du débiteur, dans ce cas la chose existante reste uniquement à l'obligation, et le débiteur ne pouvant plus exercer de choix, sera libéré de son obligation en livrant l'objet qui reste : et le créancier ne sera autorisé à demander le prix de la chose périe sur le motif que la perte soit imputable au débiteur, parceque celui-ci ayant le choix, y a pu renoncer, et rendre ainsi l'obligation déterminée (art. 1193).

La cinquième règle veut que si les deux choses sont péries sans la faute du débiteur, et sans qu'il soit en demeure, l'obligation soit éteinte (art. 1195). Si le débiteur est en faute par rapport à l'une, ou à l'autre des choses, il doit payer le prix de celle qui est périe la dernière, quoique sans faute de sa part, art. 1193 § 1, dont la disposition conserve à la fois la régle suivant laquelle la convention alternative est devenue déterminée, et la règle qui rend chacun responsable de sa faute.

Les règles qu'on vient d'exposer, s'appliquent au débiteur qui a le choix de livrer de deux choses l'une, mais elles peuvent aussi s'appliquer avec quelque modification au créancier qui par une convention particulière se serait reservé le choix ; dans ce cas, si l'une des choses est périe, il faut voir si le débiteur est en faute, ou en retard, ou s'il n'y a ni l'un ni l'autre; dans la première espèce le créancier peut demander ou la chose qui reste, ou le prix de celle qui est périe, comme une juste indemnité qui doit être à la charge du débiteur en faute ou en retard; dans la seconde espèce le créancier ne peut aspirer qu'à la chose qui reste, comme si l'obligation était originairement pure et simple.

Si l'une et l'autre des choses sont péries sans faute du débiteur, d'après la règle cinquième l'obligation est éteinte ; mais si toutes les deux sont péries, ou une d'elles, par faute du débiteur, le créancier aura le droit de demander le prix ou de l'une ou de l'autre à son choix, car il ne doit pas, par la faute du débiteur, être privé du droit qu'il s'était réservé de choisir de deux choses l'une (art. 1194).

Nous finirons par remarquer que lorsque deux ou plusieurs choses ont été promises alternativement, il y a incertitude sur celle qui sera choisie : de cette incertitude il résulte qu'aucune propriété n'est transmise au créancier que par le payement de l'une des choses qui, jusque-là, restent au risque du débiteur.

SECTION IV.

Des obligations solidaires.

§. I.

De la solidarité des créanciers.

PLUSIEURS personnes peuvent stipuler à leur profit une même chose ; la règle générale est que chacune d'elles n'est créancière de la chose que pour sa part, mais elle peut aussi stipuler que chacune soit créancière pour le total: cette convention qui est d'un usage très-rare et qui doit être expresse, emporte solidarité d'obligation, dont les effets sont:

1.° Le droit que chaque créancier a de demander et poursuivre le débiteur pour le total;

2.° L'extinction entière de la dette par le payement fait à un des créanciers.

3.° Le droit qui compète naturellement au débiteur de payer à un des créanciers à son choix, pourvu que la chose soit entière; car si l'un d'eux eût commencé des poursuites, le débiteur ne pourrait payer qu'à celui-ci.

4.° La reconnaissance faite envers l'un des créanciers interrompt la prescription pour le total, et profite aux autres créanciers (art. 1197, 1198, 1199).

De ce que le payement fait à l'un des créanciers libère le débiteur entièrement, il devrait en résulter que le même effet doit avoir lieu pour la remise qu'un des créanciers ferait au débiteur; mais notre code s'écartant du principe que la remise tient lieu du payement, et suivant plutôt l'équité, et la volonté présumée des stipulateurs, établit que la remise d'un des créanciers ne libère le débiteur que pour la part due au créancier, §. 1 de l'art. 1198, dont nous ne pouvons mieux faire connaître la raison que par les observations du très-savant orateur du gouvernement, et que nous aimons à transcrire ici mot à mot: « On doit suivre l'intention présumée des par- » ties; chaque créancier solidaire a droit d'e- » xécuter le contrat, la remise de la dette est » autre chose que l'exécution: c'est faire un » contrat de bienfaisance d'un contrat in- » téressé; c'est un acte de libéralité, person- » nel à celui qui fait la remise; il ne peut » être libéral que de ce qui lui appar- » tient; s'il est bienfaisant envers le débiteur » il ne doit pas être malfaisant envers le » créancier qui, sans la remise entière, au- » rait eu action contre ce débiteur. Une » volonté n'est généreuse que quand elle » n'est pas nuisible, et lorsqu'elle a ce der- » nier caractère, l'équité la repousse; elle en » conçoit des supçons de fraude. »

Envain opposera-t-on, que le créancier peut aisément éluder la prévoyance de la loi en donnant quittance au lieu de faire la remise? On peut répondre que la quittance est une preuve légale du payement, que la fraude ne se présume point; ce sera donc à la charge du créancier, ayant intérêt, de prouver la fraude ou la simulation de la quittance.

§. II.

De la solidarité de la part des débiteurs.

La solidarité de plusieurs débiteurs envers leurs créanciers, comme la plus ordinaire, exige nécessairement des détails un peu plus étendus; nous examinerons :

1.° Quand l'obligation de plusieurs débiteurs est solidaire;

2.° Quels sont les effets de cette obligation;

3.° Quand elle est remise, et quelles en sont les conséquences.

Pour que l'obligation de plusieurs débiteurs soit solidaire, il ne suffit pas que chacun d'eux soit débiteur de toute la chose, attendu qu'elle n'est pas susceptible de division; mais il faut que chacun se soit obligé à la prestation de la même chose, comme s'il avait tout seul contracté l'obligation (art. 1200). Conséquemment, si plusieurs personnes s'obligent envers une autre à différentes choses, l'obligation ne serait pas solidaire, mais il y aurait plusieurs obligations, dont l'accomplissement serait à la charge de chacun des débiteurs.

L'obligation ne cesse pas d'être solidaire, lorsqu'elle a été contractée solidairement, quoique les débiteurs soient obligés différemment, c'est-à-dire quelques-uns purement et simplement, quelques autres sous condition ou avec terme art. 1201, dont la raison est, que le mode d'exécution ne change point la substance de l'obligation, laquelle demeure toujours une par rapport à son objet qui est la chose due.

Il n'y a régulièrement solidarité entre les débiteurs que lorsqu'elle a été stipulée expressément; car la solidarité ne peut se présumer, même dans le cas de doute, puisque toute interprétation est en faveur du débiteur (art. 1202).

Nous avons dit *régulièrement*, vu que des débiteurs peuvent être tenus solidairement, en vertu de la disposition de la loi, comme nous en avons l'exemple dans les obligations contractées par des associés pour le fait de leur commerce, et dans l'obligation de ceux qui ont concouru à un délit.

Les effets de l'obligation solidaire sont:

1.° Le pouvoir qu'a le créancier d'agir conformément à son titre contre tel des débiteurs qu'il lui plaît, sans que celui-ci soit recevable à demander, moyennant l'offre de payer sa part, que le créancier soit renvoyé contre les autres co-débiteurs (art. 1203); il faut ici remarquer que le créancier, poursuivant un des débiteurs, ne libère point les autres, s'il n'a été entièrement payé. Il peut au surplus se désister des poursuites commencées, et les diriger contre les co-débiteurs tous à la fois, ou contre les uns successivement aux autres.

Le second effet résultant de la nature de cette obligation est que le payement, fait ou volontairement ou par justice par un des co-obligés, libère tous les autres: non-seulement le payement réel, mais toute autre espèce de payement doit avoir cet effet; c'est pourquoi, par exemple, si un des débiteurs solidaires, poursuivi par le créancier, lui a opposé en compensation de la somme qui lui était demandée, une pareille somme que lui devait le créancier, ses co-débiteurs seront libérés par cette compensation, comme par le paiement réel qu'il en aurait fait, parceque la compensation dans l'espèce opère la libération du débiteur poursuivi, et des autres co-débiteurs: de-là on ne peut pas inférer que le débiteur poursuivi puisse opposer au créancier poursuivant la dette que celui-ci pourrait avoir envers quelqu'un des co-débiteurs, comme il est décidé formellement par l'art. 1208; quoiqu'il puisse opposer les exceptions qui résultent de la nature de l'obligation, et celles qui sont communes à tous les co-débiteurs.

Le troisième effet concerne la perte de l'objet qui tombe dans l'obligation. La loi ne s'occupe pas de la perte qui n'est pas imputable aux débiteurs, parce que la règle doit être la même que dans les obligations pures et simples; elle se borne à la perte survenue par la faute ou pendant la demeure d'un des co-débiteurs, décidant que, dans ce cas, les co-obligés ne sont aucunement libérés, et qu'ils sont tenus conséquemment, ainsi que le débiteur coupable, de payer au créancier le prix de la chose qui est périe (art. 1205); mais les débiteurs qui ne sont point en faute ne pourront être poursuivis à raison des dommages causés au créancier, qui seront uniquement supportés par le débiteur qui en a été la cause; la raison est que les co-débiteurs ne doivent pas tirer avantage de la faute d'un d'eux, et obtenir, par ces moyens, d'être libérés de l'obligation qui doit subsister de la manière qu'elle a été contractée.

Par le même principe le fait du co-débiteur ne doit point nuire aux autres ou augmenter leur obligation, sauf que par une stipulation particulière il ne se soit aussi obligé solidairement aux dommages-intérêts.

Un autre effet est que l'interpellation faite à un des co-débiteurs interrompt le cours de la prescription contre les autres, et que la demande des intérêts, formée contre un des débiteurs, profite aussi aux autres qui n'auraient point formé de demande.

Tels sont les effets de la solidarité par rapport aux créanciers ; il nous reste à voir quel est l'effet de l'obligation solidaire par rapport aux débiteurs.

Cet effet consiste essentiellement dans le cas du recours des co-débiteurs entr'eux, soit dans le cas qu'un des débiteurs ait payé la totalité, soit que quelqu'un d'eux ne puisse s'acquitter de son engagement : il semble au premier abord que l'action solidaire, qui compétait au créancier, pourrait être exercée contre les co-débiteurs par celui qui a payé la totalité de la dette, comme subrogé au droits du créancier ; cependant notre code, adoptant l'opinion la moins rigoureuse, décide que le débiteur qui paye en entier ne puisse répéter des autres que la part et portion de chacun d'eux, par le motif que l'obligation entre les co-débiteurs se divise de plein droit, et qu'autrement il y aurait un cercle vicieux d'action.

Si quelqu'un d'entre les débiteurs était insolvable, celui qui a payé le total peut agir contre les autres co-débiteurs solvables, pour être payé de ce que chacun d'eux doit supporter de cette insolvabilité laquelle, foncièrement, n'est considérée que comme une perte qui doit retomber proportionnellement sur les co-obligés; perte qui doit aussi être répartie sur le débiteur que le créancier aurait déchargé de la solidarité (art. 1214, 1215).

La solidarité des débiteurs étant un droit établi en faveur du créancier, il s'ensuit que celui-ci peut y renoncer, bien entendu qu'il jouisse du libre exercice de ses droits.

Cette renonciation ou remise peut regarder la faveur de tous les débiteurs; dans ce cas l'obligation serait éteinte par rapport à la solidarité, et le créancier ne pourrait exiger de chacun des débiteurs que la portion qui leur appartient.

Si la renonciation ne regarde que la faveur de quelqu'un des co-obligés, le créancier conserve son droit de solidarité envers les autres co-débiteurs, déduction faite de la part de celui ou de ceux qu'il a déchargés (art. 1210).

La rénonciation est ou expresse, ou tacite; lorsqu'elle est expresse, les termes de la convention suffisent pour en connaître l'étendue; mais par rapport à la tacite, la difficulté consiste à savoir quand le créancier est censé avoir rénoncé au droit de solidarité, et quelle est l'étendue de la rénonciation.

Le créancier est censé avoir renoncé à la solidarité lorsqu'il a admis quelqu'un des débiteurs à payer la dette pour sa part, et qu'il en a donné quittance sans aucune réserve; il en serait de même, si le débiteur eût acquiescé à la demande, ou que, par suite de cette demande, il fût condamné à payer pour sa part; art. 1211 duquel il résulte que le créancier n'est point censé avoir renoncé à son droit,

1.° Lorsqu'en recevant de son débiteur une somme, quoiqu'égale à celle qui serait due pour sa part, il n'exprime pas dans la quittance, que le paiement est pour la part du débiteur;

2.° Lorsque dans la quittance pour sa part il y a réservé des droits, car le terme *pour sa part*, et le terme *avec réserve des droits* se détruisent réciproquement, et la quittance doit être considérée comme si elle ne contenait ni l'une ni l'autre énonciation;

3.° Lorsque le débiteur n'a pas acquiescé, ou n'a pas été condamné à payer, par suite de la demande formée par le créancier contre le débiteur de payer sa part (§. 2 dudit art. 1211);

La remise, soit expresse, soit tacite du capital, emporte aussi la remise de la solidarité par rapport aux intérêts, mais la quittance donnée à un des débiteurs pour sa part des intérêts, le libère de la solidarité uniquement pour ceux qui sont échus, et non pour l'avenir, encore moins pour le capital, sauf que le créancier ait reçu divisément, et sans réserve la portion des intérêts d'un de ses débiteurs pendant dix années consécutives.

A la remise de la solidarité on peut assimiler celle qui s'opère de plein droit, en force de la confusion qui a lieu lorsque l'un des débiteurs solidaires devient l'unique héritier du créancier, ou que le créancier est devenu unique héritier d'un des débiteurs solidaires; dans l'un et l'autre cas, la dette solidaire n'est point éteinte contre les autres débiteurs, mais le débiteur devenu héritier du créancier ne peut exiger des autres co-débiteurs, que sous la déduction de la part dont il était tenu; il en est de même, lorsque le créancier est devenu l'unique héritier d'un des débiteurs solidaires (art. 1209).

SECTION V.

Des obligations divisibles, et indivisibles.

L'obligation divisible est celle qui, quoique indivise, peut être divisée: l'indivisible est celle qui ne peut se diviser ; une obligation peut se diviser, lorsque la chose qui en fait la matière et l'objet, est susceptible de division et de parties, soit réelles, comme un fond de terre, soit intellectuelles, comme un droit indivis qu'un co-héritier aurait dans un effet quelconque d'une succession. Il y a des droits qui ne sont pas même susceptibles de division intellectuelle, telles sont plusieurs espèces de servitudes.

Une obligation peut être indivisible, quoique la chose due soit par sa nature divisible, si les rapports sous lesquels elle est considérée relativement à l'obligation, ne la rendent pas susceptible d'exécution partielle : telle serait, par exemple, l'obligation de donner une chose qui, divisée, ne serait plus propre à sa destination ; ainsi l'obligation, qui aurait pour objet la construction d'un navire ou d'un édifice, serait indivisible.

Il ne faut pas confondre l'indivisibilité des obligations avec la solidarité, car toute obligation indivisible est nécessairement solidaire, mais toute obligation solidaire n'est pas toujours indivisible ; conséquemment la solidarité stipulée, lorsque la chose due est divisible, ne donne point à l'obligation le caractère de l'indivisibilité.

Il n'y aurait aucun avantage à connaître quelles sont les obligations divisibles, et celles qui ne le sont pas, si on ignorait l'effet des unes et des autres ; les deux paragraphes suivans embrassent cette importante matière, qui (nous ne le saurions dissimuler) a toujours été regardée comme la plus épineuse de la science du droit, mais que la sagesse de notre législateur a réduite à certains principes, au moyen desquels toutes les questions, qui ont jusqu'ici partagé l'opinion des interprètes les plus éclairés, reçoivent la solution la plus facile et la plus conforme à la raison.

§ I.

Des effets de l'obligation divisible.

Le principal effet de l'obligation divisible est que le paiement de la dette puisse se faire par parties; mais de ce qu'une obligation est susceptible d'être divisée, il ne faut pas conclure qu'il soit au pouvoir du débiteur de l'exécuter partiellement; il est de principe que toute obligation doit être exécutée entre le débiteur et le créancier, comme si elle était indivisible; l'effet donc de la divisibilité ne se vérifie qu'à l'égard des héritiers, soit du débiteur, soit du créancier, vu qu'ils ne peuvent demander la dette, ou qu'ils ne peuvent être astreints à la payer que pour la portion héréditaire, quand même un des co-héritiers serait devenu insolvable (art. 1220).

Le principe établi par l'article précité est sujet à plusieurs exceptions; la première a lieu à l'égard des dettes hypothécaires, dont une succession est grevée : en ce cas, lorsque les héritiers du débiteur sont possesseurs de l'immeuble hypothéqué à la dette, quoique divisible entr'eux par rapport à l'action personnelle, néanmoins ils pourront être poursuivis hypothècairement pour le total de la dette (art. 873, 1221).

La deuxième concerne la dette d'un corps certain, lequel, par la disposition du défunt qui en était débiteur, est tombé dans le lot d'un des co-héritiers, ou légataires. Le créancier dans ce cas a le droit d'exiger toute la chose de l'héritier, ou légataire qui en est ténementaire, car s'il s'adressait aux autres co-héritiers, il faudrait que ceux-ci revinssent vers le possesseur, ce qui serait un cercle vicieux d'action (art. 1221).

La troisième exception a lieu lorsqu'il s'agit d'une dette alternative au choix du créancier, et qu'une des choses qu'il peut choisir, est indivisible, auquel cas les héritiers ne seraient pas autorisés à payer partiellement ; car une telle division serait contraire au droit que le créancier s'est réservé de choisir une des choses promises ; supposons, par exemple, deux co-héritiers obligés par la convention du défunt à donner un cheval déterminé, ou une somme d'argent, selon le choix du créancier, celui-ci ne serait point tenu de recevoir la moitié de la somme qui lui serait offerte par un des co-héritiers, à moins qu'il n'ait choisi la somme (art. 1221).

Dans les trois cas d'exception qu'on vient de voir, quoique l'héritier qui possède la chose due, ou le fond hypothéqué, puisse être poursuivi pour le tout, cependant si sa possession est à la suite d'un partage, et que l'objet dû, ou hypothéqué soit tombé dans son lot sans détraction des charges, il aura, dans cette hypothèse, son recours contre les co-héritiers pour être relevé des troubles, ou remboursé des sommes par lui payées, déduction faite de celles qui étaient à sa charge.

La quatrième exception se vérifie, lorsqu'un des co-héritiers du débiteur est personnellement chargé de l'exécution de l'obligation, quoique divisible; si donc le co-héritier, soit par une convention, soit par la disposition du défunt, ou par l'office du juge qui a procédé au partage de la succession, est chargé de la totalité de la dette, il ne pourra se dispenser du paiement total sans contrevenir à la convention, ou sans violer la volonté du défunt, ou l'autorité du juge (art. 1221).

Le cinquième cas, auquel la dette, quoique divisible entre co-héritiers, ne doit pas s'acquitter par portion, est lorsque sans convention il résulte de la nature de l'engagement, ou de la chose qui en fait l'objet, ou de la fin que se sont proposée les contractans, que la dette ne puisse s'acquitter partiellement

(art. 1221); dans ce cas, dont on peut aisément se former des exemples, l'obligation est originairement divisible; mais par rapport à son exécution elle doit être considérée comme indivisible, et productive des mêmes effets dont on va parler dans le paragraphe suivant.

Aux exceptions expressément désignées par notre code, nous croyons, d'après les très-savantes remarques de M. Bigot Préameneu, non moins célèbre orateur que profond jurisconsulte, dans son discours au corps-législatif, devoir joindre celle qui nait de la perte de la chose due par la faute d'un des co-héritiers; il est évident que la perte de la chose libère le co-héritier innocent de toute obligation, mais le créancier acquiert un droit à l'indemnité qui doit conséquemment être supportée en totalité par le co-héritier coupable.

§. II.

Des effets de l'obligation indivisible.

L'OBLIGATION indivisible étant celle d'une chose, ou d'un fait qui n'est susceptible ni de parties réelles, ni de parties intellectuelles, il en résulte nécessairement que, lorsque deux ou plusieurs personnes ont contracté une dette de cette espèce, quoiqu'elles ne l'aient pas contractée solidairement, néanmoins chacun des obligés est débiteur du total de la chose, ou du fait; car il ne peut en être débiteur pour une partie seulement, puisqu'il est impossible de concevoir des parties d'une chose indivisible.

L'effet de ce principe est qu'entre plusieurs héritiers d'un débiteur d'une chose ou fait indivisible, chacun est tenu pour le total (art. 1222, 1223).

Par la même raison, quiconque a droit à une chose indivisible, peut la demander et l'exiger en totalité; ainsi chaque héritier du créancier peut exiger en totalité l'exécution de l'obligation indivisible (art. 1224); mais le paiement, qui en serait fait au demandeur, ne lui attribue pas la propriété entière de la chose, elle la lui attribue uniquement pour la part à laquelle il peut avoir droit.

De ce qu'il n'a pas droit à la propriété du total, il en résulte qu'un des co-héritiers du créancier, ne peut faire la remise de la dette que pour sa part; pour la même raison il ne peut recevoir seul le prix au lieu de la chose, s'il n'y est autorisé par ses co-héritiers, parcequ'il ne doit pas lui être permis de changer l'objet de l'obligation (art. 1224).

Un autre effet de l'obligation indivisible est que, dans le cas qu'un des héritiers du créancier ait fait la remise de la dette, ou exigé pour sa part le prix de la chose due, l'autre co-héritier n'est point privé du droit de demander en totalité la chose promise; mais dans ce cas l'équité veut qu'il tienne compte au débiteur de la portion du co-héritier qui a fait la remise, ou qui a reçu partie du prix (art. 1224), ce qui cependant n'est pas sans difficulté ; en effet on ne peut tenir compte au débiteur qu'en évaluant la chose, qui forme l'objet de l'obligation, et dès-lors le co-héritier serait forcé, malgré son droit, de recevoir ou le restant du prix, et de renoncer à la chose, ou s'il aime mieux avoir la chose, de payer au débiteur la portion du prix, pour laquelle l'autre héritier a été acquitté, ce qui paraît injuste, et destructif du droit qui résulte de l'obligation indivisible.

De même que chaque co-héritier du créancier n'est pas propriétaire de la totalité de la chose malgré son indivisibilité, de même aussi chaque co-héritier du débiteur ne doit pas la totalité, quoiqu'il ne puisse payer partiellement.

Si le droit du créancier de demander la totalité est constant, l'équité cependant s'oppose à ce qu'un des co-héritiers du débiteur soit contraint à payer le tout; cette équité est la base de la disposition de l'art. 1225, portant que l'héritier du débiteur assigné pour la totalité puisse demander un délai pour mettre en cause ses co-héritiers, faculté qui n'est point accordée aux débiteurs solidaires, ce qui nous fait connaître la différence entre l'obligation indivisible et l'obligation solidaire.

SECTION VI.

Des obligations avec clauses pénales.

LA clause pénale est celle par laquelle une personne, pour s'assurer de l'exécution d'une convention, s'engage à quelque chose, en cas d'inexécution, pour compenser les dommages que le créancier en peut souffrir (art. 1226, 1229).

L'obligation pénale étant par sa nature accessoire de l'obligation principale, la nullité de celle-ci entraîne la nullité de l'autre; mais l'obligation principale ne dépendant point de l'accessoire, il est conséquent que la nullité de la clause pénale n'entraîne point la nullité de l'obligation principale.

La clause pénale ayant pour fin d'assurer l'exécution d'une convention, il est aisé d'en conclure que l'intention des contractans n'a pas été d'éteindre ou de résoudre, par cette adjection, l'obligation principale; conséquemment il sera au pouvoir du créancier, en cas d'inexécution ou de retard, de poursuivre le débiteur ou pour l'exécution de son engagement, ou pour le paiement de la peine (art. 1228).

Du principe que la clause pénale a pour objet la compensation des dommages et intérêts, il s'ensuit, que le créancier ne peut demander en même tems l'exécution de l'obligation et la peine; cette règle néanmoins souffre exception dans le cas que la peine soit stipulée pour réparation des dommages que le créancier pourrait souffrir par le retard du débiteur dans l'exécution de son engagement, auquel cas le créancier peut recevoir le principal et la peine (art. 1229).

Dans les obligations de donner ou de faire, il y a lieu à la peine, lorsque le débiteur est en demeure de s'acquitter de l'obligation (art. 1230); le débiteur n'est en demeure que dans le cas et sous les conditions prévues par l'art. 1139.

Lorsque l'obligation est de ne pas faire, la peine est due du moment même où, contre la stipulation, la chose a été faite.

Nous avons vu plus haut que les conventions tiennent lieu de lois entre les parties; il serait donc étrange d'admettre, ou le créancier à alléguer que la peine est insuffisante, ou le débiteur à la dire excessive; il est imputable à l'un et à l'autre, s'ils n'ont pas ménagés leurs interêts respectifs; la peine, quelles que soient les réclamations des parties, ne pourra conséquemment être modifiée par le juge, à moins que l'obligation principale n'ait été exécutée en partie (art. 1152, 1231); car le créancier ne peut avoir une partie de la chose, et exiger la peine entière.

Les règles établies par rapport aux obligations divisibles et indivisibles sont essentielles pour connaître les effets de la clause pénale, lorsque l'obligation primitive doit être exécutée par les héritiers du débiteur.

Si l'obligation primitive a pour objet une chose indivisible, la contravention par un seul des co-héritiers donne lieu à la peine non seulement contre celui qui a contravenu, mais aussi contre tous les co-héritiers, qui seront tenus chacun, pour leur respective portion héréditaire, sauf à eux d'avoir recours contre l'héritier contrevenant.

Lorsque l'obligation primitive est divisible, la peine n'est encourue que par le co-héritier qui contreviendra à l'obligation, et pour la part seulement, dont il est tenu dans l'obligation principale, sans que le créancier ait d'action contre ceux qui l'ont exécutée (art. 1233); en effet lorsque l'obligation se divise entre plusieurs co-héritiers, chacun d'eux n'est débiteur que de sa part; s'il y a réellement autant de dettes que de débiteurs, la contravention d'un d'eux ne peut donc nuire qu'à lui seul, cependant si la clause pénale a été ajoutée à une obligation divisible, dans l'intention de la rendre indivisible par rapport à l'exécution, comme si la convention portait que le payement de ce qui est dû ne puisse se faire que pour le total, et non pour une partie seulement; en ce cas l'héritier qui aurait satisfait pour sa part à l'obligation primitive, n'éviterait pas d'encourir la peine, si un ou plusieurs d'eux ne payaient pas sa part ; mais les héritiers qui ne rempliraient pas l'engagement, seront tenus envers les autres aux dommages et intérêts qu'ils auront souffert à cause de l'inexécution de leur part (art. 1233).

Chapitre V.

De l'extinction des obligations.

Les obligations s'éteignent, ou de droit, ou par le secours de quelque exception ; une obligation est éteinte de droit, lorsque la substance même s'anéantit, et qu'elle ne peut plus produire d'action ; elle s'éteint par le secours d'une exception, lorsque, bien que l'obligation subsiste, le créancier n'est point recevable dans sa demande.

Notre code ne fait pas cette distinction, parceque, quant à l'effet, il n'y a aucune différence, dès que le débiteur ne peut, soit dans un cas, soit dans l'autre, être astreint à exécuter son engagement ; quant à lui il n'y a plus d'obligation, soit que l'extinction s'opère par le payement réel, soit par la novation, par la remise volontaire, par la compensation, par la perte de la chose, par la nullité ou rescision, par l'effet de la condition résolutoire, et par la prescription ; art. 1234 par rapport auquel nous observerons que la nullité y mentionnée doit être entendue de la nullité relative, car la nullité absolue, celle, par exemple, qui résulterait du défaut de forme essentielle, ne peut être un mode d'extinction, vu que l'obligation radicalement nulle ne peut s'éteindre; le jugement qui interviendrait sur une demande en nullité de cette espèce ne ferait que déclarer l'inexistence de l'obligation.

SECTION I.

Du payement.

§. I.

Du payement en général.

DANS le langage du droit on entend généralement par payement la manière de s'acquitter de toute obligation, qui consiste à donner ou à faire quelque chose.

Le payement est réel, ou fictif; réel lorsque le débiteur donne la chose promise, ou fait ce à quoi il s'était engagé; fictif, lorsque le débiteur s'acquitte de son engagement d'une manière qui opère le même effet que le payement réel, par exemple, au moyen de la compensation, délégation etc.

Tout payement suppose une dette; s'il n'y a pas de dettes, la matérialité du payement ne lui attribue pas le caractère qui lui est propre; conséquemment ce qui serait payé est sujet à répétition; mais si celui qui paye était lié par une obligation quoique simplement naturelle, il ne serait pas recevable à demander la restitution de la chose payée, étant à présumer que le payement a été provoqué par le cri de la conscience; ainsi une femme qui, devenue libre, aurait satisfait à une obligation contractée pendant le mariage sans autorisation, ne pourra valablement former une demande en répétition, de même qu'un mineur qui aurait payé en majorité ce à quoi il s'était engagé sans les formes de la loi en minorité (art. 1235).

Un tiers peut valablement payer la dette d'un autre, et éteindre l'obligation du débiteur, soit que ce tiers ait intérêt dans l'obligation, comme un co-obligé, ou un fidéjusseur, soit qu'il n'ait aucun intérêt; mais dans ce dernier cas il faut que le tiers paye au nom, et en acquit du débiteur, ou s'il veut payer en son nom propre, qu'il ne cherche point à être subrogé au droit du créancier (art. 1236); en effet il serait injuste qu'un tiers, à l'insu ou malgré le débiteur, vînt s'interposer pour acquérir le droit de le vexer, en se faisant maître au lieu et place d'un créancier, qui peut-être n'exercerait pas si rigoureusement son droit, comme aurait intention de faire ce tiers qui, conséquemment n'acquerera par le payement qu'une action simple contre le débiteur, et cependant celui-ci est libéré de l'obligation contractée envers le premier créancier, à moins que celui-ci n'ait cédé au tiers qui paye, tous ses droits et actions, ou que la subrogation aux droits du créancier n'ait lieu de plein droit, comme dans les cas prévus par l'article 1261.

Les droits du créancier ne doivent pas non plus souffrir d'altération sans son consentement; par conséquent si une personne est engagée envers lui pour quelque chose, dont il est de l'intérêt du créancier que l'exécution soit faite par elle, l'obligation ne pourra être acquittée par un tiers contre le gré du créancier; par exemple, s'il avait chargé un peintre de faire un tableau, car le talent personnel de l'artiste détermine l'obligation contractée pour cet ouvrage; mais s'il est indifférent que l'ouvrage soit fait par le débiteur, ou une autre personne capable, le refus du créancier d'admettre un tiers à faire ce que devait faire le débiteur; ne pourrait être accueilli favorablement par les juges (art. 1237).

Lorsque l'obligation est de donner quelque chose, l'accomplissement de cette obligation étant la délivrance de la chose, et le transport de la propriété au créancier, il s'ensuit que le payement n'est pas valable, si le débiteur n'en est pas le propriétaire, ou s'il est incapable d'aliéner; le payement donc, fait par une femme mariée non autorisée, ou par un mineur ou par un interdit sans l'autorisation nécessaire, ne sera point valable; néanmoins si le payement fait d'une chose d'autrui, ou par un incapable, consiste dans une somme d'argent, ou autre chose fungible, la consommation qui en sera faite par le créancier de bonne foi, valide le payement; car la consommation dans cette espèce équivaut à la translation de la propriété de la chose, qui ne peut plus être revendiquée d'abord qu'elle a cessé d'exister (art. 1238).

Pour qu'un payement soit valable, il doit être fait au créancier, ou à une personne qui ait de lui pouvoir ou qualité pour recevoir (art. 1239).

Nous entendons par créancier non seulement la personne même, avec laquelle le débiteur a contracté, mais pareillement ses héritiers, et tous ceux qui ont succédé à sa créance, tels que seraient les cessionnaires.

Une personne a le pouvoir de recevoir pour une autre, lorsqu'elle est autorisée par une procuration en due forme, ou par un acte équivalent.

Indépendamment d'une procuration, une personne peut être autorisée à recevoir pour un autre ou en vertu de la loi ou par une convention spéciale; la loi autorise les tuteurs, curateurs, les maris à recevoir ce qui est dû aux mineurs, aux interdits, aux femmes mariées; les receveurs des hospices, et autres établissemens publics sont de même autorisés à exiger toute chose qui serait due à ces établissemens.

Par la convention une personne peut avoir qualité, si le créancier y désigne celui auquel le débiteur doit payer; par exemple, si le vendeur dans l'acte de vente délègue l'acquéreur à payer tout ou partie du prix à quelque personne.

Le payement fait au vrai créancier peut être insuffisant à libérer le débiteur, premièrement si le créancier n'a pas la capacité de recevoir; en second lieu lorsque le payement est en préjudice d'une saisie, ou d'une opposition.

L'incapacité d'un créancier opère régulièrement l'invalidité du payement que le débiteur ferait à un mineur, à un interdit, à une femme non séparée de son mari, s'ils ne sont dûment autorisés, à moins que le débiteur ne puisse justifier qu'ils ont profité de la somme payée, et que ce profit ne soit encore existant au tems des poursuites commencées par le tuteur, curateur ou par le mari.

Le payement que le débiteur ferait à son créancier au mépris d'une saisie-arrêt faite entre ses mains, ou d'une opposition de son créancier qui lui ait été dûment notifiée aux termes des art. 564, 566 du code judiciaire, quoique valable à l'égard du créancier, ne libère point le débiteur à l'égard des créanciers saisissants, ou opposants, qui peuvent l'obliger à payer une seconde fois, s'il est jugé que les saisies-arrêts, et oppositions sont valables, sauf le recours contre son créancier qui a reçu le payement.

Quelquefois on répute créancier celui qu'on a juste sujet de croire tel, quoique le vrai créancier soit un autre : le payement fait de bonne foi au créancier présumé est valable par rapport au débiteur qui est libéré de son obligation, sauf tout droit au vrai créancier de se faire faire raison par celui qui a reçu le payement ; par exemple le payement fait à celui qui est en possession d'une succession par le débiteur envers cette succession est valable, quoique par la suite on vérifie que la succession ne lui appartient pas (art. 1240).

Pareillement le payement, fait à celui qui n'avait pas le pouvoir de recevoir, peut être valable à l'instant qu'il est fait, ou devenir valable par la suite ; il est valable au moment même du payement, si le débiteur justifie que la chose ou somme payée a profité au créancier; il devient valable si le créancier habile à recevoir ratifie le payement (art. 1239).

Du principe que la convention ne peut se modifier que du consentement des parties, il résulte, que le débiteur ne peut obliger son créancier à recevoir autre chose que celle qui lui est due, quoique la valeur de la chose offerte soit égale, ou même plus grande (art. 1343).

Une autre conséquence qui dérive du même principe est, que le débiteur ne peut forcer le créancier à recevoir en partie le payement d'une dette même divisible, mais non encore divisée (art. 1244); de-là il suit que celui qui serait débiteur et du capital et des intérêts, ne serait pas recevable en offrant le capital sans les intérêts, ou viceversa.

Malgré cette règle, les juges peuvent, en considération de la position du débiteur, lui accorder des délais modérés pour le payement, et surseoir à l'exécution des poursuites, *toute chose demeurant en état*; pouvoir cependant, qui ne doit être exercé qu'avec une grande réserve, et préalable connaissance de cause, et dans le cas uniquement qu'il n'y aurait pas une stipulation contraire dans l'obligation, et que le débiteur ne serait pas dans la circonstance de l'art. 124 du code judiciaire.

Lorsque l'obligation de donner un corps certain a été contractée simplement, le créancier doit le recevoir dans l'état où il se trouve à l'échéance, pourvu que le débiteur ne soit pas en demeure, et qu'il n'y ait pas de faute de sa part, ou des personnes dont il est responsable (art. 1245).

Nous avons dit *simplement*, car si l'obligation était contractée sous une condition suspensive, le créancier aurait, à l'événement de la condition, le droit de résilier le contrat conformément à l'art. 1182).

Il n'en est pas de même, si la dette est d'un corps qui ne soit déterminé que par son espèce, par exemple d'un cheval, sans spécifier duquel les parties ont entendu parler, car dans ce cas, quand même tous les chevaux appartenans au débiteur auraient péri, il ne serait pas, par cette perte, libéré de son obligation, qu'il sera tenu d'acquitter en livrant un cheval qu'il peut acquérir: mais il faut remarquer que, quoique régulièrement le choix lui appartienne, il ne peut pas en offrir un de la plus mauvaise espèce, comme il n'est pas non plus tenu d'en fournir un de la meilleure (art. 1246).

Revenant au principe que le contrat fait loi entre les parties, il est évident que si le lieu où doit se faire le payement est désigné dans la convention, le débiteur ne pourra le faire en autre lieu sans le consentement du créancier; s'il n'y a pas désignation du lieu, il faut distinguer entre la dette d'un corps certain, par exemple de livrer les fruits d'un héritage, et la dette d'une chose indéterminée, comme de payer une somme d'argent, ou une quantité de bled; dans le premier cas le payement doit se faire au lieu où est la chose due, dans le second cas le lieu du payement ne peut être que où la chose sera demandée, c'est-à-dire au domicile du débiteur (art 1247).

Lorsque le payement doit s'effectuer au domicile du débiteur, celui-ci ne doit être assujéti à aucun frais ou dépens, mais comme il est de son intérêt de se procurer la preuve de sa libération, les frais de l'acte qui constate le payement doivent être à sa charge.

§. II.

Du payement avec subrogation.

Nous avons déjà vu que rien n'empêche qu'une personne ne puisse, en payant le créancier, libérer le débiteur; mais il est aussi vrai que celui qui paye la dette d'autrui se propose régulièrement d'être subrogé aux droits du créancier, qui reçoit le payement; auquel cas l'obligation est éteinte à l'égard du créancier, mais non à l'égard du débiteur, qui demeure obligé envers celui qui a payé à sa décharge.

La subrogation peut être définie un changement qui met une personne au lieu du créancier, et qui fait que le droit d'hypothèque, le privilège qu'un créancier pouvait avoir, passe à la personne qui lui est subrogée.

Quoique la subrogation puisse s'acquérir en différentes manières, notre loi cependant se borne à celles qui s'opèrent en vertu du payement qu'un tiers fait à un créancier: cette subrogation est ou conventionnelle ou légale; la première a lieu lorsque le créancier recevant le payement de toute autre personne que de celle du débiteur, la subroge dans les droits, actions, privilèges, hypothèques qui lui compétaient contre le débiteur.

Afin que la subrogation soit acquise, il est nécessaire que le créancier cède expressément par un acte ses droits au tiers qui le paye, et que cette subrogation soit faite à l'instant même du payement (art. 1250).

De là deux conséquences :

1.° Que le payement seul, quoique suffisant pour libérer le débiteur, n'opère point la subrogation aux droits du créancier ;

2.° Que la subrogation faite après coup ne peut être valable, parcequ'elle serait faite dans un tems où le créancier n'a plus de droits auxquels le tiers qui a payé puisse être subrogé.

La subrogation s'opère encore lorsque le débiteur emprunte une somme pour payer sa dette, à condition que le prêteur soit subrogé aux droits du créancier ; mais comme cette subrogation pourrait nuire aux privilèges et hypothèques des autres créanciers postérieurs, la loi, afin qu'il n'aient point occasion de se plaindre, veut qu'il soit certain que la somme a été empruntée pour le payement, et qu'elle a été effectivement employée à acquitter le créancier, ce qui doit résulter des actes notariés, justifiant l'emprunt et le versement de la somme aux mains du créancier (art. 1250).

Cette subrogation est à la fois conventionnelle et légale ; conventionnelle de la part de l'emprunteur à l'égard de celui qui prête l'argent; légale par rapport au créancier qui n'a point d'intérêt à s'opposer à cette subrogation, qui s'opère même sans le concours de sa volonté.

La subrogation légale est celle qui, fondée sur la loi, s'opère par le seul payement, sans nécessité de convention, ou de réserve expresse: elle a lieu premièrement lorsqu'un créancier voulant s'assurer de son hypothèque, et sur la crainte que le créancier qui lui est antérieur, ne grossisse sa créance par des frais et intérêts, paye le créancier, faisant résulter par la quittance que le payement est de ses deniers.

Il en est de même de celui qui ayant acquis un immeuble, et craignant d'être troublé par un créancier antérieur à son acquisition, lui paye sa dette.

Il y a deux autres exemples de subrogation légale:

1.° Au profit de celui qui, étant tenu avec d'autres, ou pour d'autres au payement de la dette, aurait intérêt de l'acquitter; tels seraient un débiteur solidaire, une caution;

2.° Au profit de l'héritier bénéficiaire, qui a payé de ses deniers la dette de la succession (art. 1251).

La subrogation, soit conventionnelle, soit légale, autorise le subrogé à agir contre le débiteur de la même manière qu'aurait pu agir le créancier acquitté: les actions seront exercées pour la totalité, si le créancier a été entièrement acquitté, ou pour la portion seulement que le subrogé aura payée : le créancier dans ce dernier cas conserve, et avec préférence, pour la portion qui lui est due, tous les droits qui lui compétaient, soit contre les autres débiteurs, soit envers le co-débiteur qu'il n'a payé que partiellement; autrement la subrogation lui serait nuisible, ce qui s'opposerait à l'équité, et à la règle consacrée par l'art. 1252, qui décide formellement que la subrogation ne peut nuire au créancier lorsqu'il n'a été payé qu'en partie : un exemple suffira pour éclaircir la règle. Mévius est débiteur de Titius ; Sempronius paye la moitié de la dette de Mévius, dans ce cas Sempronius n'est subrogé que pour la moitié à Titius, qui conséquemment demeure encore créancier de Mévius pour l'autre moitié : supposant que le créancier primitif, pour ce qui lui est dû, et Sempronius, pour la part à laquelle il a été subrogé, veuillent se faire payer, et qu'on vende les biens de Mévius débiteur, les premiers deniers qni proviendront de la vente doivent être remis à Titius créancier primitif, qui est censé avoir conservé le droit d'être payé le premier, s'il n'y a pas de convention contraire.

§. III.

De l'imputation des payemens.

On peut définir l'imputation, le compte qu'un créancier tient, ou doit tenir à son débiteur de plusieurs sommes des payemens qui lui sont faits en acquittement d'une partie de la dette.

L'imputation n'a lieu que lorsqu'un particulier étant débiteur de plusieurs sommes envers le même créancier lui fait un payement qui n'est pas égal au montant de toute la dette ; mais si les dettes ne sont pas de la même nature, dès-lors il est question de voir sur laquelle des dettes le payement doit être imputé.

Il est de principe que le débiteur de plusieurs dettes différentes a le droit, lorsqu'il paye, de déclarer quelles sont les dettes qu'il entend acquitter (art. 1213) : ce droit cependant est subordonné à deux conditions, savoir ; que le payement que le débiteur veut faire soit égal à la dette qu'il entend d'acquitter, et que le choix du débiteur ne soit point injuste et nuisible au créancier ; par exemple, si étant débiteur des intérêts il voulait faire l'imputation sur le capital, et dans le cas que la somme payée surpasse les intérêts, l'imputation sera faite premièrement sur ceux-ci, et l'excédant sur le capital, quand même la quittance serait délivrée pour le capital, et les intérêts (art. 1254).

Si le débiteur ne déclare pas quelle dette il entend d'acquitter, le créancier pourra faire l'imputation sur la dette à son gré, pourvu qu'elle soit faite dans l'instant de la quittance, et sur la dette que lui-même acquitterait la première, s'il était dans le cas du débiteur, car il est de l'équité qu'il fasse l'affaire de son débiteur comme il ferait la sienne propre; si par exemple, de deux dettes, l'une emportait la contrainte par corps, et l'autre des poursuites seulement civiles, il ne pourra imputer le payement que sur la première, mais lorsque le débiteur a consenti l'imputation en recevant la quittance qui la renferme, il ne peut plus contredire cette imputation, quoiqu'elle soit faite sur la dette qu'il avait le moins d'intérêt d'acquitter, sauf le cas de dol, ou surprise de la part du créancier (art. 1255, 1256).

Le dol, et la surprise se présument facilement, quand l'imputation est faite sur une dette que le débiteur avait peu d'intérêt de payer de préférence à une autre qui était beaucoup plus onéreuse; cette présomption cesse si le débiteur ne réclame pas aussitôt qu'il a eu connaissance du contenu de la quittance. son silence dans ce cas peut passer pour une approbation, au moins tacite.

Lorsque la quittance ne porte aucune imputation, si les parties ne peuvent s'accorder, toute question doit être décidée au profit du débiteur; conséquemment l'imputation doit se faire sur la dette, qui lui est la plus onéreuse, et qu'il a plus d'intérêt d'acquitter, art. 1256, qui décide en outre, que si entre les dettes il n'y a aucune différence, l'imputation soit faite proportionnellement sur chacune d'elles, car dans ce cas, ni le créancier, ni le débiteur n'auraient d'intérêt que l'imputation se fasse autrement.

§. IV.

Des offres de payement, et de la consignation.

L'intérêt du débiteur est de se libérer le plutôt possible, en payant ce qu'il doit, mais il peut arriver que le créancier refuse le payement qui lui est offert; il serait injuste que le créancier par son refus puisse priver le débiteur de l'avantage de se libérer; la loi vient à son secours en l'autorisant à faire au créancier des offres réelles, et au refus de les accepter, de consigner, c'est-à-dire déposer la somme, ou la chose offerte (art. 1257).

La consignation est un dépôt que le débiteur fait par autorité de justice de la somme, ou de la chose qu'il doit, entre les mains d'un tiers autorisé par le juge, ou par la loi à la recevoir.

La consignation doit être précédée des offres du débiteur, et du refus du créancier; les offres doivent être réelles : la seule dénonciation que le débiteur ferait au créancier de vouloir payer, n'aurait pas le caractère d'offre réelle, et ne suffirait pas pour l'autoriser à faire la consignation.

Outre la qualité de réelles, les offres doivent être faites au créancier même, s'il est capable de recevoir, ou à défaut de cette qualité, à celui qui est autorisé à recevoir à sa place; il faut aussi que le débiteur soit capable de payer.

L'offre doit être de la somme entière, c'est-à-dire de tout ce qui est dû, soit du capital, des intérêts, frais liquidés, et en outre d'une somme qui puisse égaler à-peu-près ceux à liquider.

Enfin les offres ne peuvent être valables, si elles ne sont faites par le ministère d'un officier public ayant caractère pour ces sortes d'actes, tel qu'un huissier exploitant, ou un notaire (art. 1258).

Les conditions ci-dessus sont substantielles et intrinsèques ; il y en a d'autres qui appartiennent plutôt à la forme, qui cependant sont aussi nécessaires, telle est celle-ci : que la consignation soit précédée d'une sommation signifiée au créancier, et contenant l'indication du jour, de l'heure et du lieu où la chose offerte sera déposée (art. 1259).

Quant au lieu, il faut remarquer que la disposition du susdit article n'est pas appliquable au cas que la chose due soit un corps certain, qui régulièrement doit être livré où il se trouve; dans ce cas le débiteur doit faire sommation au créancier de l'enlever: faute d'enlévement, il peut obtenir de la justice la permission de la mettre en dépôt dans quelque autre lieu (art. 1264).

La seconde condition est que le débiteur se soit dessaisi de la chose offerte en la remettant dans le dépôt indiqué par la loi pour recevoir les consignations; le lieu indiqué par la loi est aujourd'hui la caisse d'amortissement qui, d'après l'art. 7 de la loi du 28 nivôse an 13 (18 janvier 1805), est autorisée à recevoir les consignations volontaires aux mêmes conditions que les consignations judiciaires.

La troisième condition, qu'il y ait eu un procès-verbal dressé par l'officier ministériel, constatant la nature des espèces offertes, le refus qu'a fait le créancier de les recevoir, ou de sa non comparution, et enfin le dépôt.

La quatrième condition est qu'en cas de non-comparution de la part du créancier le procès verbal du dépôt lui soit signifié avec sommation de retirer la chose déposée (art. 1259).

Les effets des offres réelles qui résultent de la consignation qui a été jugée valable d'après les conditions et formes susdites, et d'après celles prescrites à l'art. 812 et suivans du code judiciaire, sont;

1.° Que le débiteur, quoique à la rigueur

du droit il demeure propriétaire des espèces consignées, est cependant censé avoir pleinement été libéré avec ses co-débiteurs, ou cautions, s'il y en a;

2.° Que les espèces déposées cessent d'être au risque du débiteur, et passent à celui du créancier, comme s'il était créancier de corps certains (art. 1257).

3.° De faire supporter au créancier les frais des offres, et de la consignation.

La libération du débiteur, et des autres personnes intéressées dans l'obligation qui s'opère par la consignation, n'est pas absolue, et irrévocable, car jusqu'à ce qu'elle ait été acceptée par le créancier, ou que le débiteur ait obtenu un jugement passé en force de chose jugée, qui déclare les offres et la consignation valables, le débiteur peut retirer le dépôt, s'il n'y a pas d'oppositions dénoncées au créancier de la part des personnes qui peuvent y avoir intérêt; s'il retire le dépôt, ses co-débiteurs et cautions ne sont point libérés, et on regarde la consignation comme non avenue, (art. 1761 joint à l'art. 817 du code judiciaire).

Quoiqu'après la consignation, la chose déposée soit, quant au risque, considérée comme la propriété du créancier, cependant celui-ci n'aurait aucune raison de se plaindre, si avant son acquiescement le débiteur retire la chose ou somme déposée, le débiteur doit avoir cette liberté même à l'égard de ses co-débiteurs ou cautions, qui ne peuvent prétendre que la consignation ait plus de force à leur égard qu'elle n'en a respectivement pour le créancier lui-même.

Il en est autrement, lorsque le débiteur n'a retiré la chose par lui consignée, qu'après que la consignation a été déclarée bonne et valable par un jugement passé en chose jugée; la raison est que le jugement équivaut à l'acceptation du créancier, et opère l'extinction entière de la dette, et le débiteur ne peut plus, du consentement même du créancier, retirer la consignation au préjudice des co-débiteurs ou cautions (art. 1262).

Le consentement du créancier dans la susdite hypothèse nuit uniquement à lui, puisqu'il perd ses droits primitifs de privilège et hypothèque, et qu'il ne les reprend que du jour où l'acte, par lequel il a consenti que la consignation fût retirée, sera révêtu des formes prescrites pour emporter et conserver les privilèges et hypothèques; art. 1263, dont la raison est que le créancier, par son consentement, a innové sa créance originaire.

§. V.

De la cession des biens.

La cession des biens se définit en général l'abandon que le débiteur fait de tous ses biens à ses créanciers (art. 1265).

La cession des biens est volontaire ou judiciaire (art. 1266).

La volontaire qu'on appelle plus proprement abandon, est celle que les créanciers, sans aucune formalité de justice, acceptent volontairement ; les effets de cette cession doivent se déterminer par les stipulations mêmes du contrat passé entre les créanciers et le débiteur (art. 1267).

Les conditions stipulées lors de l'abandon et de son acceptation, sont celles qui décident si le débiteur est ou non entièrement déchargé de son obligation, ou si les créanciers se sont conservé la faculté de répéter le surplus sur les biens qui pourraient survenir au débiteur, ou s'ils se sont réservé le droit contre les co-obligés, ou contre la caution.

La cession judiciaire que les jurisconsultes appellent *miserabile auxilium*, *flebile remedium*, est un bénéfice que la loi accorde au débiteur malheureux et de bonne foi, auquel il est permis, pour avoir la liberté de sa personne, de faire en justice l'abandon de tous ses biens aux créanciers, non obstant stipulation contraire, vu que ce bénéfice est fondé sur les premières règles de l'équité auxquelles il n'est pas permis de renoncer (art. 1268).

Pour qu'un débiteur soit admis à la cession des biens, outre les formes prescrites par l'art. 898 et suivans du code judiciaire, plusieurs conditions sont requises ;

1.° Que le désordre des affaires du débiteur ne lui soit point imputable;

2.° Que le débiteur soit par la nature de son obligation contraignable par corps, ce bénéfice n'étant accordé que pour libérer la personne du débiteur, et non pour arrêter les poursuites civiles, ce qui serait contraire à la foi des conventions et au droit des créanciers.

3.° Que le débiteur ne soit pas exclus de ce bénéfice, ou par la nature de son obligation, comme les stellionnataires, comptables, tuteurs, administrateurs, ou par la loi, comme les étrangers, et les morts civilement.

La cession judiciaire, lorsqu'elle est admise, diffère de la volontaire:

1.° En ce qu'elle ne peut être refusée par les créanciers, si ce n'est dans le cas que le débiteur ne peut jouir de ce bénéfice, d'après ce que nous avons remarqué par rapport aux conditions requises pour en jouir;

2.° En ce que n'étant point un payement réel, elle n'opère que la décharge de la contrainte par corps, mais elle ne confère point la propriété des biens abandonnés aux créanciers, qui n'acquièrent que le droit de les faire vendre à leur profit, et en percevoir les revenus jusqu'à la vente;

3.° En ce qu'elle ne libère le débiteur que jusqu'à la concurrence de la valeur des biens abandonnés, et n'empêche pas qu'il ne demeure débiteur du surplus;

4.° Elle diffère en ce que les biens qui surviendront au débiteur dans la suite, sont dévolus à ses créanciers, jusqu'à l'entier payement (art. 1270);

5.° Enfin en ce que la cession des biens ne décharge pas les co-obligés ni les cautions de celui qui l'a faite, car les créanciers n'ont exigé des sûretés et des cautions que sur la crainte de l'insolvabilité du débiteur.

SECTION II.

De la novation.

La novation étant la substitution d'une obligation à celle qui existait, et dont elle prend la place, il s'ensuit que, pour l'opérer, il faut deux obligations, une première, et une autre en laquelle elle est transformée, et qui anéantit la première. C'est pour cela que la novation est mise au nombre des manières, dont s'éteignent les obligations.

Il y a trois sortes de novation, suivant la manière dont elle s'opère; la première est celle qui se fait sans l'intervention d'aucune nouvelle personne, c'est-à-dire lorsque le débiteur contracte envers son créancier une nouvelle dette, qu'il substitue à l'ancienne; par exemple, si après un contrat de vente, dont le prix est encore dû, par l'acquéreur, celui-ci s'oblige de payer la somme due à titre de prêt, dans ce cas l'obligation résultante du contrat de vente demeure acquittée, et le vendeur en aurait contracté une nouvelle, c'est-à-dire de rendre la somme comme si elle était due à titre de prêt.

La seconde s'opère par l'intervention d'un nouveau débiteur, qui se met à la place du débiteur primitif envers un créancier qui accepte son obligation, et décharge conséquemment le débiteur primitif; cette novation peut s'opérer à l'insu et malgré le premier débiteur, parcequ'il est de principe que *ignorantis, et inviti conditio melior fieri potest* (art. 1274).

La troisième espèce de novation a lieu par l'intervention d'un nouveau créancier; par exemple, si étant débiteur envers Titius, d'ordre de celui-ci je m'oblige de payer à Sempronius, il est évident que l'obligation qui me lie à Titius, est éteinte quant à lui, et passe à Sempronius qui le remplace (art. 1271)

La novation, comme un mode d'extinction d'obligation, ne peut s'effectuer qu'entre personnes capables de contracter (art. 1272).

L'abdication des droits qui peuvent compéter à une personne ne pouvant trop facilement se présumer, il s'ensuit que la novation ne peut se présumer, mais il faut que la volonté d'innover résulte clairement de l'acte; art. 1273, dont les dispositions ne doivent pas être entendues si rigoureusement, qu'il faille toujours que le créancier déclare en termes précis et formels qu'il entend faire novation, car il suffit que sa volonté ne puisse être révoquée en doute.

Sur le principe que la volonté d'innover ne se présume point, sont basés les art. 1275, 1277, relatifs, le premier à la délégation, et le second à l'indication.

La délégation est la substitution d'un débiteur au lieu d'un autre, qui demeure acquitté en force de l'engagement du nouveau débiteur envers le créancier.

Pour qu'il y ait délégation, et qu'elle produise la novation, il faut que la volonté du créancier de décharger le premier débiteur, soit bien prononcée (art. 1275).

L'effet de la délégation, lorsqu'elle est parfaite, est de libérer entièrement le débiteur, et par suite ses co-débiteurs et cautions, de manière que le créancier ne peut avoir recours contre eux dans le cas que le nouveau débiteur à lui délégué devienne insolvable, car le créancier, en acceptant la délégation, a suivi la foi du délégué, et pour nous servir du langage de la loi, *nomen ejus secutus est* (art. 1276).

Ce principe souffre deux exceptions: la première regarde le cas où le créancier, par une réserve qui doit être expresse, aurait conservé ses droits.

La seconde est dans le cas que le débiteur

subrogé fût au tems de la délégation en faillite ouverte, ou en déconfiture, art. 1276, dont la raison est évidente; il s'agit d'un contrat commutatif, en vertu duquel le créancier doit recevoir l'équivalent de la décharge consentie au profit du premier débiteur; il n'en recevrait aucune, si le débiteur substitué était, lors de la convention, notoirement insolvable.

Les autres effets de la novation et délégation, outre celui de libérer le débiteur, et autres ayant intérêt dans l'obligation, sont:

1.° Que les privilèges, et les hypothèques de l'ancienne créance ne peuvent être réservées que sur le bien de celui qui contracte la nouvelle dette (art. 1280);

2.° Que lorsque la novation s'opère par la substitution d'un nouveau débiteur, les privilèges et hypothèques de la créance primitive ne peuvent passer avec cette qualité sur les biens du nouveau débiteur; conséquemment les privilèges et les hypothèques ne prendront rang que du jour de la novation, puisqu'il serait très-injuste, qu'un débiteur, en se substituant à un autre, puisse nuire à ses créanciers antérieurs en hypothèque (art. 1279).

L'indication est l'acte par lequel le débiteur indique à son créancier une autre personne qui doit payer à sa place, ou l'acte par lequel le créancier indique la personne à laquelle le débiteur pourra payer.

Cette définition nous apprend que l'indication faite, soit par le débiteur, soit par le créancier, n'est pas une novation, mais n'est, par rapport au débiteur, qu'un simple mandat, qui ne constitue point le mandataire débiteur à la place du maudant, et, par rapport au créancier, l'indication ne contient autre chose que la faculté au débiteur de payer à la personne indiquée, sans apporter aucun changement à la substance de l'obligation (art. 1277).

Section III.

De la remise de la dette.

La remise de la dette, autre manière dont s'éteignent les obligations, peut se définir une convention par laquelle un créancier, voulant faire grâce à son débiteur, le tient quitte en tout ou en partie de son obligation.

La remise est ou expresse, ou tacite; l'expresse a lieu, lorsqu'il y a eu, entre le débiteur et le créancier, une convention formelle de remise.

La tacite est celle qui résulte de certains faits, dont quelques-uns servent de preuve, d'autres ne forment qu'une présomption de l'intention du créancier d'acquitter le débiteur.

Le fait du créancier qui remet volontairement au débiteur le titre original sous signature privée de sa créance, est une preuve de la libération, pourvu qu'il résulte et de la remise du titre, et qu'elle a été faite volontairement; la seule possession de ce titre près du débiteur ne peut former qu'une simple présomption qu'il lui a été rendu par le créancier, ou comme acquitté, ou comme remis; le créancier pourra donc être admis à prouver le contraire, étant possible que le titre soit tombé dans les mains du débiteur à l'insu et contre le gré du créancier, ou bien qu'il y ait eu surprise, ou abus de confiance.

La remise est présumée seulement dans les cas suivans :

1.° Lorsque le créancier remet volontairement à son débiteur la grosse du titre (art. 1283); la raison de la différence entre la remise du titre original, et la remise de la grosse, est que la première équivant à la quittance, le créancier s'étant lui-même mis hors d'état d'intenter action; qu'au contraire le créancier a pu se dessaisir de la grosse avec d'autant plus de facilité qu'il se reposait sur l'existence de la minute non quittancée;

2.° La quittance du capital donnée sans réserve des intérêts, fait présumer ou leur payement, ou leur remise (art. 1908).

Les présomptions, quoique autorisées par les lois, n'excluent point la preuve contraire, qui peut toujours être admise pour les faire cesser.

La remise est une espèce de donation, qui

ne se présume point; sur ce principe on ne pourra présumer de remise de la dette, lorsque le créancier rend au débiteur le gage donné en nantissement, car il est plus facile de croire, dans cette espèce, que le consentement du créancier est de se désister simplement du gage, et non de sa créance.

Du même principe il résulte que la remise accordée à la caution ne doit pas s'étendre au débiteur principal, ou aux autres cautions s'il y en a (art. 1287).

Cependant, si le créancier a reçu quelque chose d'une caution pour la décharger, le débiteur principal, et les cautions peuvent tirer quelque avantage de cette remise, puisqu'il est décidé que ce que le créancier a reçu, doit être imputé sur la dette, et tourner à la décharge du débiteur principal et des autres cautions; art. 1288, la disposition duquel tranche radicalement la célèbre question de savoir, si le créancier pouvait recevoir quelque chose de la caution pour la décharger de son engagement, et exiger en outre du débiteur principal la somme entière.

L'effet de la remise accordée au débiteur principal est de le libérer conjointement à ses cautions; art. 1287, basé sur le motif que l'obligation accessoire cesse lorsque la principale ne subsiste plus, et qu'en outre le débiteur serait inutilement déchargé, si les cautions ne l'étaient pas, car la caution qui payerait par suite de son obligation, aurait son recours contre le débiteur, lequel conséquemment ne tirerait aucun profit de la remise qui lui aurait été faite.

En supposant qu'il y ait plusieurs débiteurs solidaires, quelque ait été la jurisprudence ancienne, aujourd'hui la remise ou décharge au profit d'un d'eux libère les autres, à moins que le créancier n'ait expressément réservé ses droits contre les co-débiteurs; auquel cas le créancier n'aura d'action pour répéter la dette contre les co-débiteurs, que déduction faite de la part de celui qui a été libéré (art. 1285).

Section IV.

De la compensation.

On peut à-la-fois être débiteur et créancier de la même personne : dans ce cas, toute chose étant égale, les dettes respectives doivent se détruire réciproquement, et s'éteindre en force de la compensation, qu'on peut définir la contribution d'une dette et d'une créance.

Quoique les dettes réciproques ne soient pas égales relativement à leur quantité, la compensation ne laisse pas de se faire de la moindre dette sur la plus grande (art. 1290).

La compensation étant non-seulement naturelle, mais nécessaire, elle doit avoir son effet de plein droit, de sorte qu'il est au pouvoir du juge, et même de son devoir, dans le cas de demande respective des parties, de compenser d'office les dettes réciproques, lorsqu'il y aurait lieu.

Il n'est pas au pouvoir du débiteur d'opposer la compensation de ce qui lui serait dû par son créancier sans le concours des conditions suivantes :

1.° Que les dettes soient de la même espèce ;

2.° Qu'elles soient également liquides;

3.° Que l'une et l'autre soient également exigibles (art. 1291).

La première des conditions est une suite de la règle que le créancier ne peut être forcé de recevoir en payement autre chose que celle portée par la convention (art. 1243); conséquemment le débiteur d'une somme d'argent ne peut opposer la créance d'une quantité de bled ou autre chose fungible, à moins que cette créance ne soit point contestée, et que le prix soit réglé par les mercuriales (art. 1291); cette exception est une innovation bien justement admissible, car, outre la faveur de la libération, elle n'est aucunement contraire à la règle susdite ni à l'intérêt du créancier, puisqu'au moyen du prix fixé par les mercuriales, les deux dettes se trouvent de la même nature, ou de la même espèce.

La seconde condition non moins juste, est que la dette, qu'on oppose en compensation soit liquide ; une dette contestée, soit par rapport à son existence, soit par rapport à sa quantité, n'étant pas liquide, elle ne peut être susceptible de compensation.

La nécessité que la créance soit également exigible, que celle avec laquelle on propose la compensation, est de toute évidence, puisque la compensation étant considérée comme un payement mutuel, on ne doit pas, par ce moyen, forcer le débiteur à payer une dette dont le terme n'est pas échu.

Cette dernière condition n'est pas applicable au terme de grâce, que les juges, d'après l'article 1294, sont autorisés à accorder au débiteur, car le terme de grâce n'ayant pour objet que d'arrêter la rigueur des contraintes, ne saurait mettre d'obstacle à la compensation (art. 1292).

Il n'est pas nécessaire que les deux dettes aient une cause semblable, car la loi ne considère point l'origine de l'obligation, mais sa fin, c'est-à-dire le payement réciproque, pour lequel existe un droit égal; conséquemment la compensation peut être opposée par le créancier à cause de prêt; quoique l'autre ne soit débiteur qu'ensuite d'une vente, ou par toute autre cause; un créancier simplement chirographaire pourra de même se prévaloir de sa créance, et la compenser avec la dette, quoique portant hypothèque (art. 1293).

Sur le principe précité, que la loi ne regarde l'obligation que sous le rapport du payement réciproque, on doit conclure que si les dettes ne sont payables au même lieu, on ne peut opposer la compensation, qu'en faisant raison des frais que le transport de la chose due pourrait occasionner (art. 1296).

Quoique la cause d'obligation soit indifférente à l'objet de la compensation, elle empêche cependant cette dernière :

1.° Dans le cas de la demande en restitution d'une chose, dont le demandeur a été injustement dépouillé; le spoliateur ne peut, sous quelque prétexte que ce soit, être autorisé à retenir ce qu'il a volé;

2.° Dans le cas de demande en restitution d'une chose déposée ou prêtée;

3.° Dans le cas d'une dette qui a pour cause des alimens déclarés insaisissables, car ce serait une espèce de saisie que de vouloir retenir cette somme en la compensant (art. 1293).

On peut fixer comme règle générale, que la compensation n'a lieu que lorsque la dette est due à la personne même qui l'oppose; ainsi un père ne pourra opposer en compensation ce qui serait dû à son fils; un tuteur ne pourra compenser ce qui est dû à son administré en extinction de sa dette personnelle: le débiteur principal ne pourra non plus opposer la compensation de ce que le créancier doit à sa caution : le débiteur, quoique solidaire, ne peut pareillement opposer en compensation ce que le créancier doit à son débiteur (art. 1294).

Cette règle reçoit une exception à l'égard de la caution, qui peut opposer à la demande du créancier non seulement ce qui lui est dû, mais aussi ce qui serait dû au débiteur principal (art. 1294); la raison en est qu'il est de la substance du cautionnement que la caution ne puisse être obligée à plus que le débiteur principal.

Un créancier fait quelquefois le transport de sa créance au profit d'une autre personne, qui en terme de droit s'appelle *cessionnaire*, comme le créancier primitif s'appelle *cédant*, et *cédé* le débiteur dont la créance a été transportée.

Dans le cas de transport on demande si le débiteur cédé peut opposer la compensation au cessionnaire : point de doute qu'il puisse opposer en compensation non seulement ce qui lui serait dû par son nouveau créancier, mais encore ce qui lui serait dû par le cédant, pourvu que la créance soit antérieure à la signification du transport ; mais la créance, même antérieure au transport, ne serait pas compensable, si le débiteur cédé a accepté purement et simplement la cession, en s'engageant de payer un créancier subrogé (art. 1295); car alors le débiteur est censé avoir, par son acceptation sans réserve, renoncé à la compensation, qu'il aurait pu opposer au créancier primitif.

Il en est de même, si celui qui étant débiteur, est devenu créancier depuis la saisie-arrêt faite par un tiers entre ses mains, il ne peut au préjudice du saisissant opposer en compensation une créance survenue (art. 1298).

Les conséquences qui dérivent du principe que la compensation se fait de plein droit, sont :

1.° Que le débiteur qui a payé la dette déjà éteinte en vertu de la compensation, a le droit de répéter la somme payée comme indue;

2.° Que les privilèges et les hypothèques qui étaient attachés à la créance que le débiteur aurait eu droit d'opposer à son créancier, sont aussi anéantis; de manière qu'il ne peut plus s'en prévaloir au préjudice des autres créanciers de son dit créancier; cependant si le débiteur ayant une juste cause d'ignorer la créance qui devait compenser sa dette, ne s'est point prévalu de la compensation, l'équité ne permet pas, comme notre code le décide formellement, qu'il soit frustré de l'avantage du privilège ou de l'hypothèque qui assurait la créance qui ne lui était point connue.

SECTION V.

De la confusion.

La confusion, considerée comme un mode d'éteindre les obligations, se définit la réunion

dans la même personne de la qualité de créancier et de débiteur (art. 1300).

Cette confusion a le plus souvent lieu lorsque le créancier devient héritier ou donataire universel de son débiteur, ou que celui-ci succède, à quelque titre que ce soit, à son créancier: dans l'un et l'autre cas il est évident que l'obligation est éteinte, et conséquemment toutes les obligations qui y sont accessoires, telles que les cautionnemens, les gages, les hypothèques (art. 1301).

Au contraire l'extinction d'une obligation accessoire n'emporte point l'extinction de l'obligation principale; de là il s'ensuit que, lorsque la caution devient héritière du créancier, ou que le créancier le devient de la caution, l'obligation principale ne s'éteint point.

Par la même raison, soit que le créancier succède à un des débiteurs solidaires, ou qu'un des dits débiteurs succède au créancier, le débiteur survivant demeure obligé, déduction faite de la partie de celui auquel le créancier a succédé, ou qui a succédé au créancier; §. 3 du dit art. 1301, basé sur le puissant motif d'éviter un circuit inutile d'actions.

Section VI.

De la perte de la chose due.

Les obligations de donner, outre les manières que nous avons examinées jusqu'ici, peuvent encore s'éteindre par la perte, ou l'extinction de la chose due, ce qui est conséquent soit au principe qu'il ne peut exister d'obligations sans objet, soit à la règle établie à l'art. 1138, que la convention seule met la chose due au risque du créancier au moment qu'elle doit être livrée.

Lorsque la dette est d'une chose certaine et déterminée, comme d'une maison désignée, ou même d'une somme d'argent qui est dans un coffre, l'obligation est éteinte, si la maison s'est écroulée, ou si la somme a été perdue sans la faute du débiteur, et avant qu'il fût en demeure (art. 1302).

La loi ne fait d'exception que lorsque la chose due serait également périe chez le créancier, si elle lui eût été livrée par suite de sa demande (art. 1302), exception cependant, qui n'est pas applicable, soit au débiteur qui s'est chargé des cas fortuits, soit à celui qui est tenu à la restitution d'un objet qu'il a volé ou soustrait; ceux-ci ne peuvent être exempts de payer le prix de la chose périe, quand même il serait vrai qu'elle serait aussi périe aux mains du créancier.

Dans tous les cas où l'extinction de l'obligation est basée sur la perte accidentelle de la chose due, le débiteur doit prouver le cas fortuit qu'il allègue (art. 1302); mais pour que le débiteur soit libéré de son obligation par suite de la perte de la chose due, il est nécessaire qu'elle soit périe entièrement, car s'il en reste quelque partie, la dette subsiste pour ce qui est encore existant; par exemple la dette d'une maison qui a été depuis incendiée subsisterait quant au sol, et aux matériaux qui en resteraient, comme elle subsisterait par rapport aux droits et actions en indemnité, que le débiteur aurait pu acquérir, si la chose avait été volée ou mise hors de commerce (art. 1303).

Section VII.

De l'action en nullité, ou en rescision des conventions.

Aux différentes manières que nous venons de détailler, par lesquelles les obligations s'anéantissent, on pourrait ajouter le consentement réciproque des parties, moyen le plus naturel pour dissoudre toute obligation qui a été formée par leur consentement, pourvu que la volonté de se départir de la convention soit expliquée de la même manière, avec laquelle l'obligation a été contractée; conséquemment, si la convention a été rédigée en écrit, comme elle doit l'être lorsqu'elle est au-dessus de 150 francs, l'obligation ne serait éteinte que par une convention contraire réduite en écrit.

Mais pour cela même que la susdite manière est naturelle et simple, les législateurs ne l'ont pas jugée matière de discussion, pour s'occuper des deux suivantes manières, par lesquelles on peut dire, sous quelque rapport, que les obligations s'éteignent.

La première est de s'en faire décharger en justice en la faisant déclarer nulle; la seconde est la rescision de la convention ou la restitution en entier.

Il est vrai qu'il y a une grande différence entre l'action en nullité, et celle à fin de rescision; car la première suppose que l'engagement est nul, la seconde au contraire suppose que le contrat existe, mais qu'il est vicieux: cependant notre loi assimile l'action en nullité à l'action en rescision en ce que, soit l'une, soit l'autre, se prescrivent par le laps de dix ans, à partir du jour où le demandeur aurait pu agir, et cela dans tous les cas où une loi particulière n'a pas fixé un moindre terme.

Quoique l'erreur, la violence, le dol puissent donner lieu à l'action en rescision, cependant elle est plus communément fondée sur la lésion qu'une personne prétend avoir éprouvée par la convention; la lésion est toujours un moyen de restitution pour les mineurs, lorsque dans les actes qui les concernent, quoiqu'on y ait observé les formes exigées par la loi, ils ont cependant été lésés; art. 1305 qui fait cependant une distinction entre les mineurs émancipés et non émancipés; les premiers sont assimilés au majeur par rapport aux actes de simple administration, contre lesquels ils ne sont restituables que dans le cas où le majeur pourrait l'être (art. 481); les seconds, au contraire, pour jouir du bénéfice de la restitution, n'ont besoin que de la preuve qu'ils ont lésés.

Le mineur est encore assimilé au majeur pour les actes relatifs au commerce, dont il fait profession (art. 1308, joint à l'art. 487).

Le motif qui a fait introduire la restitution au profit des mineurs n'a été que d'empêcher qu'on n'abuse de la faiblesse et de l'inexpérience de l'âge; le mineur conséquemment ne sera point recevable dans sa demande en restitution à cause de la lésion, si le préjudice ne lui est pas causé par la personne avec laquelle il a contracté, mais par un événement casuel et imprévu, comme dans le cas d'un prêt d'argent fait à un mineur, qui l'a employé en réparations de sa maison, dépense qui a pu devenir infructueuse, parceque la maison réparée s'est écroulée (art. 1306).

Le mineur n'est pas non plus restituable contre les conventions portées en son contrat de mariage, lorsqu'elles ont été faites avec l'autorisation de ceux dont le consentement est nécessaire pour la validité du mariage (art. 1309).

A plus forte raison le mineur n'est recevable dans la demande en restitution contre les obligations résultantes de son délit, ou quasi-délit; en effet la loi ne peut protéger le crime, quoique commis par des mineurs; or s'étant rendu coupable d'un fait qui aura apporté du dommage à une personne, ils sera tenu de la relever sans espoir de restitution.

Il n'est pas permis d'éluder les lois salutaires établies en faveur du mineur, en lui faisant prendre dans l'acte la qualité de majeur; sur ce principe l'art. 1307 décide que la simple déclaration de majorité faite par le mineur n'est point un obstacle à la restitution, car la loi présume que cette déclaration a été demandée par le créancier pour exclure l'action en restitution; cette présomption est d'autant plus admissible, que le créancier aurait pu s'assurer de l'âge de celui avec lequel il contractait, au moyen des registres de l'état civil; cependant si le créancier prouve qu'il a été trompé par le mineur, il serait injuste que la loi vînt à son secours, et que le créancier ne pût profiter de la déclaration qui, dans ce cas, ne serait plus simple comme le veut la loi, mais malicieuse et digne d'être punie, surtout s'il avait exhibé des pièces ou des certificats faux.

Lorsque le mineur devenu majeur ratifie l'engagement qu'il avait souscrit en minorité, il n'est plus recevable à revenir contre cet engagement, soit qu'il y ait nullité en sa forme, soit qu'il y ait seulement lieu à restitution, art. 1311, dont la raison est que la ratification donnée en majorité rentre dans la classe des actes faits par le majeur, et que celui-ci peut renoncer au bénéfice que la loi lui accorde par rapport aux actes passés pendant sa minorité.

Envain les mineurs, les interdits ou les femmes mariées seraient admis à se faire restituer contre leurs engagemens, si le remboursement de ce qui aurait été payé pendant la minorité, l'interdiction ou le mariage pouvait être exigé; mais si la loi ne permet pas que les mineurs soient lésés, elle ne veut pas non plus qu'ils s'enrichissent aux dépens d'autrui; de-là les mineurs, les interdits, les femmes mariées doivent tenir compte de ce qui serait tourné à leur avantage.

La restitution dont il est question ne profite au mineur, que sur le motif que l'inexpérience, et la faiblesse de l'âge est régulièrement la cause du préjudice qu'ils peuvent éprouver dans leurs engagemens; il est conséquent que ce bénéfice doit cesser lorsque les formalités, que la loi exige dans les actes qui les concernent, ont été pratiquées; et les mineurs, dans ce cas, ne sont pas restituables, s'ils ne se trouvent dans les mêmes circonstances pour lesquelles la loi accorde ce bénéfice au majeur (art. 1314).

Nous finirons, en observant que les législateurs ne se sont point occupés ici de la restitution au profit des majeurs, lorsqu'ils sont lésés, parceque cette matière trouve sa place sous le titre de la vente.

TABLE.

ÉLÉMENS DU CODE NAPOLÉON.

TITRE PRÉLIMINAIRE.

LIVRE PREMIER.

Des personnes.

LIVRE DEUXIÈME.

Des biens et des différentes modifications de la propriété.

LIVRE TROISIÈME.

Des différentes manières dont on acquiert la propriété.

FIN DE LA TABLE.

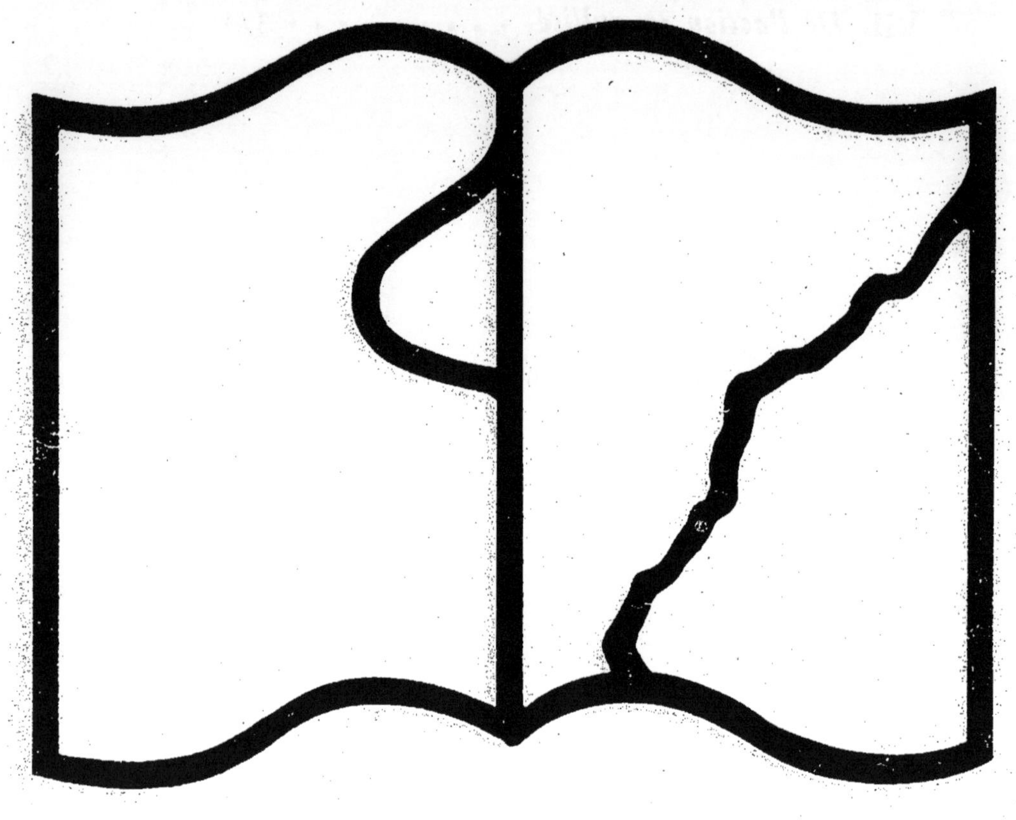

Texte détérioré — reliure défectueuse

NF Z 43-120-11

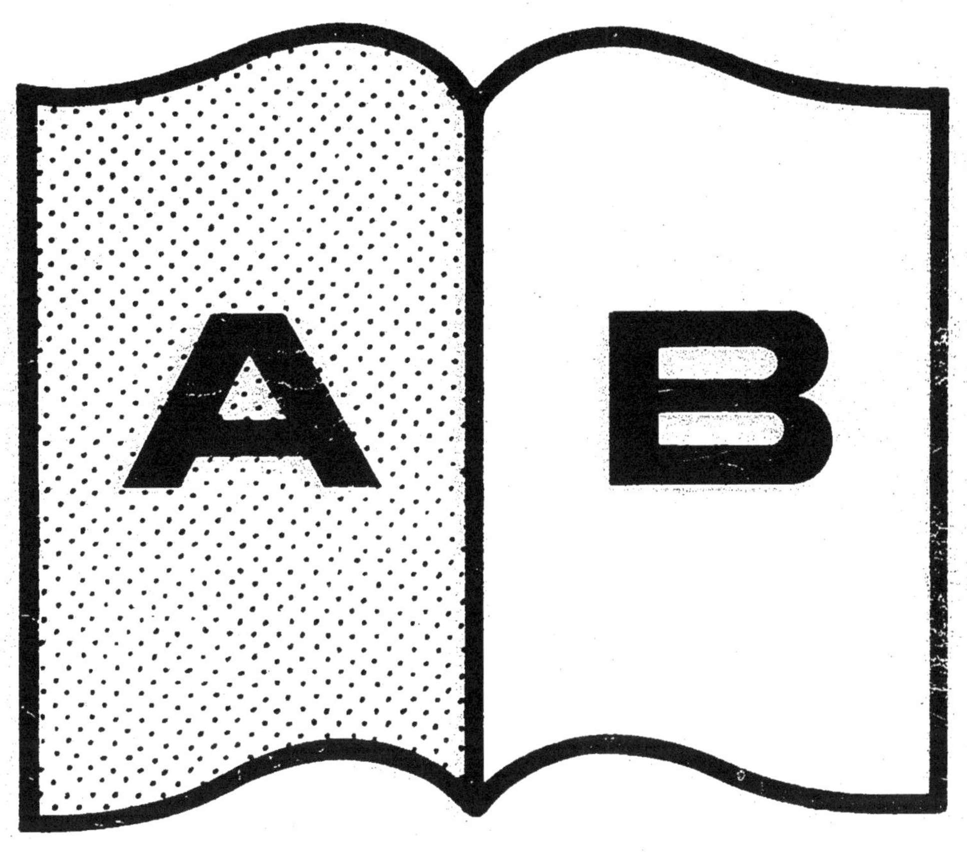

Contraste insuffisant

NF Z 43-120-14

www.ingramcontent.com/pod-product-compliance
Ingram Content Group UK Ltd.
Pitfield, Milton Keynes, MK11 3LW, UK
UKHW021845190726
13855UKWH00001B/149

9 782013 468329